◆ プライマリー シリーズ ◆

行 政 法

村中洋介

信 山 社

はしがき・本書の使い方

　本書は，序章を含めて全 12 章で構成している。

　序章においても触れているが，行政法は，国の活動等に関わる多くの法の総称のことであり，多くの法律が，「行政法」に含まれることになる。そうした行政法も，講学上は，「行政法総論」と「行政法各論」に分けられることになり，本書で中心的に記述している「行政法総論」では，行政に関する法規の背景にあり，それらが従っている行政法の原則や共通に用いられる概念などの「行政法理論」を学ぶことになる。

　本書の前半部分では，行政法の基本的な考え方や行政法一般に関する点および，行政組織，行政作用，情報公開等に関しての説明を含めている。

　そして後半部分は，行政訴訟や国家補償，行政不服申立てなどの，いわゆる「行政救済」に加えて，行政法分野においても関心の高い「地方自治法」，また近時重要な法分野となりつつある「災害法制」に関しても説明している。

　本書は行政法の入門書として極力簡易な内容となるよう構成していることから，本書だけの内容では不十分な点もある。本書は，宇賀先生や櫻井・橋本両先生，塩野先生などの重要な体系書を基礎としており，本書からそうした体系書へ発展的に学びを深化してもらいたい。

　本書においても判例を多用し，できるだけ具体的な事例を基にして独学学習につながる内容とはしているが，判例については，判例百選の判例番号を付しているため，こちらも活用し，学習に生かしてもらいたい。

　なお，法律学の書物では，判例の表記等について，略して表記することがあり，次のように表記されるため，この機会に憶えておいてほしい。

> 最一小判平成 25 年 3 月 21 日民集 67 巻 3 号 438 頁

　最とは，最高裁（最高裁判所）のことで，一小とは，最高裁の第一小法廷を指す。判は，判決のことで，決（決定）と表記されているものもある。

　民集とは，最高裁判所民事判例集のことで，判決日の表記の後ろに，判例集の記載巻号頁が記載されていることがある。判例百選という判例を簡単に紹介した書籍の判例番号を記載しているので，追加で学習が必要な判例につ

いては，判例百選などの判例解説書籍も参照してもらいたい。

　最高裁には，大法廷と３つの小法廷があり，最大判，最三小決などと表記している。また，高等裁判所や地方裁判所，地方裁判所支部の判決などは，東京高決（東京高裁決定），大阪地判（大阪地裁判決），神戸地姫路支判（神戸地裁姫路支部判決）などと表記している。裁判例について学ぶ上で，上記のように表記されることがあることを憶えておいてほしい。

　本書に載せている判例番号の判例百選は，以下のように略して表記しているため，以下の判例集を参照してほしい。

行政Ⅰ　『行政判例百選Ⅰ［第８版］』（有斐閣，2022 年）

行政Ⅱ　『行政判例百選Ⅱ［第８版］』（有斐閣，2022 年）

憲法Ⅰ　『憲法判例百選Ⅰ［第７版］』（有斐閣，2019 年）

憲法Ⅱ　『憲法判例百選Ⅱ［第７版］』（有斐閣，2019 年）

地方　　『地方自治判例百選［第５版］』（有斐閣，2023 年）

　このため，【行政Ⅰ-5】（『行政判例百選Ⅰ［第８版］』の判例番号5の裁判例），【憲法Ⅱ-20】（『憲法判例百選Ⅱ［第７版］』の判例番号20の裁判例）などと表記している。

参考文献・凡例

次の参考文献について，本書中脚注等で表記する場合は，下記に示す略表記にて示す。

宇賀概説Ⅰ：宇賀克也『行政法概説Ⅰ　行政法総論［第８版］』（有斐閣，2023 年）

宇賀概説Ⅱ：宇賀克也『行政法概説Ⅱ　行政救済法［第７版］』（有斐閣，2021 年）

宇賀概説Ⅲ：宇賀克也『行政法概説Ⅲ　行政組織法／公務員法／公物法［第５版］』（有斐閣，2019 年）

宇賀克也『行政法［第３版］』（有斐閣，2023 年）

宇賀地方自治：宇賀克也『地方自治法概説［第10版］』（有斐閣，2023 年）

櫻井＝橋本：櫻井敬子＝橋本博之『行政法［第６版］』（弘文堂，2019 年）

塩野宏『行政法Ⅰ　行政法総論［第６版］』（有斐閣，2015 年）

塩野宏『行政法Ⅱ　行政救済法［第６版］』（有斐閣，2019 年）

塩野宏『行政法Ⅲ　行政組織法［第５版］』（有斐閣，2021 年）

曽和俊文『行政法総論を学ぶ』（有斐閣，2014 年）

藤田宙靖『行政法総論』（青林書院，2013 年）

藤田宙靖『新版　行政法総論　上』（青林書院，2020 年）

藤田宙靖『新版　行政法総論　下』（青林書院，2020 年）

村上武則監修・横山信二編『新・基本行政法』（有信堂，2016 年）

村上武則監修・横山信二編『新・応用行政法』（有信堂，2017 年）

目　　次

序章　行政法の考え方

第*1*章　行政法の基本原則

目　次

第*2*章　行　政　組　織

第3章　行 政 作 用

第*4*章　情報公開と個人情報保護

第5章　行政訴訟の沿革と行政訴訟の概要

第**6**章 取 消 訴 訟

第7章 その他の行政訴訟

第8章 国家補償

第*10*章　地方自治法

第11章　災害行政法

Primary 行政法

序章
行政法の考え方

Ⅰ　行政法という名の法律はない

　「行政法」とは何であろうか。私たちは日常生活の中で，様々な形で「行政」と関わっているということは，中学校，高校等でも学んできたかもしれない。しかしながら，「行政」とは，さらに「行政法」とは，と問われると，答えに戸惑う者もあるだろう。

　行政法とは，一言で定義すれば，「行政にかかわる法のすべて」を指すといえるが[1]，行政法は，講学上の概念[2]であって，そうした名前の法律等が存在するわけではない。法律学の科目として，「憲法」や「民法」，「刑法」など様々存在するが，それぞれの科目については，対応する法としての日本国憲法や民法，刑法が存在しているものの，「行政法」については，そうした名前の法が存在していない。前に，「行政にかかわる法のすべて」と記したように，行政法の中には様々な法が含まれることとなる。

　ただし，「行政法」が何かという点については，様々な定義づけの試みがある。例えば，行政法を「行政法の組織・作用・救済を規律し，行政主体と国民の関係に関わる法領域」[3]とするものなどもある。

　この点については，行政法を学ぶ中で，検討してほしい。さしあたり，ここでは，行政法を「行政にかかわる法のすべて」と定義したうえで，学ぶこととする。ただし，行政にかかわる法となると（約 2000 あるわが国の法律のほとんどは行政にかかわる法といえる。），警察や検察に関連する刑法，刑事訴訟法など，裁判所に関わる民事訴訟法や民事保全法など，社会保険に関わる

---

(1)　講学上一般には，行政法を「行政の組織ならびに作用についての国内公法」と定義し，行政の組織，作用について存在している数多くの法が，統一的な体系を構成しこれを行政法と称すると理解される。

(2)　法律学を研究する上で用いられる用語のことで，学問として学ぶ上で定義されているもの。授業科目としては，「行政法」という名が用いられるものの，その内容は様々である。

(3)　橋本博之『現代行政法』（岩波書店，2017 年）1 頁。

3

様々な法など，「行政法」という科目以外の科目で学ぶ範囲も含まれること
になる点に注意してもらいたい。

では，行政にかかわる法のすべてによって，「行政法」という1つの法分
野を形成する意義とはいかなるものであろうか。

そこでは，過去の行政法に関する様々議論（考え方の違い）がある中で，
統一的な見解が存在していなかったものの，客観的ものさしとしての行政法
理論の必要性などが挙げられる[4]。

Ⅱ　行政とは何か

行政法を「行政にかかわる法のすべて」と定義づける場合に，ここでいう
「行政」とは何を指しているのだろうか。

1　権力分立

近代憲法は，人権と統治の2つから成るが，統治機構の基本原理は，国民
主権と権力分立とされる。権力分立は，国家権力が単一の国家機関に集中す
ると，権力が濫用され，国民の権利・自由が侵害される恐れがあるので，国
家の諸作用を性質に応じて立法・行政・司法に区別し，それを異なる機関に
相当されるよう，分離し，相互に抑制と均衡を保たせる制度のことであり，
そのねらいは，国民の権利・自由の保護にある。

日本国憲法では，自然法的に保障される基本的人権と国家の統治について
法の定めることによるものとする法の支配が規定される。

前文で憲法が国民によって制定されたことを宣言し，国民に主権があるこ
とを明記している。天皇は「象徴」であり，政治の実権も憲法上有していな
いとされる。

そして，日本国憲法では国家の権力を，法を作る立法権，法を執行する行
政権，法を司る司法権の3つに区分し，国会，内閣，裁判所にそれぞれを付
与している。これは国家の権力を1つに集中させるのは危険であるとする，
モンテスキューの「権力分立原則」に基づいている。ここで，権力を3権
（立法，司法，行政）に分けることから，三権分立といわれる。

---

(4)　藤田宙靖『行政法総論』（青林書院，2013年）5-6頁。

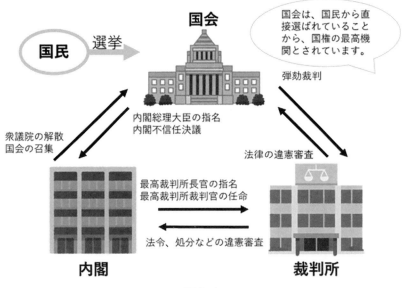

選挙

国民

国会

国会は、国民から直接選ばれていることから、国権の最高機関とされています。

弾劾裁判

内閣総理大臣の指名
内閣不信任決議

衆議院の解散
国会の召集

法律の違憲審査

最高裁判所長官の指名
最高裁判所裁判官の任命

法令、処分などの違憲審査

内閣

裁判所

図序-1

2 控除説

　この三権分立を前提として，「行政」を位置づけるものが控除説（消極説）といわれるもので，ここでは，憲法の定める行政の作用（行政作用）は幅広く，国会の行う立法作用，裁判所の行う司法作用を除いた，すべての国家作用を行政作用と説明する。

　司法＝裁判作用，立法＝議会の法制定作用という2つの権能は，それぞれ明確な認識の下に把握することができるものの，「行政」については，司法，立法のような明確な定義づけがなされていない。17,18世紀のヨーロッパにおける絶対王政国家の下では，君主の統治権の1つとして行政が捉えられており，そこには警察，財務，外交などが混然としてまとめ上げられていたにとどまっていた。

　立憲君主制の時代にあって，国家構造が比較的単純であっても，そこで行われている国家作用を行政と観念し，そこには種々雑多な国家作用が混在していた。そうした歴史的な事情を考えに入れて，国家作用のうち立法作用，司法作用を除いた部分の全体を行政作用と説明考え方が登場することになる。

3　積極説

　他方で，行政概念は行政法学の中心に位置するもので，その学問的領域を確定し，統一性ある学問の体系を構築するのに必要不可欠であるとする観点から，積極的に行政概念を位置づけようとするものがある。その代表的な主張では，次のように説明されている。「これらの作用（立法，司法）が分化した後に残された作用が一括して行政と呼ばれて来たことは，歴史の示す通りである。若し，この意味での行政が常に種々雑多な作用のコングロメラート（集合体）に止まり，そこに共通した標識を認めることができないとすれば，行政概念の積極的規定は不可能となり，控除説の述べるように，消極的な概念規定に満足しなければならないことになる。しかし，果たしてそうであろうか。私は行政が，歴史的発展過程からいえば，一種の残存物であることを承認しながら，それ自体として共通した標識をもった統一的概念として，立法及び司法に対比せしめられるべきものであり，ここに三つの作用が区別せられるべき合理的根拠が存するものと考えるのである。……近代国家における行政は，法の下に規制を受けながら，現実に国家目的の積極的実現をめざして行われる全体として統一性をもった継続的な形成的国家活動であるということができる」(5)。このように，行政概念のうちに，法を根拠としてそれに即さなければならないという要請と福祉国家実現を射程に入れて，社会公共の福祉のために国家＝行政が積極的に機能することをみる考え方を積極説という。

Ⅲ　行政法の対象範囲・行政の活動

　「行政」という用語は，前述した三権分立の中で用いられるものの，その内容を的確に位置づけて答えることは難しい。これは，今日わが国における行政の活動の広範さからみても明らかである。

　そもそも私たちは，国家を形成し，国家という社会の中で生活をしているわけであるが，そうした社会生活の中で生命，財産の安全が保障されていなければ健全な社会生活は成り立たないことになる。これが保障されていなけ

---

(5)　田中二郎『行政法総論』（有斐閣，1982年）20-22頁。「行政とは，〈本来的及び擬制的公共事務の管理及び実施〉である。」とするものもある（手島孝『現代行政国家論』（勁草書房，1969年）19頁）。

れば，私たちは自らの手で自分の生命，財産を守る必要が生じることになる。今日において，そうした私たちの生命，財産の安全を保障するという，社会の「秩序維持機能」は，国家における行政の重要な内容といえる。この秩序維持機能は，警察機能ともいえるものであるが，わが国における警察機能は，「警察法」によって位置づけられている警察官庁が担うことになり[6]，この警察官庁を構成する警察官が秩序維持機能を果たすうえでの根拠法として「警察官職務執行法」（以下，「警職法」という）がある。

ここでは，「個人の生命，身体及び財産の保護，犯罪の予防，公安の維持並びに他の法令の執行等の職権職務を忠実に遂行するために，必要な手段を定め」ており（警職法1条），その手段としての質問（職務質問：同法2条），保護（同法3条），避難等の措置（同法4条），犯罪の予防及び制止（同法5条），立入（同法6条），武器の使用（同法7条）を規定している。こうした警察官の職務は，まさに秩序維持目的のもので，これに基づく警察官の行為は，行政の重要な基本的側面を構成するものといえる。

また，同じく秩序維持の内容を持つもので，風俗営業の許可がある。風俗営業とは，バーやキャバレー，パチンコ店，マージャン店，ゲームセンターなどに類するものをいい，これを規制するのが「風俗営業等の規制及び業務の適正化等に関する法律」（以下，「風営法」という）である。風営法では，風俗営業を営もうとする者は，都道府県公安委員会の許可を受けなければならないとされ（風営法3条1項），営業者が違法な行為を行った場合には，営業の許可取消，停止，その他の処分を行うことができるとされる。また，店舗型性風俗特殊営業は，学校や図書館，児童福祉施設等の周囲200メートルの区域内においては営業が禁止されており，営業の許可ができないこととなっている（風営法28条1項）。

このような，許可・不許可の処分も行政1つの役割であり（許可・不許可等の処分に関する点については，3章Ⅱ2.で触れる），他業種についてもみられる（古物商や質屋の規制なども参照：古物営業法，質屋営業法）。

そのほか，鉄道等の営業（軌道法，鉄道事業法）やバス，タクシー，トラック等の運送（道路運送法）の許可，電気やガスなどに関する事業の許可（電

---

(6)　秩序維持機能を担う行政組織としては，警察法上の警察官庁のみならず，消防（消防組織法，消防法）や自衛隊（自衛隊法），公衆衛生面（感染症予防法，食品衛生法などへの対応など）における保健所などの厚生労働官庁も存在する。

気事業法，ガス事業法）などのように私たちが社会生活の中で必ずといって良いほど利用するサービス[7]，道路などの施設（道路法など）や学校教育（教育基本法，学校教育法など）や医療（医療法，医師法など）などのサービスなどについても行政が関わることで，安心して施設の利用やサービスを受けることができている。

　上記で示していない民間企業の事業についての許認可権についても，多くは行政のコントロールの下にあり，個別の例を取り上げるときりがない。このように，行政の活動は，市役所や中央官庁の中で行われる外交，防衛，教育，福祉，公衆衛生，環境，社会基盤施設の整備，経済，産業振興などの活動以外でも，私たちの社会生活の中の様々な点にまで影響を与えるものである。

　そのようなことから，広範な行政の活動に比例して，「行政法」の対象となる範囲も広範なものになることを理解してもらいたい。ただし，本書では，基本的に行政の個別の活動に関する法制度について触れるものではなく，そうした行政の個別の活動に関する法制度については，行政法各論に関するテキスト等を参照されたい。

Ⅳ　法　源

　「行政法」が広範な行政の活動を対象としている点については説明したが，行政法とはいかなる形式で定められているものであろうか。この点は，「行政法」という名の法律が存在しないことから，実体法の中で何が「行政法」に当たるのかという問題である。法源とは，法の存在形式のことであり，成文，不文の法源がある（いわゆる成文法，不文法）。ここでは，「行政法」という行政の様々な活動について規定している法体系がどのような法の形式で存在しているかということについて簡単に説明しておく。

　一般に，行政法は，「行政の組織ならびに作用についての国内公法」と定義される。行政法典という統一的な法は存在しないものの，行政の組織，作用について現存する多くの法が，統一的な体系を構成していると考えられ，

---

(7)　これらの事業の許可は，行政法上の「特許」にあたるものではあるが，この点については，3章Ⅱ2(2)で触れる。

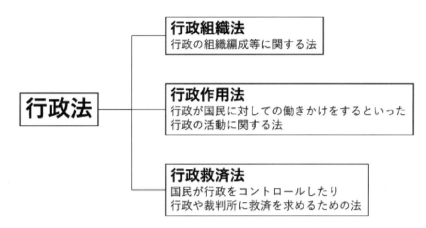

図序-2　行政法の分類

　これを行政法と称している。簡単にいえば，行政法は様々な行政活動について定めている法体系のことで，「行政」に関するあらゆる「法」の総称（法体系）といって良いだろう。

　その行政法は，上の図のように大きく3つに分類される。

　行政組織法は，国や地方公共団体の内部組織に関する法のことで，内部組織について法的な規律が求められることになる。また，国や地方公共団体について，国民や住民による民主的統制が十分に機能し，公正さ・透明性が確保された業務遂行が求められる。こうしたことから，行政の組織について定める行政組織法が位置づけられることになる。

　行政作用法は，国や地方公共団体が私たち国民に対して，どのような働きかけ（作用）をするかについて定めるものである。国や地方公共団体による私たち国民への働きかける態様を類型化し，その類型に応じて，その法的特徴等を明らかにするものである。

　行政救済法は，私たち国民が国や地方公共団体に対抗するための法的手段ということができ，行政の様々な活動によって，私たちの権利利益が侵害された場合にその侵害行為の是正（取消し等）を求めることや，被害に対する損害の賠償を求めることについて定めているものである。

　ここでの救済は，行政活動を行った行政に対して是正（救済）を求める仕組みのほか，裁判所に司法的救済を求める仕組みも存在している。

　次に，このように3つに分類することができる行政法が，どのような法の形式で存在するか（法源）についてみておくこととする。

1　行政法の法源としての憲法

　行政法は，「憲法の具体化法」（「具体化された憲法」であると説く者もいる）ともいわれるように，憲法理念を前提として，または憲法によって具体的に定められる事項に従って，法律等が整備されることがある。

　そのような意味では，憲法も行政法の法源，つまり憲法も行政法の法体系の中に含まれる1つということができる。

憲法 17 条
何人も，公務員の不法行為により，損害を受けたときは，法律の定めるところにより，国又は公共団体に，その賠償を求めることができる。
憲法 92 条
地方公共団体の組織及び運営に関する事項は，地方自治の本旨に基いて，法律でこれを定める。

　憲法17条の規定を受けて，国家賠償法が憲法附属法として整備され，憲法92条の規定を受けて，地方自治法が憲法附属法として整備されているのがこの例である。

　また，憲法が直接の法源となることを判例が認めているものもある。

　例えば，憲法29条3項に基づく損失補償の請求の余地を認めるもの（最大判昭和43年11月27日刑集22巻12号1402頁【行政Ⅱ-247】【憲法Ⅰ-102】）や憲法31条等が行政手続きにも適用される場合があることを肯定するもの（最大判平成4年7月1日民集46巻5号437頁【行政Ⅰ-113】【憲法Ⅰ-109】）がある。

最大判昭和 43 年 11 月 27 日刑集 22 巻 12 号 1402 頁【行政Ⅱ-247】【憲法Ⅰ-102】
〈判旨〉
「その財産上の犠牲は，公共のために必要な制限によるものとはいえ，単に一般的に当然に受忍すべきものとされる制限の範囲をこえ，特別の犠牲を課したものとみる余地が全くないわけではなく，憲法29条3項の趣旨に照らし，さらに河川附近地制限令1条ないし3条および5条による規制について同令7条の定めるところにより損失補償をすべきものとしていることとの均衡か

らいつて，本件被告人の被つた現実の損失については，その補償を請求することができるものと解する余地がある。」

最大判平成 4 年 7 月 1 日民集 46 巻 5 号 437 頁【行政Ⅰ-113】【憲法Ⅰ-109】
〈判旨〉
「憲法 31 条の定める法定手続の保障は，直接には刑事手続に関するものであるが，行政手続については，それが刑事手続ではないとの理由のみで，そのすべてが当然に同条による保障の枠外にあると判断することは相当ではない」が，「同条による保障が及ぶと解すべき場合であっても，一般に，行政手続は，刑事手続とその性質においておのずから差異があり，また，行政目的に応じて多種多様であるから，行政処分の相手方に事前の告知，弁解，防御の機会を与えるかどうかは，行政処分により制限を受ける権利利益の内容，性質，制限の程度，行政処分により達成しようとする公益の内容，程度，緊急性等を総合較量して決定されるべきものであって，常に必ずそのような機会を与えることを必要とするものではないと解するのが相当である」。

2　行政法の法源としての条約

　条約には，国内の立法措置なしに国内法としての効力を有する，自動執行条約と，国内法による立法措置によって国内法としての効力が生じるものがあり，自動執行条約の例としては，万国郵便条約[(8)]，租税条約[(9)]，ウィーン売買条約[(10)]がある。

　自動執行条約が認められる論拠としては，条約の締結に国会の承認が必要であること（憲法 73 条 3 号），締結した条約を誠実に遵守しなければならないこと（憲法 98 条 2 項）が挙げられる[(11)]。自動執行条約と憲法の優劣関係については，通説では，条約締結の方式が憲法改正手続よりも簡易なものであることから，憲法が自動執行条約に優位する立場であるとしており，裁判所も，条約が「一見してきわめて明白に違法無効」であると認められる場合には司法審査が及ぶ余地を示していることから，通説と同様の立場を採用し

---

(8)　国際郵便が利用できるよう，国際郵便事業について定めるもの。
(9)　国際二重課税（居住国と源泉国：所得を得た国の双方での課税）が生じないように，居住国，源泉国どちらか一方の課税とすることを定めるもの。
(10)　国境を越えて行われる物品の売買に関して契約や損害賠償の基本的な原則を定めるもの。
(11)　宇賀概説Ⅰ・5 頁。

ているとされる[12]。

最大判昭和 34 年 12 月 16 日刑集 13 巻 13 号 3225 頁【憲法Ⅱ-163】

〈判旨〉

「憲法第 9 条は日本が主権国として持つ固有の自衛権を否定しておらず，同条が禁止する戦力とは日本国が指揮・管理できる戦力のことであるから，外国の軍隊は戦力にあたらない。したがって，アメリカ軍の駐留は憲法及び前文の趣旨に反しない。他方で，日米安全保障条約のように高度な政治性をもつ条約については，一見してきわめて明白に違憲無効と認められない限り，その内容について違憲かどうかの法的判断を下すことはできない」

3　行政法の法源としての法律

　法律とは，国会によって手続きを経て制定された，「議会制定法」のことをいうが，日本には，「行政法」という名称の法典（法律）は存在しない。

　ただし，行政法の基本原則や手続きについて定める法律が全く存在しないわけではない。

　行政手続法，行政不服審査法，行政代執行法，行政訴訟法，国家行政組織法，国家公務員法，情報公開法，個人情報保護法，地方自治法など，行政法の通則的法律[13]が整備されている。

4　行政法の法源としての命令

　命令とは，行政庁が特定の者に対して，特定の作為，不作為を命じることや，上司が部下に対して，職権の行使について作為，不作為を命じることを意味することがある（建築物の除却命令：建築基準法 9 条 1 項など）。

　ただし，法源としての命令は，行政機関が定立する法を意味する。

　ここでの命令は，法律の委任に基づくか，法律を執行する従属命令のみが認められている。日本国憲法においては，国会が唯一の立法機関であり，国会で定める法（律）を逸脱する命令を定めることはできない。

　命令の中には，内閣が制定する政令（憲法 73 条 6 号），内閣総理大臣が制定する内閣官房令（内閣法 26 条 3 項），内閣府令（内閣府設置法 7 条 3 項），各省大臣が制定する省令（国家行政組織法 12 条 1 項），規則がある。そして規則

---

(12)　宇賀概説Ⅰ・5-6 頁。

(13)　行政法の基本となる（総則的な）規範としての法律。

の中には，内閣府や省に設置される外局として置かれる委員会や庁の長官が定めるもの（内閣府設置法 58 条 4 項，国家行政組織法 13 条 1 項），会計検査院が制定するもの（会計検査院法 38 条），人事院が定めるもの（国家公務員法 16 条 1 項）がある。

　例えば，道路交通法という「法律」に関連して，道路交通法施行令（政令），さらには道路交通法施行規則（国家公安委員会規則）などの法律の下位の法令としての命令が存在している。

　・告示

　告示とは，公の機関が意思決定または事実を一般に知らせる形式であり，国の場合は官報，地方公共団体の場合には公報に登載するのが通常である[14]。

　告示の中には，命令の性質を有すると解されるものもある。例えば，文部科学大臣が告示する，学習指導要領についても，裁判所は法的拘束力を有するとしている（最大判昭和 51 年 5 月 21 日刑集 30 巻 5 号 615 頁【行政Ⅰ-17】など）。

最一小判平成 2 年 1 月 18 日集民 159 号 1 頁
〈判旨〉
「高等学校学習指導要領（昭和 35 年文部省告示第 94 号）は法規としての性質を有するとした原審の判断は，正当として是認することができ，右学習指導要領の性質をそのように解することが憲法 23 条，26 条に違反するものでないことは，最高裁昭和 43 年（あ）第 1614 号同 51 年 5 月 21 日大法廷判決の趣旨とするところである。」

5　行政法の法源としての条例・規則

　地方公共団体独自の法源として存在するものとして，地方議会が制定する条例がある。条例の中には，法律の委任に基づくもの（委任条例）もあるが，地方公共団体は，委任がなくても，法律の範囲内で条例を制定することができる（憲法 94 条）。地方自治法は，地方公共団体は，法令に違反しない限りにおいて条例を制定することができるとし（14 条 1 項），条例は法律の委任に基づく命令にも違反できないこととされている。

---

(14)　町または字の区域の変更の告示（地方自治法 260 条 2 項）のように，法規でも行政行為でもなく，事実を周知するという性質のものもある。

図序-3　日本の法体系

　法律の具体的委任に基づいて制定される委任条例（公衆浴場法2条3項に基づく施行条例など）も，法律の範囲内で制定されることとなる。

　条例には，法令に特別の定めがあるものを除き，違反に対して，2年以下の懲役，もしくは禁錮，100万円以下の罰金，拘留，科料もしくは没収の刑または5万円以下の過料を科す旨を定めることができる（地方自治法14条3項）[15]。

　条例以外の地方公共団体独自の法源として，地方公共団体の長（首長）が定める規則（地方自治法15条1項），地方公共団体の委員会が定める規則（地方自治法138条の4第2項）がある。

6　不文の法源

(1)　慣 習 法

　行政法において，「法律による行政の原則」から，慣習法は認められないとするものもあるが，行政権限の根拠に関する法ではなく，行政権限行使の対象となる私人の権利・自由の根拠に関しては，既存の法律に反しない限り，慣習法の成立を認めるとする見解がある。長年にわたる慣習が，国民一般の法的確信を獲得して，法としての承認が得られるような場合であり，地

---

(15)　2022年6月13日に成立した刑法等の一部を改正する法律により，懲役刑および禁錮刑は，「拘禁刑」に統一されることとなり，2025年に施行予定である。

方的・民衆的慣習法や行政先例法がその例である。

(2) 判例法

日本において最高裁判決は，当該事案の差戻審では法的拘束力を有するが（裁判所法4条），他の事件では，下級審の裁判所でも先例である最高裁判決に従わないことは可能である。

しかし，実際は，最高裁判決は先例として，以降の下級審判決により尊重され大きな影響を有する。最高裁自身も，過去の最高裁判決を見直すことは，稀であり，最高裁判決が実施上，不文法源としての機能を果していることが多い。

特に行政訴訟の分野での裁判所の判例は，抽象的な規範である行政法規を具体的な事件に適用することによって具体化し，その内容を明確にするもので，このような判断を経過して成立した規範は，一種の法源になるといえる。

(3) 条理

行政法の不文法源として，法の一般原則としての条理が存在する。条理は，「一般社会の正義心において，かくあるべきもの」と解されるものであり，常識的判断を前提として成立するものである。ある問題につき，法律や命令も，慣習法・判例法もないときには，裁判官は判断の最後のよりどころとして「条理」に則して判断をすることになる。法律も慣習もない場合には，裁判官自身が立法者であるとすれば設定するであろうところの原則によって裁判するとの趣旨によるものであるが，裁判官による恣意的な判断につながりかねないとの批判がなされる。

V　行政法の効力

1　時間的限界

別段の定めがないときは，「法律は公布の日から起算して20日を経過した日から施行する。」（法の適用に関する通則法2条）とされるが，実際には，法令に特に附則をつけて施行時期を定める例が多い。例えば，2022年6月13日に成立した刑法等の一部を改正する法律により，懲役刑および禁錮刑は，「拘禁刑」に統一されることとなったが，これについては，3年以内に施行することとされていることや，「この法律は，日本国憲法施行の日から，これを施行する」（内閣法附則，地方自治法附則など）などがある。

憲法 39 条は遡及処罰を禁止しているが，法令が廃止された後に廃止前の違法行為に対して罰則を適用することは遡及処罰には該当しないとされる[16]。刑罰法規については，遡及立法が憲法上明示的に禁止されるが，刑罰法規以外の遡及立法について最高裁は次のように判示している。

最大判昭和 24 年 5 月 18 日民集 3 巻 6 号 199 頁
〈判旨〉
「刑罰法規については憲法第 39 条によつて事後法の制定は禁止されているけれども，民事法規については憲法は法律がその効果を遡及せしめることを禁じてはいないのである。従て民事訴訟上の救済方法の如き公共の福祉が要請する限り従前の例によらず遡及して之を変更することができると解すべきである。出訴期間も民事訴訟上の救済方法に関するものであるから，新法を以て遡及して短縮しうるものと解すべきであつて，改正前の法律による出訴期間が既得権として当事者の権利となるものではない。そして新法を以て遡及して出訴期間を短縮することができる以上は，その期間が著しく不合理で実質上裁判の拒否と認められるような場合でない限り憲法第 32 条に違反するということはできない。」

また，行政法においては「限時法」が用いられることが少なくない。これは，一定の有効期間を付した法令のことで，法令の期限として 2 年，5 年などの期間を定めて定められることがある。例えば，「市町村の合併の特例に関する法律」では，その附則の 2 条 1 項で，「この法律は，令和 12 年 3 月 31 日限り，その効力を失う。ただし，同日までに行われた市町村の合併については，同日後もなおその効力を有する。」と定められるものがある。

時間的限界に関する説明については，宇賀概説 I・17-26 頁も参照のこと。

2　地域的・場所的限界

行政法は，原則として日本国において生起するすべての行政現象を対象としており，場所に着目して法の適用を定める「属地主義」が採用されており，日本国の領土，領空，領海内では外国人に対しても日本の法令の規定が適用されることになる。他方で，外国の領土，領空，領海において日本国が行政権（公権力）を行使することはできない。

ただし，属地主義については，例外的に属人主義が採用される事例もあ

---

(16)　宇賀概説 I・19 頁。

る。例えば，属地主義を採用している刑法[17]においても，国民の国外犯（刑法3条），公務員の国外犯（同4条）についての処罰が認められている。行政法規について外国領海での属人的適用が認められた事例として，最一小判昭和46年4月22日刑集25巻3号451頁【行政Ⅰ-50】【地方-A12】がある。

最一小判昭和46年4月22日刑集25巻3号451頁【行政Ⅰ-50】【地方
　-A12】
〈判旨〉
「漁業法65条1項および水産資源保護法4条1項の規定に基づいて制定された北海道海面漁業調整規則（以下，本件規則という。）36条の規定は，本来，北海道地先海面であつて，右各法律および本件規則の目的である水産資源の保護培養および維持ならびに漁業秩序の確立のための漁業取締りその他漁業調整を必要とし，かつ，主務大臣または北海道知事が漁業取締りを行なうことが可能である範囲の海面における漁業，すなわち，以上の範囲の，わが国領海における漁業および公海における日本国民の漁業に適用があるものと解せられる（本件規則前文，1条，漁業法84条1項，昭和25年農林省告示129号「漁業法による海区指定」参照）。そして，わが国の漁船がわが国領海および公海以外の外国の領海において漁業を営んだ場合，特別の取決めのないかぎり，原則として，わが国は，その海面自体においてはその漁船に対する臨場検査等の取締り（漁業法134条参照）の権限を行使しえないものである。しかし，前記各法律および本件規則の目的とするところを十分に達成するためには，何らの境界もない広大な海洋における水産動植物を対象として行なわれる漁業の性質にかんがみれば，日本国民が前記範囲のわが国領海および公海と連接して一体をなす外国の領海においてした本件規則36条に違反する行為をも処罰する必要のあることは，いうをまたないところであり，それゆえ，本件規則36条の漁業禁止の規定およびその罰則である本件規則55条は，当然日本国民がかかる外国の領海において営む漁業にも適用される趣旨のものと解するのが相当である。すなわち，本件規則55条は，前記の目的をもつ前記各法律および本件規則の性質上，わが国領海内における同規則36条違反の行為のほか，前記範囲の公海およびこれらと連接して一体をなす外国の領海において日本国民がした同規則36条違反の行為（国外犯）をも処罰する旨を定めたものと解すべきである。」

　また，行政法の効力は原則的にわが国の領土等の全域に及ぶものではあるが，制約される場合もある。たとえば，「首都圏整備法」の対象は，「東京都

の区域及び政令で定めるその周辺の地域を一体とした広域」（首都圏整備法2条1項）とされるように，場所的限界を明らかにした法律が存在している。憲法95条に規定される地方自治特別法（「一の地方公共団体のみに適用される特別法は，……」）もその例である。

　地方公共団体の定める条例・規則についての適用される範囲はどうであろうか。これについても，区域内に滞在する者に対して属地的に適用されるのが原則とされる。

> 最大判昭和29年11月24日刑集8巻2号1866頁【憲法I-82】
> 〈判旨〉
> 「条例を制定する権能もその効力も……，法律の範囲内に在るかぎり原則としてその効力は当然属地的に生ずるものと解すべきである」

　条例について原則として属地主義が適用されることから，各都道府県の迷惑防止条例が定める「盗撮」について，国の法律で禁止されていなかったため，国内線の飛行機内での盗撮について，どの都道府県の条例が適用されるかが不明となり，条例による処罰が困難な事例があった。この点については，2023年7月13日に施行された性的姿態撮影等処罰法では，従来条例で規制されていた盗撮について，撮影罪として全国での統一的な処罰が可能となった。

参考文献
藤田宙靖『行政法入門〔第7版〕』（有斐閣，2016年）
須藤陽子『行政法入門』（法律文化社，2022年）
大橋洋一『社会とつながる行政法入門〔第2版〕』（有斐閣，2021年）

第1章
行政法の基本原則

I 法律による行政の原理

　中世以降の専制君主も，統治のルールを定めたが，ここでのルールは，臣民を支配するためのルールとして活用され，君主自身の統治（統制）のためのルールとされてこなかった。

　しかしながら，議会が誕生し，また議会が（マグナカルタの時代の）貴族議会から（市民革命後の）民衆（国民）議会へと変遷する中で，議会の定める法律によって，君主と国民が統制されることとなった。

　ここでの法律によって国民が統制（拘束）されるのは，法律が国民代表による議会によって制定されることを前提としており，国民の権利保護のためには，「議会制定法：法律」によって行政が行われ，行政行為の適法性について独立した裁判所が審査（行政の司法統制[1]）することが法治主義の要請とされる。

　法律による行政の原理は，法治主義の重要な基幹的法理であるとされ，行政活動が法律に基づき，法律に従って行われなくてはならないことを意味する[2]。行政権（公権力）が国民の権利・自由を侵害することを防止するという近代自由主義を前提として誕生したものであるが，国民代表たる議会の定めた法律に基づいて行政が行われなければならないとする，国民主権に基づく統治の原理として理解されうるものである。

　法律による行政の原理には，①法律の法規想像力の原則，②法律の優位の原則，③法律の留保の原則がある。

1 法律の法規創造力の原則
　法律の法規創造力の原則とは，法律，つまりは議会制定法によってのみ人

---

(1) 「近代行政救済法の原理」といわれることがある（藤田宙靖『行政法総論』（青林書院，2013年）64頁）。

(2) 宇賀概説I・32頁。

の権利義務を左右する「法規」[3]を創造することができるとするものである。

　日本国憲法においては，国会が唯一の立法機関とされており（憲法41条），この原則が憲法上明記されている。この点，大日本帝国憲法においては，帝国議会の定める法律だけではなく，天皇による勅令によっても法規創造が可能であった。

　なお，行政機関が「法規」としての性質を有する法規範を制定することがあるが（これを「法規命令」という），この場合には，法律の根拠が必要とされる（詳しくは，3章I1.で触れる。）。

2　法律の優位の原則

　法律の優位の原則とは，法律の規定と行政の活動が抵触する場合には，前者が優位に立ち，違法な行政活動は取り消しや無効とされることをいう。

　法律と行政機関の定立した規範（行政立法：政省令，規則など）が矛盾抵触する場合には，法律が優位し，行政機関の定立した規範が無効となるという意味で用いられることもある[4]。

3　法律の留保の原則

　法律の留保の原則は，ある行政活動を行う場合に，事前に法律でその根拠が規定されていなければならないとする原則のことである。

　行政活動の前提として，法律の規定・根拠を必要とするもので，憲法上の立法権の主体である国会と，行政権の主体である内閣の機能分担を明確にするものであって，権力分立の原則を基礎としている。

　他方で，一定の行政活動について，国民代表である議会の事前承認を義務づけることによって，国民の権利・自由を保護するという自由主義的な側面も有しているとされる[5]。

(1)　法律の留保にいう法律

　法律の類型として，大別して組織規範，根拠規範，規制規範の3つがある。

　組織規範は，行政機関の組織内容やどのような行政機関を設置するかを定

---

(3)　法規とは，国民一般の権利義務に関係する法規範のことを指す。

(4)　小早川光郎『行政法上』（弘文堂，1999年）85頁。

(5)　宇賀概説I・33頁。

める規範であり，内閣法，内閣府設置法，総務省設置法，国家行政組織法などが例としてある。行政内部に関する法という意味で，「内部法」といわれることもある[6]。

　この組織規範では，行政機関の所掌事務を定めており，この所掌事務の範囲内で行政が行われることとなる。

　例えば，経済産業省の所掌事務としては，「鉱物資源及びエネルギーに関する総合的な政策に関すること。」（経済産業省設置法 4 条 1 項 47 号），「省エネルギー及び新エネルギーに関する政策に関すること。」（同 48 号），「電気，ガス及び熱の安定的かつ効率的な供給の確保に関すること。」（同 52 号），「電源開発に関する基本的な政策の企画及び立案並びに推進に関すること。」（同 53 号），「エネルギーに関する原子力政策に関すること。」（同 54 号），「エネルギーとしての利用に関する原子力の技術開発に関すること。」（同 55 号）などとして，電気事業に関連する様々な事務を行うこととされている。

　根拠規範は，組織規範の定める所掌事務の範囲内において，行政機関の具体的な活動を議会（国会）が事前承認し，その実体的要件・効果を定めたものであり，行政機関が何らかの行為を行う際の根拠となる規範である。

　例えば，警察官職務執行法 2 条の質問（いわゆる職務質問）について，「警察官は，異常な挙動その他周囲の事情から合理的に判断して何らかの犯罪を犯し，若しくは犯そうとしていると疑うに足りる相当な理由のある者又は既に行われた犯罪について，若しくは犯罪が行われようとしていることについて知つていると認められる者を停止させて質問することができる。」と規定され，これを根拠として警察官は職務質問を行うことができるということになる。

　こうした根拠規範は，上記職務質問のように積極的（能動的）な行政の活動のための根拠としてだけではなく，私たちの行動を制限（規制）する根拠ともなりうるものである。

　例えば，新しく食堂，レストラン，カフェ等の飲食店を始める場合に，自由に飲食店を開店させることができるわけではなく，都道府県知事の許可を受けなければならないこととされる（食品衛生法 55 条）。このように，根拠規範には私たちの行動を制限する権限を行政機関に与えるものも存在する。

---

(6)　宇賀概説 I・34 頁。

　規制規範とは，行政作用のあり方を規制する規範であり，行政手続法など
がその例である。行政手続法などは，権限行使にあたっての手続きを定める
ことから，手続規範としての性格を有する。
　法律の留保の原則の下で求められるのは，これらのうち根拠規範であると
される[7]。

　最三小決昭和55年9月22日刑集34巻5号272頁【行政Ⅰ-104】では，
警察官による自動車の一斉検問の法的根拠および適法性要件に関して最高裁
が判断を示した。自動車検問は，一般に警察官が，犯罪の予防・検問等のた
め，走行中の自動車を停止させて，その自動車を見分し，あるいは自動車搭
乗者に対して必要な質問をすることをいうものではあるが，自動車検問にか
かる法的根拠が問題となってきた。この点学説上は，警職法説，警察法説，
憲法説などが説かれてきたが，判例，実務上は，警察法説の立場を採る。

> **最三小決昭和55年9月22日刑集34巻5号272頁【行政Ⅰ-104】**
> 〈決定要旨〉
> 「警察法2条1項が「交通の取締」を警察の責務として定めていることに照ら
> すと，交通の安全及び交通秩序の維持などに必要な警察の諸活動は，強制力
> を伴わない任意手段による限り，一般的に許容されるべきものであるが，そ
> れが国民の権利，自由の干渉にわたるおそれのある事項にかかわる場合には，
> 任意手段によるからといつて無制限に許されるべきものでないことも同条2
> 項及び警察官職務執行法1条などの趣旨にかんがみ明らかである。しかしな
> がら，自動車の運転者は，公道において自動車を利用することを許されてい
> ることに伴う当然の負担として，合理的に必要な限度で行われる交通の取締
> に協力すべきものであること，その他現時における交通違反，交通事故の状
> 況などをも考慮すると，警察官が，交通取締の一環として交通違反の多発す
> る地域等の適当な場所において，交通違反の予防，検挙のための自動車検問
> を実施し，同所を通過する自動車に対して走行の外観上の不審な点の有無に
> かかわりなく短時分の停止を求めて，運転者などに対し必要な事項について
> の質問などをすることは，それが相手方の任意の協力を求める形で行われ，
> 自動車の利用者の自由を不当に制約することにならない方法，態様で行われ
> る限り，適法なものと解すべきである。」

---

(7)　宇賀概説Ⅰ・35頁。

(2)　法律の留保の及ぶ範囲

①　立法事実説

大日本帝国憲法のもとで当初唱えられたのは，立法事実説であるが，ここでは，憲法が明示的に法律で定める旨を規定している事項についてのみ，法律の留保が及ぶとするもので，法律の留保の範囲を限定し，天皇の行政権の地位の独立性を強調するものであったといえる。

②　侵害留保説

侵害留保説は，国民に義務を課したり国民の権利を制限する侵害的な行政作用については，法律の根拠が必要であるが，そうでないものについては，法律の根拠を必要としないとするもので，自由主義的な考え方に基づくものである。この説は，美濃部達吉博士らによって唱えられ，今日においても立法実務を支配しているともいわれる[8]。

この侵害留保説について戦前とは異なり戦後は，根拠規範の中に法律のみならず条例も含めて考えられるようになっている。ここでは，法律に基づく委任条例だけではなく，地方公共団体固有の条例であっても，地方公共団体の議会の制定した条例は住民の同意に基づくものとされ，住民に義務を課したり権利を制限したりすることが認められており，他方で法律や条例の授権なしに，地方公共団体の長や委員会の規則等で住民の権利を制限することはできないとされる。

地方自治法14条2項は，「普通地方公共団体は，義務を課し，又は権利を制限するには，法令に特別の定めがある場合を除くほか，条例によらなければならない。」と規定し，この点を明確にしている。

このほか，法律の留保にかかる主な学説については，宇賀概説Ⅰ・39-40頁で以下のように整理されている。

③　全部留保説

民主主義原則に照らして，すべての行政活動には，国民代表である議会（国会）の事前承認が必要であるとの考え方であるが，あらゆる行政需要を事前にすべて把握することは困難で，これを前提とすると行政の臨機応変な対応を困難としてしまい，立法の不備を理由として行政が機能不全となることが懸念されるなどの問題点がある。

---

(8)　宇賀概説Ⅰ・36頁。

④　**社会留保説**

　戦後の行政活動の変化として，社会保障等の給付行政の拡充があり，この
ため，私人の自由な領域を確保することを目的（自由を侵害する行政について
の法律の留保）とした侵害留保説では不十分で，給付行政[(9)]にも法律の留保
の拡充が必要であるとの主張がある。しかし，広範な給付行政の活動につい
て，法律の留保に服させることが現実に可能かなどの問題点がある。

⑤　**権力留保説**

　国民の同意の有無にかかわらず，行政庁が一方的に国民の権利義務を変動
させる活動には，法律の留保が及ぶべきとするものであり，例えば，営業禁
止命令，許可撤回等，相手方に不利益な行政行為の場合には，侵害留保説の
ものとで法律の留保が及ぶことにはなるが，権力留保説の場合は，授益的決
定のように相手方に利益となる行政行為であっても，議会の事前承認を必要
とする。

⑥　**重要事項留保説**

　ドイツにおいて確立されたのが，重要事項留保説（本質性理論）であり，
ここでは，自由主義の観点から侵害留保説を拡張し，制裁的氏名公表のよう
に，権利を制限したり義務を課したりするわけではないが，国民に重大な不
利益を及ぼしうるものについても法律の根拠を要請し，民主主義や国会審議
の公開性の観点から，行政組織の基本的枠組みや基本的な政策・計画，重要
な補助金等について，法律の留保が必要であるとする。ただし，ここでは何
が議会の事前承認を必要とする重要（本質的）事項か不明確であるとの指摘
がある。

【**本質性理論（重要事項留保説）**】（大橋洋一『行政法①　現代行政過程論〔第
5版〕』（有斐閣，2023年）32-34頁）
　「本質性理論（重要事項留保説）は，本質的決定は議会自らが下すべきであ
り，行政に委ねてはならないと説く。侵害留保理論を中核に含みながら，そ
の拡張を図った見解であって，法律の根拠の要否は以下(a)(b)で説明する2つ
の視点に基づき判断される。
　(a)　侵害留保理論の機能拡張
　本質性理論は，基本的人権保障のために法律の根拠を要請するものであり，
中核において侵害留保の考え方は維持されている（したがって，侵害留保を

---

(9)　給付行政に関しては，村上武則『給付行政の理論』（有信堂，2002年）も参照。

後退させるものではない）。そのうえで，侵害的行為とは従来捉えられてこな
かった行政活動についても，その規制的機能に着目して授権の必要な範囲を
拡張する。

　(b)　基幹的組織・制度，基本的計画の法定化要請

　本質性理論は，民主主義の観点から，行政上の基本的決定に法律の根拠を
要請する。例えば，原子力発電所の立地計画は，エネルギー政策，土地利用
政策，雇用政策など，将来の社会のあり方を規定する基本決定であり，議会
の関与が要求される。国土計画や第2の予算と呼ばれる財政投融資について
も根拠法を制定し，市民の概観可能性と批判可能性を保障することが要請さ
れよう。また，補助金についても，基幹的な補助金については法律の根拠が
要請される。これは補助金が税の減免と同様の効果をもつとか，受給者の競
業者に競争上の不利益をもたらすといった理由に加えて，基幹的制度の創設
に着目して，議会による授権が要請される。

　さらに，行政組織の基本構造について議会が決定すべきであるという考え
方も，本質性理論に含まれる（制度的留保理論）。これは，行政組織が大要ど
のようになっているのか，組織に対する市民の概観可能性を法律で保障しよ
うとするものである。」

(3)　規律密度（法令がどれだけ詳細な規定であるか）

　法律の留保は，根拠規範の要否に関する理論であるとされるが，根拠規範
がありさえすればよいのだろうか。

　法律の留保は，行政の活動について国民に予測可能性を与えるとともに，
国民代表である議会（国会）の統制により国民の権利利益を保護する機能を
果たすことを意図したものである。このため，その目的を達成するのに必要
な詳細さで規律されることが求められる。

　従前の立法事務は，この点について必ずしも配慮されてこなかったとさ
れ，今日においても，許認可等の基準については，内部規範に委ねられるも
のが存在する[10]。

　法律や政省令において許可基準が定められておらず，通達による行政が行
われることについての問題もあるが，本来法律で定めるべき重要事項を政省
令によって定めることの問題もある。この点については，委任立法（3章Ⅰ
1.(2)）も参照のこと。

　旭川国民健康保険条例事件（国民健康保険に関する規律密度が焦点[11]）で

---

(10)　宇賀概説Ⅰ・41頁
(11)　この事例については，判例百選の解説も参照【行政Ⅰ-19】【憲法Ⅱ-196】。

は，一審旭川地判平成 10 年 4 月 21 日判時 1641 号 29 頁で，旭川市国民健康保険条例が，賦課総額の確定を賦課権利者に委ねた点において，賦課要件条例主義・賦課要件明確主義に違反し，憲法 92 条，憲法 84 条，国民健康保険法 81 条（「この章に規定するもののほか，賦課額，料率，納期，減額賦課その他保険料の賦課及び徴収等に関する事項は，政令で定める基準に従って条例又は規約で定める」）に違反するとした一方で，控訴審札幌高判平成 11 年 12 月 21 日判時 1732 号 37 頁では，国民健康保険料については，租税法律（条令）主義は直接には適用されず，その趣旨を踏まえる必要があるにとどまるとして一審判決を取り消した。

　最高裁は，保険料方式であっても，強制加入とされ，保険料が強制徴収され，賦課徴収の強制の度合いにおいては租税に類似する性質を有するものであるから，これについても憲法 84 条の趣旨が及ぶと解すべきとする一方で，国民健康保険法 81 条の委任に基づいて条例で賦課要件がどの程度明確に定められるべきかについては，諸般の事情を総合考慮して判断されるべきとした。そのうえで，旭川市国民健康保険条例については，議会による民主的統制が及ぶことから，市長による保険料率を告示する方式を採用しても，憲法 84 条の趣旨に反しないとした。

最大判平成 18 年 3 月 1 日民集 60 巻 2 号 587 頁【行政 I -19】【憲法 II -196】

〈判旨〉

「国又は地方公共団体が，課税権に基づき，その経費に充てるための資金を調達する目的をもって，特別の給付に対する反対給付としてでなく，一定の要件に該当するすべての者に対して課する金銭給付は，その形式のいかんにかかわらず，憲法 84 条に規定する租税に当たるというべきである。」「市町村が行う国民健康保険の保険料は，これと異なり，被保険者において保険給付を受け得ることに対する反対給付として徴収されるものである。……したがって，上記保険料に憲法 84 条の規定が直接に適用されることはないというべきである（国民健康保険税は，前記のとおり目的税であって，上記の反対給付として徴収されるものであるが，形式が税である以上は，憲法 84 条の規定が適用されることとなる。）。」

「市町村が行う国民健康保険は，保険料を徴収する方式のものであっても，強制加入とされ，保険料が強制徴収され，賦課徴収の強制の度合いにおいては租税に類似する性質を有するものであるから，これについても憲法 84 条の趣旨が及ぶと解すべきであるが，他方において，保険料の使途は，国民健康保

険事業に要する費用に限定されているのであって，法81条の委任に基づき条
例において賦課要件がどの程度明確に定められるべきかは，賦課徴収の強制
の度合いのほか，社会保険としての国民健康保険の目的，特質等をも総合考
慮して判断する必要がある。」「……本件条例が，8条において保険料率算定
の基礎となる賦課総額の算定基準を定めた上で，12条3項において，被上告
人市長に対し，同基準に基づいて保険料率を決定し，決定した保険料率を告
示の方式により公示することを委任したことをもって，法81条に違反すると
いうことはできず，また，これが憲法84条の趣旨に反するということもでき
ない。」

(4)　法律の留保の例外

①　特別権力関係

　国民は，すべて国に属し，住民は地方公共団体に属する。このことから当
然に，国家およびその地方公共団体の統治権に服することになる。この関係
は，一般権力関係と呼ばれるもので，ここでは基本的人権が当然に保障さ
れ，法治主義の原則が行われなければならないこととなる。

　この一般権力関係に対比されるのが，特別権力関係といわれるもので，特
定の法律上の原因により，その特定の目的のために必要な範囲内で，包括的
に一方が他方を支配し，他方がその支配に服することを内容とするものであ
る。例えば，国家公務員や地方公務員は，国民の一員としてあるいは特定の
地方公共団体の住民として，国や地方公共団体の統治権に服することになる
が，さらに，そのうえ，国や地方公共団体の雇用主としての特別の権力にも
服することになる。この特別権力関係は，公務員の勤務関係，刑務所の受刑
者の在監関係，国立学校の学生の在学関係，国立病院の入院患者の在院関係
等について用いられることがあり，法律の留保の原則が及ばず，また司法審
査も及ばないとされていた。

　特別権力関係の歴史は，近代立憲国家成立の過程において君主の統治権が
議会へと移る中で，従来から君主の強力な専権事項とされていたものについ
ては，議会の権限の侵入を排除しようと特別権力関係の理論が導かれたとさ
れる。すなわち，国家と国民との間には，一般権力関係と特別権力関係とが
あり，法律による行政の原理が働くのは，一般権力関係が成立する分野に限
られ，特別権力関係にはこれが及ばないとするものである。ここで特別権力
関係の分野とされるものは，官吏関係，軍事関係，公教育関係，刑罰の執行

関係などとされ，わが国においても強力に主張されてきたものである。

　今日においては，法律による行政の原理を排除するという意味内容を持つ特別権力関係は存在しないといっても良いが，特別権力関係という用語を用いなくとも（公法上の特別関係や公務員の労働関係などといわれることもある），判例においても一般権力関係と異なった権力関係は認められているといえる。

最二小判昭和 32 年 5 月 10 日民集 11 巻 5 号 699 頁
〈判旨〉
「およそ，行政庁における公務員に対する懲戒処分は所属公務員の勤務についての秩序を保持し，綱紀を粛正して公務員としての義務を全からしめるため，その者の職務上の義務違反その他公務員としてふさわしくない非行に対して科する所謂特別権力関係に基く行政監督権の作用であつて，懲戒権者が懲戒処分を発動するかどうか，懲戒処分のうちいずれの処分を選ぶべきかを決定することは，その処分が全く事実上の根拠に基かないと認められる場合であるか，もしくは社会観念上著しく妥当を欠き懲戒権者に任された裁量権の範囲を超えるものと認められる場合を除き，懲戒権者の裁量に任されているものと解するのが相当である（当裁判所第三小法廷昭和 29 年 7 月 30 日判決（〔民〕集 8 巻 7 号 1502 頁参照））。」（下線引用者）

　近時の裁判例では，「特別権力関係」の文言を用いることはないものの，その趣旨と同様のものとして，「公務員の労働関係（従前は特別権力関係などと称されていた。）」[12] などと用いられることもあり，また下級審において，上記昭和 32 年最判を引用する例もある。

岐阜地判平成 23 年 2 月 24 日判時 2122 号 133 頁
〈判旨〉
「公務員に対する懲戒処分については，懲戒権者が懲戒処分を発動するかどうか，懲戒処分のうちいずれの処分を選ぶべきかを決定することは，その処分が全く事実上の根拠に基づかないと認められる場合であるか，もしくは社会通念上著しく妥当を欠き懲戒権者に任された裁量権の範囲を超えるものと認められる場合を除き，懲戒権者の裁量に任されているものと解されるところ（最高裁昭和 32 年 5 月 10 日第二小法廷判決・民集 11 巻 5 号 699 頁参照），……」

　また，在監関係については，一般権力関係とは別のものといえるだろう。

---

(12)　大阪高判平成 26 年 1 月 23 日民集 70 巻 4 号 1076 頁。

最大判昭和 45 年 9 月 16 日民集 24 巻 10 号 1410 頁【憲法Ⅰ-A4】
〈判旨〉
「未決勾留は，刑事訴訟法に基づき，逃走または罪証隠滅の防止を目的として，被疑者または被告人の居住を監獄内に限定するものであるところ，監獄内においては，多数の被拘禁者を収容し，これを集団として管理するにあたり，その秩序を維持し，正常な状態を保持するよう配慮する必要がある。このためには，被拘禁者の身体の自由を拘束するだけでなく，右の目的に照らし，必要な限度において，被拘禁者のその他の自由に対し，合理的制限を加えることもやむをえないところである。」
「右の制限が必要かつ合理的なものであるかどうかは，制限の必要性の程度と制限される基本的人権の内容，これに加えられる具体的制限の態様との較量のうえに立って決せられるべきものというべきで」あり，「監獄の現在の施設および管理態勢のもとにおいては，喫煙に伴う火気の使用に起因する火災発生のおそれが少なくなく，また，喫煙の自由を認めることにより通謀のおそれがあり，監獄内の秩序の維持にも支障をきたすものであるというのである。右事実によれば，喫煙を許すことにより，罪証隠滅のおそれがあり，また，火災発生の場合には被拘禁者の逃走が予想され，かくては，直接拘禁の本質的目的を達することができないことは明らかである。のみならず，被拘禁者の集団内における火災が人道上重大な結果を発生せしめることはいうまでもない。他面，煙草は生活必需品とまでは断じがたく，ある程度普及率の高い嗜好品にすぎず，喫煙の禁止は，煙草の愛好者に対しては相当の精神的苦痛を感ぜしめるとしても，それが人体に直接障害を与えるものではないのであり，かかる観点よりすれば，喫煙の自由は，憲法 13 条の保障する基本的人権の一に含まれるとしても，あらゆる時，所において保障されなければならないものではない。したがつて，このような拘禁の目的と制限される基本的人権の内容，制限の必要性などの関係を総合考察すると，前記の喫煙禁止という程度の自由の制限は，必要かつ合理的なものであると解するのが相当であり，監獄法施行規則 96 条中未決勾留により拘禁された者に対し喫煙を禁止する規定が憲法 13 条に違反するものといえないことは明らかである。」

② **部分社会論**

　特別権力関係については，今日，その内容の一部を部分社会論・部分社会の法理として説明されることがある。

　ここでは，一般市民社会とは異なる特殊な部分社会において，その自立性を尊重し，根拠規定なしに当該社会の秩序を維持し，運営するための包括的権能を承認し，かつ，部分社会内部の紛争については，それが一般社会法秩序と直接に関係しない限り，その自律的解決に委ね，司法審査も及ばないと

するもので，部分社会論・部分社会の法理と呼ばれる。

　学校や地方議会，政党などが部分社会論の代表例とされる。

　例えば学校の例である最三小判昭和29年7月30日民集8巻7号1463頁においては，私立大学の学生への処分と国公立大学の学生への処分と別異に取り扱うものと示したが，最三小判昭和49年7月19日民集28巻5号790頁【憲法I-10】では，「大学は，国公立であると私立であるとを問わず，学生の教育と学術の研究を目的とする公共的な施設であり，法律に格別の規定がない場合でも，その設置目的を達成するために必要な事項を学則等により一方的に制定し，これによつて在学する学生を規律する包括的権能を有するものと解すべきである。」として，国公立，私立問わず大学の部分社会性を認めている。富山大学事件・最三小判昭和52年3月15日民集31巻2号234頁【行政I-141】【憲法II-182】においても，「大学は，国公立であると私立であるとを問わず，学生の教育と学術の研究とを目的とする教育研究施設であつて，その設置目的を達成するために必要な諸事項については，法令に格別の規定がない場合でも，学則等によりこれを規定し，実施することのできる自律的，包括的な権能を有し，一般市民社会とは異なる特殊な部分社会を形成しているのであるから，このような特殊な部分社会である大学における法律上の係争のすべてが当然に裁判所の司法審査の対象になるものではなく，一般市民法秩序と直接の関係を有しない内部的な問題は右司法審査の対象から除かれるべきものであることは，叙上説示の点に照らし，明らかというべきである。」として，大学を一般市民社会とは異なる部分社会として位置づけている。

　下級審においては，大学のみならず高校以下を含めた学校の部分社会性を明示的に示すものもある。

> **神戸地判平成6年4月27日判タ868号159頁**
> 〈判旨〉
> 「学校ごとに定めることができる法的規範として，法令上認められているのは，学校教育法施行規則3条，4条に基づく教育過程，組織編成，入退学に関する事項を定める学則のみであるが，生徒の生活指導等の詳細については，校則，生徒心得などと称される成文の学校内規によって規律されているのが一般である。
> 　そして，このような校則等の法的性質は，学校という公の施設の利用関係を規律するための行政立法である管理規則というべきものであり，学校の生

徒という特定の範囲にのみ向けられてはいるが，一般的・抽象的な性格を有し，校則等の制定によって，他の具体的行為をまたずに，生徒に直接具体的法的効果を生じさせるものではない。

　更に，学校は，国・公・私立を問わず，生徒の教育を目的とする教育施設であって，その設置目的を達成するために必要な事項については，法令に格別の規定がない場合でも校則等によりこれを規定し実施することのできる自律的，包括的な権能を有し，校則等は，学校という特殊な部分社会における自律的な法規範としての性格を有している。

　このような自律的な法規範については，それが内部規律の問題に止まる限りは，当該部分社会の自律的措置に任せるのが適切であり，裁判所が法を適用実現して紛争を解決するのが適当でないといえるから，抗告訴訟の対象とはならないというべきである。」

　また，地方議会については，最大判昭和 35 年 3 月 9 日民集 14 巻 3 号 355 頁は，地方議会議員に対する除名処分について司法審査の対象とするが，最大判昭和 35 年 10 月 19 日民集 14 巻 12 号 2633 頁【憲法Ⅱ-181】は，地方議会議員に対する出席停止処分について，部分社会論を用いていた。

最大判昭和 35 年 10 月 19 日民集 14 巻 12 号 2633 頁【憲法Ⅱ-181】
〈判旨〉
「司法裁判権が，憲法又は他の法律によつてその権限に属するものとされているものの外，一切の法律上の争訟に及ぶことは，裁判所法 3 条の明定するところであるが，ここに一切の法律上の争訟とはあらゆる法律上の係争という意味ではない。一口に法律上の係争といつても，その範囲は広汎であり，その中には事柄の特質上司法裁判権の対象の外におくを相当とするものがあるのである。けだし，自律的な法規範をもつ社会ないしは団体に在つては，当該規範の実現を内部規律の問題として自治的措置に任せ，必ずしも，裁判にまつを適当としないものがあるからである。本件における出席停止の如き懲罰はまさにそれに該当するものと解するを相当とする。」

　これについて，最大判令和 2 年 11 月 25 日民集 74 巻 8 号 2229 頁【行政Ⅱ-140】は，上記昭和 35 年 10 月 19 日最判を判例変更し，「普通地方公共団体の議会の議員に対する出席停止の懲罰の適否は，司法審査の対象となる」との立場を示した。

最大判令和 2 年 11 月 25 日民集 74 巻 8 号 2229 頁【行政Ⅱ-140】
〈判旨〉
「憲法は，地方公共団体の組織及び運営に関する基本原則として，その施策を

住民の意思に基づいて行うべきものとするいわゆる住民自治の原則を採用しており，普通地方公共団体の議会は，憲法にその設置の根拠を有する議事機関として，住民の代表である議員により構成され，所定の重要事項について当該地方公共団体の意思を決定するなどの権能を有する。そして，議会の運営に関する事項については，議事機関としての自主的かつ円滑な運営を確保すべく，その性質上，議会の自律的な権能が尊重されるべきであるところ，議員に対する懲罰は，会議体としての議会内の秩序を保持し，もってその運営を円滑にすることを目的として科されるものであり，その権能は上記の自律的な権能の一内容を構成する。」

「他方，普通地方公共団体の議会の議員は，当該普通地方公共団体の区域内に住所を有する者の投票により選挙され（憲法93条2項，地方自治法11条，17条，18条），議会に議案を提出することができ（同法112条），議会の議事については，特別の定めがある場合を除き，出席議員の過半数でこれを決することができる（同法116条）。そして，議会は，条例を設け又は改廃すること，予算を定めること，所定の契約を締結すること等の事件を議決しなければならない（同法96条）ほか，当該普通地方公共団体の事務の管理，議決の執行及び出納を検査することができ，同事務に関する調査を行うことができる（同法98条，100条）。議員は，憲法上の住民自治の原則を具現化するため，議会が行う上記の各事項等について，議事に参与し，議決に加わるなどして，住民の代表としてその意思を当該普通地方公共団体の意思決定に反映させるべく活動する責務を負うものである。」

「出席停止の懲罰は，上記の責務を負う公選の議員に対し，議会がその権能において科する処分であり，これが科されると，当該議員はその期間，会議及び委員会への出席が停止され，議事に参与して議決に加わるなどの議員としての中核的な活動をすることができず，住民の負託を受けた議員としての責務を十分に果たすことができなくなる。このような出席停止の懲罰の性質や議員活動に対する制約の程度に照らすと，これが議員の権利行使の一時的制限にすぎないものとして，その適否が専ら議会の自主的，自律的な解決に委ねられるべきであるということはできない。」

政党については，最三小判昭和63年12月20日集民155号405頁【憲法II-183】が，「政党の結社としての自主性にかんがみると，政党の内部的自律権に属する行為は，法律に特別の定めのない限り尊重すべきであるから，政党が組織内の自律的運営として党員に対してした除名その他の処分の当否については，原則として自律的な解決に委ねるのを相当とし，したがって，政党が党員に対してした処分が一般市民法秩序と直接の関係を有しない内部的な問題にとどまる限り，裁判所の審判権は及ばないというべきであり，他

方，右処分が一般市民としての権利利益を侵害する場合であっても，右処分の当否は，当該政党の自律的に定めた規範が公序良俗に反するなどの特段の事情のない限り右規範に照らし，右規範を有しないときは条理に基づき，適正な手続に則ってされたか否かによって決すべきであり，その審理も右の点に限られるものといわなければならない。」として，部分社会論を用いている。

　また，最一小判平成18年9月14日集民221号87頁は，弁護士会における懲戒について，「弁護士に対する所属弁護士会及び上告人（以下，両者を含む意味で「弁護士会」という。）による懲戒の制度は，弁護士会の自主性や自律性を重んじ，弁護士会の弁護士に対する指導監督作用の一環として設けられたものである。また，懲戒の可否，程度等の判断においては，懲戒事由の内容，被害の有無や程度，これに対する社会的評価，被処分者に与える影響，弁護士の使命の重要性，職務の社会性等の諸般の事情を総合的に考慮することが必要である。したがって，ある事実関係が「品位を失うべき非行」といった弁護士に対する懲戒事由に該当するかどうか，また，該当するとした場合に懲戒するか否か，懲戒するとしてどのような処分を選択するかについては，弁護士会の合理的な裁量にゆだねられているものと解され，弁護士会の裁量権の行使としての懲戒処分は，全く事実の基礎を欠くか，又は社会通念上著しく妥当性を欠き，裁量権の範囲を超え又は裁量権を濫用してされたと認められる場合に限り，違法となるというべきである。」として，ここでも部分社会論を前提としていると解される。

　近時の下級審においても，「宗教法人は宗教活動を目的とする団体であり，宗教活動は憲法上国の干渉からの自由を保障されているものであるから，このような団体の内部関係に関する事項については原則として当該団体の自治権を尊重すべきであるが，宗教法人が組織内の自律的運営としてその機関である代表役員等に対してした宗教上の地位の剥奪その他の懲戒処分が一般市民としての権利利益を侵害する場合においては，当該処分の当否は，当該宗教法人の自律的に定めた規範が公序良俗に反するなどの特段の事情のない限り当該規範に照らし，当該規範を有しないときは条理に基づき，適正な手続に則ってされたか否かによって決すべきであると解される」（東京地判令和4年8月18日判例集未搭載）として，宗教団体について部分社会性を用いるなど，一般市民秩序と異なる組織等において部分社会論が用いられる

例は，裁判実務上多様に存在している。

③　緊急措置

　国民の生命，健康を保護するために緊急に行政が規制を行う必要があるが，根拠規定がなく，法律を制定・改正して根拠規定を設けることが間に合わない場合にも，法律の留保の観点から規制が認められないと解するか，それとも緊急時にはそのような規制を認めるものと解するかという論点もある[13]。

　例えば，最二小判平成3年3月8日民集45巻3号164頁【行政 I -98】【地方-48】では，所有物の強制撤去について緊急の場合に可能であるか問われ，行政の緊急措置権限を肯定したものではないとされるが，これまでの裁判例において，緊急性，回避手段の相当性，他に適切な手段が存在しないこと，回避された法益侵害と現に生じた法益侵害の均衡性などが厳格に解釈されてきた（大判大正3年10月2日刑録20輯1764頁）ものの，ここでは，自発的な撤去を説得する時間があったにもかかわらず町自らが説得を実施していないなど，緊急性の要件を充足する可能性は低いとされる。

最二小判平成3年3月8日民集45巻3号164頁【行政 I -98】【地方-48】
〈判旨〉

「浦安町は，浦安漁港の区域内の水域における障害を除去してその利用を確保し，さらに地方公共の秩序を維持し，住民及び滞在者の安全を保持する（地方自治法2条3項1号参照）という任務を負っているところ，同町の町長として右事務を処理すべき責任を有する上告人は，右のような状況下において，船舶航行の安全を図り，住民の危難を防止するため，その存置の許されないことが明白であって，撤去の強行によってもその財産的価値がほとんど損なわれないものと解される本件鉄杭をその責任において強行的に撤去したものであり，本件鉄杭撤去が強行されなかったとすれば，千葉県知事による除却が同月9日以降になされたとしても，それまでの間に本件鉄杭による航行船舶の事故及びそれによる住民の危難が生じないとは必ずしも保障し難い状況にあったこと，その事故及び危難が生じた場合の不都合，損失を考慮すれば，むしろ上告人の本件鉄杭撤去の強行はやむを得ない適切な措置であったと評価すべきである（原審が民法720条の規定が適用されない理由として指摘する諸般の事情は，航行船舶の安全及び住民の急迫の危難の防止のため本件鉄杭撤去がやむを得なかったものであることの認定を妨げるものとはいえない。）。

---

(13)　宇賀概説 I ・48頁。

　そうすると，上告人が浦安町の町長として本件鉄杭撤去を強行したことは，漁港法及び行政代執行法上適法と認めることのできないものであるが，右の緊急の事態に対処するためにとられたやむを得ない措置であり，民法720条の法意に照らしても，浦安町としては，上告人が右撤去に直接要した費用を同町の経費として支出したことを容認すべきものであって，本件請負契約に基づく公金支出については，その違法性を肯認することはできず，上告人が浦安市に対し損害賠償責任を負うものとすることはできないといわなければならない。」

④　行 政 裁 量

　すべての行政行為を法律で拘束することは困難であるといえる。これは，議会（国会）が事前に起こりうる事態をすべて把握したうえで，行政の行為を決めておくことが困難であるからである。

　このため，行政の専門的，政策的な判断に委ねることが望ましい事項もあり，議会は，立法に際して，行政機関の判断の余地を与えることが多くあり，この判断の余地のことを行政裁量という。行政裁量については，3章Ⅲで触れることとするが，行政裁量が認められるということは，立法において，あらかじめ行政裁量を認めることによって，与えられた裁量権の範囲内の行為であれば，法律の解釈や適用の問題は生じず，行政裁量の「裁量権の逸脱」または「裁量権の濫用」がある場合にのみ司法審査を行うことができるとされる。

Ⅱ　行政法の一般原則

1　信 義 則

民法1条2項には，信義則についての明文規定がある。

> **民法1条2項**
> 「権利の行使及び義務の履行は，信義に従い誠実に行わなければならない。」
> →信義誠実の原則（信義則）

　この信義則といわれる民法の原則は，「人は，社会生活をおくるなかで，他者の信頼を裏切ったり，不誠実なふるまいをしたりすることのないように行動しなければならない」との考え方を示したものとされ[14]，民法典は，

権利本位の法律思想の所産であるため，これを実生活に適用するにあたっ
て，人間関係尊重の検知から形式的な権利義務の背後の信義の原則のあるこ
とが強調され，これが行動原理として取り入れられたものである[(15)]。

　この民法の原則は行政法上の法律関係にも妥当するものとされるが[(16)]，
法律による行政の原則との抵触がある場合には，信義則をいかなる要件の下
で優先させるかについての議論がある。

　租税法律主義と信義則についての判例（最三小判昭和 62 年 10 月 30 日集民
152 号 93 頁【行政Ⅰ-20】）がある。ここで，信義則が適用される要件につい
て最高裁は，①税務官庁が納税者に対し信頼の対象となる公的見解を表示し
たこと，②納税者がその表示を信頼しその信頼に基づいて行動したこと，③
のちに当該表示に反する課税処分が行われたこと，④そのために納税者が経
済的不利益を受けることになったこと，⑤納税者がその表示を信頼しその信
頼に基づいて行動したことについて納税者の責めに帰すべき事由がないこ
と，を挙げている。ここでは，この 5 要件の考慮が不可欠であるとしてお
り，必要条件であるとはされておらず，これらが単なる考慮要素に過ぎない
とすれば，総合考慮の結果として，信義則が適用されることになるし，ま
た，5 要件すべてを満たさなければ信義則適用が否定されるということには
ならないということになる[(17)]。

最三小判昭和 62 年 10 月 30 日集民 152 号 93 頁【行政Ⅰ-20】
〈判旨〉
「青色申告の承認は，課税手続上及び実体上種々の特典（租税優遇措置）を伴
う特別の青色申告書により申告することのできる法的地位ないし資格を納税
者に付与する設権的処分の性質を有することが明らかである。そのうえ，所
得税法は，税務署長が青色申告の承認申請を却下するについては申請者につ
き一定の事実がある場合に限られるものとし（145 条），かつ，みなし承認の
規定を設け（147 条），同法所定の要件を具備する納税者が青色申告の承認申
請書を提出するならば，遅滞なく青色申告の承認を受けられる仕組みを設け
ている。このような制度のもとにおいては，たとえ納税者が青色申告の承認
を受けていた被相続人の営む事業にその生前から従事し，右事業を継承した

---

(14)　潮見佳男『民法（全）第 3 版』（有斐閣，2022 年）5 頁。
(15)　我妻榮＝有泉亨＝川井健＝鎌田薫『民法 1　総則・物権法〔第 4 版〕』（勁草書
　　　房，2021 年）16 頁。
(16)　櫻井＝橋本・24 頁。
(17)　宇賀概説Ⅰ・52-53 頁。

場合であっても，青色申告の承認申請書を提出せず，税務署長の承認を受けていないときは，納税者が青色申告書を提出したからといって，その申告に青色申告としての効力を認める余地はないものといわなければならない。」

「租税法規に適合する課税処分について，法の一般原理である信義則の法理の適用により，右課税処分を違法なものとして取り消すことができる場合があるとしても，法律による行政の原理なかんずく租税法律主義の原則が貫かれるべき租税法律関係においては，右法理の適用については慎重でなければならず，租税法規の適用における納税者間の平等，公平という要請を犠牲にしてもなお当該課税処分に係る課税を免れしめて納税者の信頼を保護しなければ正義に反するといえるような特別の事情が存する場合に，初めて右法理の適用の是非を考えるべきものである。そして，右特別の事情が存するかどうかの判断に当たっては，少なくとも，税務官庁が納税者に対し信頼の対象となる公的見解を表示したことにより，納税者がその表示を信頼しその信頼に基づいて行動したところ，のちに右表示に反する課税処分が行われ，そのために納税者が経済的不利益を受けることになったものであるかどうか，また，納税者が税務官庁の右表示を信頼しその信頼に基づいて行動したことについて納税者の責めに帰すべき事由がないかどうかという点の考慮は不可欠のものであるといわなければならない。」

「これを本件についてみるに，納税申告は，納税者が所轄税務署長に納税申告書を提出することによって完了する行為であり（国税通則法17条ないし22条参照），税務署長による申告書の受理及び申告税額の収納は，当該申告書の申告内容を是認することを何ら意味するものではない（同法24条参照）。また，納税者が青色申告書により納税申告したからといって，これをもって青色申告の承認申請をしたものと解しうるものでないことはいうまでもなく，税務署長が納税者の青色申告書による確定申告につきその承認があるかどうかの確認を怠り，翌年分以降青色申告の用紙を当該納税者に送付したとしても，それをもって当該納税者が税務署長により青色申告書の提出を承認されたものと受け取りうるものでないことも明らかである。そうすると，原審の確定した前記事実関係をもってしては，本件更正処分がYのXに対して与えた公的見解の表示に反する処分であるということはできないものというべく，本件更正処分について信義則の法理の適用を考える余地はないものといわなければならない。」

　私人の経済活動は，自身の行動がもたらす帰結がある程度予測可能な社会でなければ安心してこれを行うことができない。このため，行政の政策決定等によって，私人が資本投下したものの，行政の政策転換などにより不利益を被る場合において，私人を保護する例（最三小判昭和56年1月27日民集35巻1号35頁【行政Ⅰ-21】【地方-51】）があり，ここでは柔軟に信義則の適用

を認めている。

最三小判昭和56年1月27日民集35巻1号35頁【行政Ⅰ-21】【地方-51】

〈判旨〉

「地方公共団体の施策を住民の意思に基づいて行うべきものとするいわゆる住民自治の原則は地方公共団体の組織及び運営に関する基本原則であり，また，地方公共団体のような行政主体が一定内容の将来にわたつて継続すべき施策を決定した場合でも，右施策が社会情勢の変動等に伴つて変更されることがあることはもとより当然であつて，地方公共団体は原則として右決定に拘束されるものではない。しかし，右決定が，単に一定内容の継続的な施策を定めるにとどまらず，特定の者に対して右施策に適合する特定内容の活動をすることを促す個別的，具体的な勧告ないし勧誘を伴うものであり，かつ，その活動が相当長期にわたる当該施策の継続を前提としてはじめてこれに投入する資金又は労力に相応する効果を生じうる性質のものである場合には，右特定の者は，右施策が右活動の基盤として維持されるものと信頼し，これを前提として右の活動ないしその準備活動に入るのが通常である。このような状況のもとでは，たとえ右勧告ないし勧誘に基づいてその者と当該地方公共団体との間に右施策の維持を内容とする契約が締結されたものとは認められない場合であつても，右のように密接な交渉を持つに至つた当事者間の関係を規律すべき信義衡平の原則に照らし，その施策の変更にあたつてはかかる信頼に対して法的保護が与えられなければならないものというべきである。すなわち，右施策が変更されることにより，前記の勧告等に動機づけられて前記のような活動に入つた者がその信頼に反して所期の活動を妨げられ，社会観念上看過することのできない程度の積極的損害を被る場合に，地方公共団体において右損害を補償するなどの代償的措置を講ずることなく施策を変更することは，それがやむをえない客観的事情によるのでない限り，当事者間に形成された信頼関係を不当に破壊するものとして違法性を帯び，地方公共団体の不法行為責任を生ぜしめるものといわなければならない。」

2　権利濫用禁止の原則

　日本国憲法12条が，国民の権利濫用を禁止しているのは，私人間の関係のみならず，行政機関との関係（私人による行政機関に対する権利の濫用，行政機関の私人に対する権利の濫用も含まれる。）にも同様である。

　国民に申請権が認められている場合であつても，申請が権利の濫用である場合には，申請は不適法となり，拒否処分を受けることになる[18]。

　情報公開条例に基づく開示請求が，大量請求であり処理に膨大な事務量が

予想され，請求対象を限定しても請求目的が達成できるにもかかわらず，請求者がこれに応じない場合に，請求者の権利の濫用を認めて不適法とした例（横浜地判平成 14 年 10 月 23 日判例集不登載，東京高判平成 15 年 3 月 26 日判自 246 号 113 頁，名古屋地判平成 25 年 3 月 28 日判自 388 号 41 頁など）がある。

横浜地判平成 14 年 10 月 23 日判例集不登載
〈判旨〉
「本件条例 1 条は，公文書の公開請求が市民の権利であることを明らかにしている。しかしながら，権利の行使といっても，常に例外なしに無制限に認められるというわけではない。外形上権利の行使のように見えるが，具体的場合に即してみるときには，権利の行使として是認することができない場合もあり，それについては権利の濫用と評価されるべきである。」
「本件公開請求の対象となる文書が大量であること，公開・非公開の決定は 1 つ 1 つ検討しなければならず市側の事務量が膨大になること，事務量が一定程度膨大になった場合には公開・非公開の決定の延長事由となると解されるところ，本件のような極めて膨大な事務量が予想され，延長しても相当長期にわたる場合の対応方法については本件条例は規定上は想定していないと解されること，本件公開請求の対象となる文書について，市はその具体的な数量を示したわけではないものの，それが大量であると X に説明していること，Y のそのような認識は X も理解していたこと，このような中で，Y から，対象文書に係る事業の種類を限定するとか，無作為抽出，年度限定等の方法により請求件数を絞る方法等の提案がされたが，X は，頑なに請求に係る本件文書全部の公開を求めたこと，その理由は，公開請求の当初からなら考えようもあるが，請求から約 2 か月経過しているから，本件条例の定めどおりにされるべきであるというものであること，Y がこの 2 か月間を無為に引き延ばしたといった事情はうかがわれないこと，X の本件公開請求の目的は国庫支出金に関する予算執行が適正に行われているかの確認であるところ，このような目的は事業対象を絞ったり無作為に抽出することでもある程度達成でき，本件公開請求の全部の公開を同時に認めなければ X の公文書取得目的が達成できないとはいい切れないこと，これらの事情に照らせば，X の本件公開請求は，文書公開の請求権を濫用したものとしてその全部の請求が許されないというべきである。」

他方で，行政主体の行為が権利の濫用とされることもある（最二小判昭和 53 年 5 月 26 日民集 32 巻 3 号 689 頁【行政Ⅰ-25】，甲府地決平成 11 年 8 月 10 日判自 212 号 62 頁など）

---

(18)　宇賀概説Ⅰ・62 頁。

甲府地決平成 11 年 8 月 10 日判自 212 号 62 頁
〈決定要旨〉
「給水契約においては，事業者の給水義務と需要者の料金支払義務とが対価的牽連関係に立つことから，料金支払義務の不履行があったときには，事業者はその反対給付たる給水義務を免れるのであり，水道法 15 条 3 項もその趣旨に出た規定であるものと解される。

　もっとも，水道水が人間の生存の基盤に欠かすことのできないものであり，需要者にとっては給水義務の履行を受け得ることが極めて重要であるのに対し，地方公共団体たる事業者は，水道事業を独占的に経営しており，いわば優越的な地位にあるとも見ることができることを考慮すると，単に料金の不払いがあるからといって，直ちに事業者において給水停止権を行使することが許されるものと解すべきではなく，料金不払いの期間やその金額の多寡，不払いに至った事情，未払の料金についての今後の支払の見込み等の諸般の事情を総合的に考慮して，給水を停止することもやむを得ないものと判断される場合にこれが許されるものと解するのが相当である。」
「債権者らは，本件改正の趣旨に納得できず，平成 10 年 4 月分から平成 11 年 2 月分までについては，別紙未払料金目録記載の各金額を支払っていないが，右金額を上回る本件改正前の基本料金及び超過料金は概ね支払っていること，債権者らは，平成 10 年 4 月から，債務者に対し，再三再四，本件改正についてその詳細な理由を問い質してきたが，これに対し，債務者は，債権者らの理解を得ようと一度は説明会を開催したものの，その後はさほど積極的に対応してきたとは必ずしも見受けられないこと，債権者らとしても，債務者からの合理的な説明があれば，直ちに右未納料金について支払う用意があり，かつ，その旨を債務者にも伝えており，このことは債務者も認識していたこと，債務者に他意はないとはいえ，債権者らが別荘を一年で最も利用する時期に敢えて給水を停止しようとしたこと，以上の事実が認められる。

　右事実に照らすと，債務者が債権者らに対し給水停止権を行使することは，権利の濫用に当たり，許されないものというべきである。」

最二小判昭和 53 年 5 月 26 日民集 32 巻 3 号 689 頁【行政 I -25】
〈判旨〉
「原審の認定した右事実関係のもとにおいては，本件児童遊園設置認可処分は行政権の著しい濫用によるものとして違法であり，かつ，右認可処分とこれを前提としてされた本件営業停止処分によつて被上告人が被つた損害との間には相当因果関係があると解するのが相当であるから，被上告人の本訴損害賠償請求はこれを認容すべきである。」
原審　仙台高判昭和 49 年 7 月 8 日民集 32 巻 3 号 713 頁
「本件児童遊園はさきに認定したように児童福祉施設としての基準に適合して

いたものであるから，客観的にみるとき，本件認可処分それ自体としては違法ということはできない。

　しかしながら，前記認定によると，山形県および余目町当局は，余目町が条例による指定禁止区域に該当しない現状においては，Xの本件トルコ風呂営業が適法なものとして許容されることになる関係上，右トルコ風呂営業を阻止するという共通の目的をもつて，間接的な手段を用いて右営業をなし得ない状態を作り出すべく，本件児童遊園の児童福祉施設への昇格という方法を案出した。そして余目町としては早急にこれを児童福祉施設とすべき具体的必要性は全くなかつたのに，山形県は余目町に対し積極的に指導，働きかけを行い，余目町当局もこれに呼応して本件認可申請に及んだものであり，結局山形県知事は余目町当局と意思相通じて，Xの計画していたトルコ風呂営業を阻止，禁止すべく，本件児童遊園を児童福祉施設として認可したものというべきである（なお，右認定の経過に照らすとき，余目町がその形式はともかく実質的に全く独自の立場において本件認可申請に及んだものとは到底認められない。）。」

「してみると，山形県知事のなした本件認可処分は，Xが現行法上適法になし得るトルコ風呂営業を阻止，禁止することを直接の動機，主たる目的としてなされたものであることは明らかであり，現今トルコ風呂営業の実態に照らし，その営業を法律上許容すべきかどうかという立法論はともかく，一定の阻害事由のない限りこれを許容している現行法制のもとにおいては，右のような動機，目的をもつてなされた本件認可処分は，法の下における平等の理念に反するばかりでなく，憲法の保障する営業の自由を含む職業選択の自由ないしは私有財産権を侵害するものであつて，行政権の著しい濫用と評価しなければならない。すなわち，本件認可処分は，Xの右トルコ風呂営業に対する関係においては違法かつ無効のものであり，Xの本件トルコ風呂営業を禁止する根拠とはなりえないものである（このことは，本件の場合本件児童遊園認可申請の日が本件公衆浴場申請の日以前であつたことによつて消長をきたすものではない。）。」

3　比 例 原 則

　比例原則は，元来，ドイツにおいて警察権の限界に関する法理の一つ（警察比例原則）として形成されたものである。ここでいう警察権とは，社会公共の秩序を維持し，その障害を除去するために一般統治権に基づいて国民の自然の自由を制限する公権力のことであり，食品安全のための規制，建築物の安全規制等も含まれる[19]。

---

(19)　宇賀概説Ⅰ・64頁。

　比例原則は，アメリカの違憲審査における LRA の基準（より制限的でない代替手段の法理：ある目的を達成するために，規制効果は同じであって被規制利益に対する制限の程度がより少ない代替手段が存在する場合には，その規制を違憲とする法理）と同様の理念に基づくもので，不必要な規制，過剰な規制を禁止するものである。

　この比例原則は，警察権に限定されず，今日では，行政の権力活動一般に対して妥当する原則であると理解されているし，国民一般に対する行政作用のみならず，公務員に対する懲戒処分についても，比例原則の適用が論じられてきている（君が代国歌伴奏拒否事件（最一小判平成 24 年 1 月 16 日集民 239 号 253 頁【地方-82】など））。

　比例原則については，警察官職務執行法 1 条 2 項に「この法律に規定する手段は，前項の目的のため必要な最小の限度において用いるべきものであつて，いやしくもその濫用にわたるようなことがあつてはならない。」と定められるように，その趣旨を明文化している法律も存在する。

　警察官職務執行法は，その内容からも必要性，均衡性が求められることがあるといえる。例えば，同法 7 条の武器使用に関しては，拳銃の使用が妥当か（警棒等の使用では不十分か，威嚇射撃なく発砲することが妥当か）について，比例原則を基に判断されることがある[20]。

東京高判平成 26 年 9 月 25 日判時 2252 号 37 頁
〈判旨〉
「本件事件における A 巡査によるけん銃の使用は，警職法 7 条本文所定の必要性の要件及び比例原則の要件を満たすから同本文に該当するとともに，同条ただし書の要件（以下「危害許容の要件」という。）も満たすものであるから，本件発砲による B の死亡について，国家賠償法 1 条 1 項所定の違法はないと判断する」。「民家の敷地内外の本件現場の周囲の居宅の存在や第三者の所在の状況からすれば，本件現場が，威かく射撃を要しない具体例を掲記する本件通達……が「威かく射撃をすると直接又は跳弾により人に危害等を及ぼすおそれがある場合」として例示している「当該（逃走）場所に群衆が集まり，又は建物が密集している」場合に当たらないとしても，A 巡査が威かく射撃を地面へ向けて行った場合はもちろん上空へ向けて行った場合にも，

---

[20]　位田央「警察官のけん銃発砲と比例原則」立正法学論集 49 巻 1 号（2015 年）1 頁以下も参照。最一小決平成 11 年 2 月 17 日刑集 53 巻 2 号 64 頁【行政 I -97】も参照。

本件現場付近にいた者等への危害等のおそれがあることを否定することができず，A巡査が当時置かれた具体的な状態も考慮すれば，本件現場においてA巡査が威かく射撃を危害等のおそれがなく，安全かつ正確な方法で実行することは困難な状況にあったのであるから，そのようなA巡査による本件現場での威かく射撃には，危害等のおそれがあったと認められ」る。

「加えて，A巡査がけん銃を構えて二度にわたり発砲の警告を行い，……威かくすることを続けており，……Bは，これらの警告及び威かくの意味を十分に理解し，これに応じて宝珠等を捨てなければ発砲される危険性を認識していたと認められるのに，意に介することなく，むしろ，利き手である右手に所持していた殺傷能力が宝珠と比べ低い竹の棒を捨て，……両手で宝珠を頭上に振り上げ，更に攻撃性を強めてA巡査にじりじりと迫ってきたのであり，このため，A巡査はD方庭から南道路まで後退を余儀なくされた」ものであって，「A巡査が……威かく射撃をしても効を奏せず，むしろ，A巡査の生命，身体が侵害され，けん銃を奪われて社会的影響が生ずる可能性のある状況にあったことを総合考慮すれば，それらの状況下に置かれたA巡査が，威かく射撃を検討しながら，これを実行しないまま，……間合いを一気に詰めてA巡査の頭めがけて……宝珠を頭上高くから振り下ろすというBの攻撃を防いで自らの生命を守るため，Bの左膝上付近の大腿部に向けて発砲することを余儀なくされたことは，上記本件規範7条1項ないし3項等に照らし，やむを得ないものであり，許容されると解するのが相当である。」

また生活保護受給者が，自動車の所有や仕事以外での運転を禁止する旨の指示を受けていたにも関わらず，これに違反したことにより保護の廃止がなされた事例（福岡地判平成10年5月26日判時1678号72頁）において，「保護の廃止処分は，被保護者の最低限度の生活の保障を奪う重大な処分であるから，違反行為に至る経緯や違反行為の内容等を総合的に考慮し，違反の程度が右処分に相当するような重大なものであることが必要であって，それに至らない程度の違反行為については，何らかの処分が必要な場合でも，保護の変更や停止などのより軽い処分を選択すべき」との判断を示している。

4　平等原則

憲法14条1項は，「すべて国民は，法の下に平等であつて，人種，信条，性別，社会的身分又は門地により，政治的，経済的又は社会的関係において，差別されない。」として，法の下の平等を定めている。この法の平等の規定の意味については，「すべての個人を平等に扱わなければならない」（平

等原則の保障），「法によって平等に扱われることを求める権利の保障」（平等権の保障）の内容が含まれているとされる[21]。

　行政法における平等原則は，国などの公権力がすべての個人（国民）を平等に扱わなければならないとするもので，行政機関が合理的な理由なく国民を不平等に扱うことがあってはならないとされるものである。

　租税法律主義との関係において，租税法律主義は，立法者を拘束するにとどまらず，その執行段階も支配するとされる。租税平等原則の執行段階での適用について，租税法律主義との優劣が問題となった事例がある（大阪高判昭和44年9月30日高民集22巻5号682頁）。ここでは，税関によって税率が異なることが課税にかかる平等原則違反か争われ，「租税法律主義ないし課・徴税平等の原則に鑑みると，特定時期における特定種類の課税物件に対する税率は日本全国を通して均一であるべき」と判示した。

大阪高判昭和44年9月30日高民集22巻5号682頁
〈判旨〉
「憲法84条は租税法律主義を規定し，租税法律主義の当然の帰結である課・徴税平等の原則は，憲法14条の課・徴税の面における発現であると言うことができる。みぎ租税法律主義ないし課・徴税平等の原則に鑑みると，特定時期における特定種類の課税物件に対する税率は日本全国を通して均一であるべきであつて，同一の時期に同一種類の課税物件に対して賦課・徴収された租税の税率が処分庁によつて異なるときには，少くともみぎ課・徴税処分のいづれか一方は誤つた税率による課・徴税をした違法な処分であると言うことができる。けだし，収税官庁は厳格に法規を執行する義務を負つていて，法律に別段の規定がある場合を除いて，法律の規定する課・徴税の要件が存在する場合には必ず法律の規定する課・徴税をすべき義務がある反面，法律の規定する課・徴税要件が存在しない場合には，その課・徴税処分をしてはならないのであるから・同一時期における同一種類の課税物件に対する2個以上の課・徴税処分の税率が互に異なるときは，みぎ2個以上の課・徴税処分が共に正当であることはあり得ないことであるからである。そしてみぎ課税物件に対する課・徴税処分に関与する全国の税務官庁の大多数が法律の誤解その他の理由によつて，事実上，特定の期間特定の課税物件について，法定の課税標準ないし税率より軽減された課税標準ないし税率で課・徴税処分をして，しかも，その後，法定の税率による税金とみぎのように軽減された税率による税金の差額を，実際に追徴したことがなく且つ追徴する見込みもない状況にあるときには，租税法律主義ないし課・徴税平等の原則により，

---

(21)　芦部信喜・高橋和之補訂『憲法〔第8版〕』（岩波書店，2023年）136-137頁。

みぎ状態の継続した期間中は，法律の規定に反して多数の税務官庁が採用した軽減された課税標準ないし税率の方が，実定法上正当なものとされ，却つて法定の課税標準，税率に従つた課・徴税処分は，実定法に反する処分として，みぎ軽減された課税標準ないし税率を超過する部分については違法処分と解するのが相当である。したがつて，このような場合について，課税平等の原則は，みぎ法定の課税標準ないし税率による課・徴税処分を，でき得る限り，軽減された全国通用の課税標準および税率による課・徴税処分に一致するように訂正し，これによつて両者間の平等をもたらすように処置することを要請しているものと解しなければならない。」

5　その他の原則

　行政手続法1条1項は，「この法律は，処分，行政指導及び届出に関する手続並びに命令等を定める手続に関し，共通する事項を定めることによって，行政運営における公正の確保と透明性（行政上の意思決定について，その内容及び過程が国民にとって明らかであることをいう。第46条において同じ。）の向上を図り，もって国民の権利利益の保護に資することを目的とする。」として，透明性の原則を規定しているとされる。ただし民主主義の観点からも透明性は要求されるもので，ここでは，単なる透明性にとどまらず，国政を国民から信託された者が主権者たる国民に対して説明責任を負うという原則が導かれる[22]。

　また，政策評価法3条1項は，「行政機関は，その所掌に係る政策について，適時に，その政策効果（当該政策に基づき実施し，又は実施しようとしている行政上の一連の行為が国民生活及び社会経済に及ぼし，又は及ぼすことが見込まれる影響をいう。以下同じ。）を把握し，これを基礎として，必要性，効率性又は有効性の観点その他当該政策の特性に応じて必要な観点から，自ら評価するとともに，その評価の結果を当該政策に適切に反映させなければならない。」として，「必要性」，「有効性」，「効率性」を求めている。

説明責任原則に関連して
大阪高判平成26年11月27日判時2247号32頁
〈判旨〉
「本件手当に関しては，受給資格者が認定の請求をした日の属する月の翌月から支給を開始し，災害その他やむを得ない理由により認定の請求をすること

---

(22)　宇賀概説Ⅰ・72頁。

ができなかったときでない限り，請求をする前に遡って支給することはしないといういわゆる認定請求主義ないし非遡及主義が採用されている。このように受給資格者の請求を前提とする社会保障制度の下においては，受給資格がありながら制度の存在や内容を知らなかったために受給の機会を失う者が出るような事態を防止し，制度の趣旨が実効性を保つことができるよう，制度に関与する国又は地方公共団体の機関は，当該制度の周知徹底を図り，窓口における適切な教示等を行う責務を負っているものというべきである。

効率性の原則に関連して
名古屋地判平成 16 年 1 月 29 日判タ 1246 号 150 頁
〈判旨〉
「地自法 2 条 14 項は，「地方公共団体は，その事務を処理するに当っては，住民の福祉の増進に努めるとともに，最少の経費で最大の効果を挙げるようにしなければならない。」と規定するところ，地自法は，「地方公共団体における民主的にして能率的な行政の確保を図るとともに，地方公共団体の健全な発達を保障することを目的とする」ものであり（同法 1 条），「地方公共団体は，住民の福祉の増進を図ることを基本として，地域における行政を自主的かつ総合的に実施する役割を広く担う」ものである（同法 1 条の 2 第 1 項）から，地方公共団体は，その財政面における能率性という意味での費用対効果を常に意識しながら住民の福祉の増進等の目的の達成を図らなければならないとしても，会社等の私企業とは異なり，専ら費用の節減と収入の増加のみを目標とすべきものではないこともまた明らかであり，財政上の収入の増加には必ずしもつながらない費用の投下であっても，広く地方公共団体の健全な発達又は住民の福祉の増進に寄与するものであれば，同法 2 条 14 項にいう「効果を挙げ」たと評価し得るというべきである。」

参考文献
須藤陽子『行政法入門』（法律文化社，2022 年）
大橋洋一『社会とつながる行政法入門〔第 2 版〕』（有斐閣，2021 年）
石川敏行『新プロゼミ行政法「3 つの手続」で行政法の基本を学ぶ』（実務教育出版，2020 年）

第2章
行 政 組 織

　行政活動の担い手である法人（法によって人格権を与えられた存在）を行政主体といい，国や地方公共団体などがその例である。この行政主体の概念は，わが国の行政法学においては一般に，「行政上の権利・義務の主体」，言い換えれば「行政を行う機能を与えられた法主体」の意味で用いられているとされる[1]。

　行政主体が行政活動を行うためには，一定の人的組織が必要となり，これが行政組織といわれるものである。

　行政組織法の研究は，行政作用法や行政救済法のように私人の権利利益と直接に関わる外部法とは異なる行政内部の法であるため，権利利益の保護を目的とする行政法学においては，十分に検討されてこなかった[2]。

　しかし，行政組織法は，行政主体の組織編成や行政機関相互間の指揮監督・協力・調整等に関する法であり，行政組織法的観点が，行政作用法，行政救済法との関係で重要なものとなることもある。

I　行 政 主 体

　行政主体には，次のようなものがある。

1　国（国家）

　近代国家においては，統治権の帰属者である国を行政主体として位置づけている。国の行政の多様化に伴い，その統治権力の対象は拡大しているが，それが一元的に国に帰属しているとするのである。少なくとも，国（国家）と個人との関係を考える際に，そこに権利義務関係が存在することは否定できない。このため，国（国家）が法人であることを認めなければ，国有財

---

(1)　藤田宙靖『行政法総論』（青林書院，2013 年）16 頁。
(2)　宇賀概説Ⅲ・3 頁。

産，行政契約などの概念も成立しえないこととなる。

　国（国家）を法人として捉えるならば，社団法人の一種または変種であると理解できる。そして，内閣総理大臣，国務大臣，各省庁などは国家機関であることとなる。ここで，国の行政機構から独立した行政主体を設けて，これに一定の行政を行わせることが認められないというわけではなく，そのような独立した行政主体として地方公共団体などが存在している。

2　地方公共団体

　地方自治法2条1項は，「地方公共団体は，法人とする」と定めており，国と同様に社団法人の一種または変種であると理解できる。

　日本国憲法8章にいう地方公共団体が何かということについては，都道府県および市町村とする説と，市町村のみとする説とがある。地方自治法1条の3では，地方公共団体は，普通地方公共団体（都道府県および市町村）（同2項）と特別地方公共団体（特別区，地方公共団体の組合および財産区）（同3項）とに分かれるとされ，憲法上の地方公共団体に特別地方公共団体が含まれるかという点についても議論がある。

　憲法上の地方公共団体については，最大判昭和38年3月27日刑集17巻2号121頁【憲法II-200】【地方-2】において，憲法93条2項の地方公共団体といいうるには，「単に法律で地方公共団体として取り扱われているということだけでは足らず，事実上住民が経済的文化的に密接な共同生活を営み，共同体意識をもっているという社会的基盤が存在し，沿革的にみても，また現実の行政の上においても，相当程度の自主立法権，自主行政権，自主財政権等地方自治の基本的権能を附与された地域団体であることを必要とするものというべきである。」として，ここでは，特別区を憲法上の地方公共団体ではないとした（「特別区の実体が右のごときものである以上，特別区は，その長の公選制が法律によつて認められていたとはいえ，憲法制定当時においてもまた昭和27年8月地方自治法改正当時においても，憲法93条2項の地方公共団体と認めることはできない。」（同判決））。

　そうすると，憲法上の地方公共団体には，特別区が含まれないかというとそうとは限らない。もちろん，「特別区はもともと，自治体としての機能を果たしたことがなく，むしろ大都市における行政区の実質を有するもので，これに地方自治法上一定の制約の下に市に準ずる取扱を認めたに止まる」[(3)]

として，その歴史的背景から憲法上の地方公共団体にあたる性格を有しない
ものとする見解などもあるが，特別区に関しては2000年の地方自治法改正
により，「基礎的な地方公共団体」（同法281条の2第2項）と位置づけられ
ており，市町村にきわめて近い，または同格の地方公共団体として扱われる
ものと解することができよう[4]。

　憲法上の地方公共団体の位置づけはそのように判断されるものであったと
して，行政法上の行政主体としての地方公共団体が同様に解されるわけでは
なく，法律上地方公共団体として扱われているものは，行政主体としての地
方公共団体ということができる。

3　公　共　組　合

　公共組合とは，一定の資格をもつ者の結合により成る公法上の社団で法人
格を与えられているものをいうとされる。ここでは，特定の限定された事業
（公共的事業）を行う目的のために組織された団体である。

　通常，行政上の特別の権能（公権力性，強制徴収など）を有するとともに，
強制加入，国の監督権などを伴う。例として，土地改良区（土地改良法），健
康保険組合（健康保険法）がある。

4　特　殊　法　人

　特殊法人には，法律によって直接設立されるもの（公社），および，特別
の法律によって特別の設立行為をもって設立される法人のうち独立行政法人
を除いたもの（公団，事業団，公庫，営団，特殊会社，地方公社，港湾局など）
がある。

　特殊法人は，政府系企業ともいわれるもので，一般に現代に必要不可欠な
物資やサービスの提供，国の経済・社会政策の実施を目的とする公法人であ
り，その性質上，従来政府の事業として行われていたものが分離独立したも
のもある。

---

(3)　田中二郎『地方制度改革の諸問題』（有信堂，1955年）169頁。ただし，憲法94
　　条における行政執行の権能を有する団体が憲法上の地方公共団体にあたるものと解
　　し，その意味において，特別区は憲法上の地方公共団体たる性質であるとする考えも
　　ある（柳瀬良幹『憲法と地方自治』（有信堂，1954年）100-102頁）。
(4)　村中洋介『条例制定の公法論』（信山社，2019年）130頁。

特殊法人の例としては⁽⁵⁾，NTT や NHK，日本郵政，日本年金機構，東京メトロ，NEXCO 東日本，JT などがある。

5　独立行政法人

独立行政法人とは，独立行政法人通則法および個別の独立行政法人設立法により設置される法人で，政策の実施機関（試験研究機関など，国家行政組織法8条の2に定められた機関）や国公立大学などを国や地方公共団体から切り離し，独立の法人格を与えたもの（独立行政法人通則法2条第1項）である。これにより，国の省庁などの事務は，基本的に政策の企画立案や監督行政に限定され，政策の実施については独立行政法人が行うことになる。

独立行政法人は，公共性の高い事務・事業の中で，国が直接実施する必要はなくとも民間に委ねることで実施されないおそれがあるものを実施するために設置されているといえる。

独立行政法人通則法2条は，独立行政法人を3種に分類している。

中間目標管理法人は「公共上の事務等のうち，その特性に照らし，一定の自主性及び自律性を発揮しつつ，中期的な視点に立って執行することが求められるもの（国立研究開発法人が行うものを除く。）を国が中期的な期間について定める業務運営に関する目標を達成するための計画に基づき行うことにより，国民の需要に的確に対応した多様で良質なサービスの提供を通じた公共の利益の増進を推進することを目的とする独立行政法人として，個別法で定めるものをいう」（同2項）。

国立研究開発法人は「公共上の事務等のうち，その特性に照らし，一定の自主性及び自律性を発揮しつつ，中長期的な視点に立って執行することが求められる科学技術に関する試験，研究又は開発（以下「研究開発」という。）に係るものを主要な業務として国が中長期的な期間について定める業務運営に関する目標を達成するための計画に基づき行うことにより，我が国における科学技術の水準の向上を通じた国民経済の健全な発展その他の公益に資するため研究開発の最大限の成果を確保することを目的とする独立行政法人として，個別法で定めるものをいう」（同3項）。

行政執行法人は「公共上の事務等のうち，その特性に照らし，国の行政事

務と密接に関連して行われる国の指示その他の国の相当な関与の下に確実に執行することが求められるものを国が事業年度ごとに定める業務運営に関する目標を達成するための計画に基づき行うことにより，その公共上の事務等を正確かつ確実に執行することを目的とする独立行政法人として，個別法で定めるものをいう」（同4項）。ここで，行政執行法人の職員は国家公務員としての身分を有することとなる（同法51条：「行政執行法人の役員及び職員は，国家公務員とする。」）。

独立行政法人の例としては[6]，国立公文書館，国民生活センター，国際協力機構，造幣局，国立印刷局，国立科学博物館，国立美術館，日本学術振興会，理化学研究所，国立病院機構，日本貿易振興機構，航空大学校，国立環境研究所などがある。

6 認 可 法 人

認可法人とは，民間などの関係者が発起人となって自主的に設立する法人のうち，業務の公共性などの理由により，設立について特別の法律に基づいて主務大臣の認可が要件となっているものをいう。認可法人の例としては，日本銀行，日本赤十字社，預金保険機構などがある。

7 指 定 法 人

特別の法律に基づいて特定の業務を行うものとして，行政庁によって指定された民法上の法人である。試験や検査を行う機関，啓発活動などを行う機関などがある。

8 登 録 法 人

法律に基づいて行政庁の登録を受けた法人であって，公共性が認められる一定の事務や事業を委ねられるものである。

Ⅱ 　行 政 組 織

行政主体が，国民に対して行政権を行使するためには，そのための組織が

---

(6)　2023年4月1日現在。

必要であることになり，これのことを行政組織という。行政を実際に行う様々な機関を設け，これに対して一定の範囲での行政事務を分掌させることとなる。

　行政組織のあり方は，国や時代により相違がみられるが，①中央集権型と地方分権型（権力の中央への集中か，地方への分散かによる区別），②権力統合型と権力分散型（権力を単一・少数機関へ集中統合するか，複数・多数の機関に分散させるかによる区別），③官治行政型と自治行政型（行政権の直接の行使が国によって行われるか，地方公共団体によって行われるかによる区別），④議院内閣型と大統領型（行政権の行使が，議会と行政執行機関との信頼関係の有無によって決まるか，国民・住民の直接選挙・統制によって決まるかの区別），⑤直接民主型と間接民主型（国民の直接の行政運営への参加か，代表による間接の運営かによる区別）といったモデルの組合せと，各国の統治構造や政治的・経済的条件により現実の行政組織が構成されることになる。

III　行政機関

1　行政機関概念

　行政機関という言葉は，憲法の中にも明示的に示されており，行政権に属する機関一般を示すものと解されるが，行政法学においては，行政機関とは，国・地方公共団体等の行政主体の手足となって行動する単位で，そのとらえ方については，2つに分けられる。

　1つが，行政主体のために私人に対して法律行為を自己の名において行う権限を付与された機関である行政庁を中心に置き，これを補助したり，これらの諮問に応じたりする機関を行政庁との関係で位置づけるものである。この行政機関概念は，私人に対する行政作用に着目したものであり，作用法的行政機関概念と呼ばれる。

　もう1つは，行政事務の配分の単位に着目したものであり，事務配分的行政機関概念と呼ばれる。これは例えば，外交，国防，財務等の行政事務の配分単位に着目し，外務省，防衛省，財務省等を行政機関ととらえるものである[7]。

---

(7)　宇賀概説III・26頁。

2　作用法的行政機関概念

作用法的行政機関概念においては，行政庁（行政主体のための意思を決定し，外部に表示する権限を持つ機関のこと：Ⅳ行政庁を参照）という用語が用いられるが，行政庁の代表的なものは，大臣，都道府県知事，市町村長等である。こうした1人の者からなる独任制の行政庁と，公正取引委員会，教育委員会，収用委員会のように複数の者により構成される合議制の行政庁がある。

ここでは，中央官庁（内閣，財務大臣）と地方官庁（税務署長）の別もある。

独任制の行政庁においても，合議制の行政庁においても，その者らが自らの判断のみで処分を行うのではなく，内部部局の職員の補佐が必要となる。そうした内部部局の職員は，補助機関として位置づけられる。

また，行政庁に対して，専門的知見等を提供する諮問機関も存在する（審議会・調査会など）。行政の意思決定の要件に諮問機関による議決が必要とされる場合がある（行政庁を法的に拘束する場合には，参与機関といわれる。）。

そして，私人に対して直接に実力を行使する権限を有する機関のことを，執行機関という。執行機関としては，警察官や自衛官などの職がこれに当たる。

3　事務配分的行政機関概念

内閣府設置法や国家行政組織法は，行政事務の配分を単位としての行政機関概念を採用している。

> **国家行政組織法3条2項**
> 「行政組織のため置かれる国の行政機関は，省，委員会及び庁とし，……」

国家行政組織法では，省全体を行政機関と呼び，省を担当する大臣は，行政機関とは呼ばず，「各省庁（行政機関）の長」としている（同法5条1項）。

ここでの行政機関において職を占める者のことを職員といい，国の行政組織においては国家公務員が，地方公共団体の行政組織においては地方公務員が職員とされる。

Ⅳ 行政庁

　行政庁とは，行政主体のための意思を決定し，外部に表示する権限を持つ機関のことである（行政官庁ともいう）。国であれば大臣など，地方であれば市町村長など，単独制（独任制）が通常であるが，行政委員会のような合議制のものも存在する。

　行政庁は対外的な意思決定表示機関であることから，私人・私法人，さらに他の行政主体との法的関係を検討する際に重要な意味を有する。行政庁だけですべての行政活動がなされるわけではない（実際上，不可能である）。また，行政主体も，行政庁だけでは十分な意思決定をすることは困難であり，活動も行うことはできない（今日の行政需要や管轄する範囲の人口から考えても，大臣や知事1人ですべての行政活動を行うことは当然困難である）。そこで，行政主体は，行政庁を頂点としてこれを助ける諸機関から構成される。

　行政庁を補助する機関として，補助機関がある。実定法では各省庁の副大臣や事務次官，局長，課長など，地方における副知事や副市長のほか，職員一般も含むことになる。

　行政庁の意思決定を補助するが，補助機関とは異なるものとして諮問機関がある。これは，行政庁の意思決定に際して，専門的な立場から，あるいは行政庁による決定の公正さを担保する意味で決定に関与する機関である。実際の名称は様々であるが，国家行政組織法8条にいう審議会が代表例であり，合議制であることが通常であるが，諮問機関による意見には法的拘束力がない。

国家行政組織法8条
「第3条の国の行政機関には，法律の定める所掌事務の範囲内で，法律又は政令の定めるところにより，重要事項に関する調査審議，不服審査その他学識経験を有する者等の合議により処理することが適当な事務をつかさどらせるための合議制の機関を置くことができる。」

　諮問機関とは別に，参与機関が存在する。これは，行政庁の意思決定に関与するという点などにおいて諮問機関と同様であるが，参与機関の意見には法的拘束力があるという点で異なる(電波監理審議会,検察官適格審査会など)。

　また，執行機関という概念が存在する。これは，国民に対して実力を行使

する権限を有する機関のことである。警察官，消防官，徴収職員，自衛官など，行政上の強制執行や即時執行に携わる者が該当することとなり，立入検査や臨検に携わる者も含められうる。

Ｖ　行政庁の権限

　行政庁の権限は，行政作用法の根拠がある場合には，その法律により定められた範囲に留まる。また，行政作用法の根拠が不要である場合であっても，行政組織法で定められた所掌事務の範囲に留まることとなる。

　所掌事務とは，特定の機関の職務に属する事務のことを指し，国の行政機関や地方の行政機関（または，その中の部局）ごとにその機関や部局に属する事務が異なっている。

　例えば，内閣府設置法においては，所掌事務について次のように規定している。

内閣府設置法 4 条
「内閣府は，前条第 1 項の任務を達成するため，行政各部の施策の統一を図るために必要となる次に掲げる事項の企画及び立案並びに総合調整に関する事務（内閣官房が行う内閣法（昭和 22 年法律第 5 号）第 12 条第 2 項第 2 号に掲げる事務を除く。）をつかさどる。
1　短期及び中長期の経済の運営に関する事項
2　財政運営の基本及び予算編成の基本方針の企画及び立案のために必要となる事項
3　経済に関する重要な政策（経済全般の見地から行う財政に関する重要な政策を含む。）に関する事項（次号から第 11 号までに掲げるものを除く。）
4　中心市街地の活性化（中心市街地の活性化に関する法律（平成 10 年法律第 92 号）第 1 条に規定するものをいう。）の総合的かつ一体的な推進を図るための基本的な政策に関する事項
5　都市の再生（都市再生特別措置法（平成 14 年法律第 22 号）第 1 条に規定するものをいう。）及びこれと併せた都市の防災に関する機能の確保を図るための基本的な政策に関する事項
6　知的財産（知的財産基本法（平成 14 年法律第 122 号）第 2 条第 1 項に規定するものをいう。）の創造，保護及び活用の推進を図るための基本的な政策に関する事項
……中略」

1　権限の代理

　行政組織法にも，代理の概念が存在し，行政機関の権限の代理について
も，民法 108 条以下が適用される。そのため，代理者 A の行為は被代理官
庁の行為としての法的効果を有することになる。そして，民法と同様，授権
代理と法定代理とに大別される。

　まず，授権代理は，被代理官庁が代理者に対して代理権限の「授権」とい
う行為をすることによって代理関係が生じる場合をいう。法律の根拠が不要
であるとするのが通説であり，被代理官庁には指揮監督権が残され，責任は
被代理官庁に帰属することとなる。

　法定代理は 2 種類に分けられる。狭義の法定代理は，法律で定められた要
件が充足された場合，当然に代理関係が生じる場合をいうものである（地方
自治法 152 条 1 項など）。ここでは，法律により代理関係が生じることとな
る。これに対し，広義の法定代理は，指定代理ともいい，法律で定められた
要件が充足された場合に，被代理官庁による「指定」によって代理関係が生
じることをいう（内閣法 9 条など）。

2　権限の委任

　民法上の委任は，一方当事者が他方当事者に法律行為をすることを委託
し，他方当事者がこれを承諾することにより成立する契約であって，受任者
は委任の本旨に従い，善良な管理者の注意をもって委任事務を処理する義務
を負うこととなる（善管注意義務）。

　行政法上の委任は，委任により権限が委任機関から受任機関に移譲され，
当該権限は受任機関のものとなり，委任機関はその権限を失うこととなる。
ここでは，権限を委任機関が失うことから，受任機関が自己の名と責任にお
いて権限行使をすることとなる。

　ここで権限の委任については，法律上定められた処分権者を変更するもの
であるから，法律より下位の法形式で行うことはできず，法律の根拠が必要
となる。

　行政法上の委任では，権限が移譲されることから，法律に定めがない限
り，委任機関は受任機関に対する指揮監督権を有さないが，上級機関が下級
機関に委任をした場合には，上級機関による指揮監督権が残ることになる。

　判例でも，権限の委任により，権限が移譲されるものと解している。

最二小判昭和 54 年 7 月 20 日集民 127 号 281 頁
〈判旨〉
「行政庁相互の間においていわゆる権限の委任がされ，委任を受けた行政庁が委任された権限に基づいて行政処分を行う場合には，委任を受けた行政庁はその処分を自己の行為としてするものであるから，その処分の取消しを求める訴えは，右委任を受けた行政庁を被告として提起すべきものであって，委任をした行政庁を被告として右訴えを提起することは許されない」

3　専決・代決

　専決・代決は，行政庁（行政機関）の権限を補助機関が決済することであるが，いずれも元来は実務用語であって，内部的な事務処理方式であることから法律の根拠は不要でとされる。

　専決とは，法律によって権限を与えられた行政庁が，補助機関に決裁の権限を委ねることをいう[(8)]。実際には補助機関が最終的な決裁を行うが，外部に対してはあくまでも行政庁の名と責任で活動がなされることとなる。

　例えば，行政庁Ａ（大臣や知事など）の決裁権限を，補助機関である○○課長Ｂが最終的に行使することを内部的に認め，ＢがＡの名において当該権限を行使するものである。

　知事の免許や大臣の免許などが発行される場合法律等の規定により知事等に決裁権限のあるものは多岐にわたり，例えば都道府県知事によるふぐ調理師免許や厚生労働大臣による医師免許などの交付に関する一人ひとりの決裁を知事や大臣が直接行っているわけではなく，担当課長等が知事等の代わりに決裁を行うこととなる。

　専決については，授権代理の一種とする説もあるが，代理関係が対外的に明示されず，対外的には，法律により権限を付与されている機関（行政庁）が権限行使をしているので，専決機関は，単に補助執行しているに過ぎないものであることから法律の根拠は不要とされている。

　代決は，専決のうち，決裁権者が出張または休暇その他の事故により不在であるとき，特に至急に処理しなければならない決裁文書について，局長の決裁事項であれば総務課長，課長の決裁事項であれば課長補佐・課長代理のように，決裁権者をあらかじめ指定する直近下位者が内部的に代理の意思表

---

(8)　地方自治法 179 条に定められる，普通地方公共団体の長の専決処分とは意味が異なるので，注意を要する。

示を決裁することであり，代決した者は，事後速やかに決裁権者（局長や課長）に報告しなければならないこととされる。

Ⅵ　上級機関の指揮監督権

指揮権とは，上級機関が下級機関に対してその所掌事務について，方針等を命令する権限であり，監督権とは，上級機関が下級機関の行為を監督し，その行為の適法性および合目的性を担保する権限である。ここでは，法の明文規定がなくとも，上級機関には，下級機関に対する指揮監督権が認められる。

指揮監督権の内容としては次のようなものがある。

1　監　視　権

上級機関が下級機関の事務処理について調査権を有し，下級機関に報告を求め，書類の提示等を求め，現場の視察を行うことなどが含まれる。

2　同意（承認）権

下級機関の事務処理について，上級機関が同意（承認）することが認められることをいい，同意が得られない場合に不同意等の取消しを求めることは，機関訴訟が法定されていない限りできないものとされる。

3　指揮（訓令）権

内閣総理大臣が内閣府の所掌事務について，大臣や長官などがその機関の所掌事務について，命令，示達するために，所管機関の職員に対して訓令，通達を発することができる権限のことをいう。

ここで，訓令は，行政機関を名宛人にするもので，私人に対する拘束力は有さないが，行政機関の職員に対しての職務命令としての性格も有することとなる。

4　取消し，停止権

下級機関が行った権限行使が違法または不当なものであるとして，上級機関がその権限行使の取消し，停止を行うことができることをいう。これにつ

いて、法律による明文規定がない場合でも認められるかについては、議論があり、肯定説は、下級機関がすでに法律上付与された権限を行使している以上、上級機関がそれを取り消したり停止したりしても、上級機関が積極的に権限を代行しているとは言えず、法律上の権限を変動させるものとはいえないことなどを理由とする一方、否定説は、取消し、停止権ではあっても、法律上定められた権限分配を変動させるものといえ、法律に明文の規定がなければ認められず、取消し、停止権まで認めなくても、取消し、停止の指揮に従わない場合に懲戒権を発動することで指揮監督権の実効性が確保できるとする[9]。

5 代 行 権

下級機関が処分権限を行使しない場合に、上級機関が代行することは、法律が定めた処分権限を変動させることが明白なので、法律に明文の規定がない限り認められないこととなる。

6 裁 定 権

対等の行政機関の間で権限の争いが発生した場合には、それらに共通する上級機関の裁定により処理されることになる。主任の大臣間の権限争議については、内閣総理大臣が閣議にかけて裁定することとされ（内閣法7条）、地方公共団体の場合には、その長によって調整されることになる（地方自治法138条の3第3項）。

Ⅶ 国の行政組織

1 内 閣

憲法65条は、「行政権は、内閣に属する。」と規定しており、内閣が最高の行政機関であることを位置づけている。

国家行政組織法1条は、「この法律は、内閣の統轄の下における行政機関で内閣府及びデジタル庁以外のもの（以下「国の行政機関」という）の組織の基準を定め、もつて国の行政事務の能率的な遂行のために必要な国家行政組

---

(9) 宇賀概説Ⅲ・61-62頁。

織を整えることを目的とする。」として，内閣による国家行政組織の統轄が定められている（このほか内閣府設置法5条2項など）。

　内閣は，内閣総理大臣と国務大臣によって構成される合議体であり，憲法や内閣法において定めが置かれている（憲法66条1項，内閣法2条1項）。内閣総理大臣は，国会議員の中から国会の議決によって指名がなされ（憲法67条1項），この指名に基づいて天皇が任命することとされている（憲法6条1項）。また，国務大臣は，内閣総理大臣によって任免されるが，国務大臣の過半数未満は国会議員以外から選任することができる（憲法68条）。ここで，国務大臣の数は，原則として14人いないとされているが，特別に必要がある場合は増やすことができるとされている（内閣法2条2項）。

　内閣を構成する内閣総理大臣と国務大臣は，文民でなければならないとされる。これを文民統制（シビリアンコントロール）の原則といい，憲法66条2項に定められている。

　文民とは，一般に職業軍人の経歴があり軍国主義思想に深く染まっている者や現に自衛官や軍人の職にある者以外の者のことをいうが，わが国の政府見解としては，「「文民」は，その言葉の意味からすれば，「武人」に対する語であって，「国の武力組織に職業上の地位を有しない者」を指すものと解される。政府としては，憲法で認められる範囲内にあるものとはいえ，自衛隊も国の武力組織である以上，自衛官は，その職にある限り，「文民」に当たらないが，元自衛官は，過去に自衛官であったとしても，現に国の武力組織たる自衛隊を離れ，自衛官の職務を行っていない以上，「文民」に当たると解」するとしている[10]。

　内閣は，合議体として，閣議によって意思決定をなることとされるが（内閣法4条1項），内閣の決定（閣議決定および閣議了解）は，議院内閣制における内閣の連帯責任の規定から（憲法66条3項），全会一致によってなされる。

　また，内閣は，憲法73条に規定される事項を行うこととされている。

憲法73条
内閣は，他の一般行政事務の外，左の事務を行ふ。
一　法律を誠実に執行し，国務を総理すること。
二　外交関係を処理すること。
---

(10)　平成13年5月22日「衆議院議員平岡秀夫君提出憲法第66条第2項の文民規定に関する質問に対する答弁書」。

三　条約を締結すること。但し，事前に，時宜によつては事後に，国会の承認を経ることを必要とする。

四　法律の定める基準に従ひ，官吏に関する事務を掌理すること。

五　予算を作成して国会に提出すること。

六　この憲法及び法律の規定を実施するために，政令を制定すること。但し，政令には，特にその法律の委任がある場合を除いては，罰則を設けることができない。

七　大赦，特赦，減刑，刑の執行の免除及び復権を決定すること。

(1)　内閣総理大臣

内閣の首長（憲法66条1項，内閣法2条1項）たる内閣総理大臣は，閣議を主宰し（内閣法4条2項），内閣を代表して議案を国会に提出し，一般国務・外交関係について国会に報告することとされている（憲法72条，内閣法5条）。

また，内閣総理大臣は，行政各部への指揮監督権を有し（憲法72条，内閣法6条），主務大臣間の権限の争いの最低権（内閣法7条），行政各部の処分・命令を中止する権限（内閣法8条）を有する。このことから，内閣総理大臣の法的地位として「行政組織の最高機関」と位置づけるものもある[11]。

(2)　国 務 大 臣

国務大臣は，内閣総理大臣とともに内閣を構成するが（憲法66条1項），国務大臣の過半数は国会議員でなければならないとされている（憲法68条1項）。この国務大臣は，原則として行政機関の長として行政事務を分担管理することとされ（内閣法3条1項），行政各部の長たる主任の大臣としての役目を負うこととされる。ただし，内閣には例外的にいずれの行政機関にも属さない大臣（無任所大臣）を置くことができる（内閣法3条2項）。

(3)　内閣の補助部局

内閣には，補助部局として内閣官房のほか，別に法律で定めるところにより，必要な機関を置き，内閣の事務を助け占めることができるとしている（内閣法12条4項）。

内閣の補助部局としての内閣官房は，内閣官房長官が内閣官房の事務を統轄し職員の服務を統督するものとされている（内閣法13条）。内閣官房の所掌事務としては，各種政策に関する総合調整や企画立案などがある（内閣法

---

(11)　櫻井＝橋本・43-44頁。

12条2項)。

　内閣の補助部局に位置づけられる内閣法制局は，閣議に付される法律案，政令案および条約案を審査し，これに意見を付すことや修正を加えて内閣に上申すること（内閣法制局設置法3条1号），法律案，政令案を立案し内閣に上申すること（同条2号），法律問題に関し内閣，内閣総理大臣，各省大臣に意見を述べること（同条3号），国際法制等に関する調査研究を行うこと（同条4号）などを所掌事務としている。

　また，国家安全保障会議は，わが国の安全保障に関する重要事項を審議する機関として内閣に置かれており（国家安全保障会議設置法1条），国防の基本方針，防衛計画の大綱，武力攻撃事態等または存立危機事態への対処に関する基本的な方針，武力攻撃事態等または存立危機事態への対処に関する重要事項，重要影響事態への対処に関する重要事項，国際平和共同対処事態への対処に関する重要事項などについて，審議し，必要に応じ，内閣総理大臣に対し，意見を述べることとされる（同法2条1項）。

　そして，人事院は内閣の所轄の下に置かれる人事行政機関ではあるが（国家公務員法3条1項），国家公務員法に基づき，人事行政に関する公正の確保及び国家公務員の利益の保護等に関する事務をつかさどる中立・第三者機関として設けられている。

　人事院の所掌事務は，一般職の国家公務員の給与その他の勤務条件の改善および人事行政の改善に関する勧告，採用試験，任免，給与，研修の計画の樹立および実施ならびに当該研修に係る調査研究，分限，懲戒，苦情の処理，職務に係る倫理の保持その他職員に関する人事行政の公正の確保及び職員の利益の保護等に関する事務とされている（国家公務員法3条2項）。

2　内閣府と省

(1)　内　閣　府

　内閣府は，内閣に置かれ（内閣府設置法2条），内閣の重要政策に関する内閣の事務を助けるとともに（同法3条1項：これを内閣補助事務という。），分担管理事務も行うこととされている（同法3条2項[(12)]）。このため，内閣府

---

(12)　内閣府設置法3条2項では次のように規定されている。
　　「内閣府は，皇室，栄典及び公式制度に関する事務その他の国として行うべき事務の適切な遂行，男女共同参画社会の形成の促進，市民活動の促進，沖縄の振興及び開

は，内閣統轄下の行政機関であると同時に，内閣に置かれた内閣補助部局という二重の法的性格を有することになる。

この内閣府の長は，内閣総理大臣であり（内閣府設置法6条1項），内閣府の事務は内閣総理大臣が統括するが（同法7条1項），内閣官房長官も内閣総理大臣の命を受けて内閣府の事務を統括することとされる（同法8条1項）。

内閣府には，特命担当大臣を置くことができるとされており（内閣府設置法9条1項），内閣の重要政策に関して行政各部の政策の統一を図るために特に必要な場合に設置される。特命担当大臣は，国務大臣であり（同条2項），内閣総理大臣を助け，命を受けて，特定の内閣補助事務およびこれに関連する分担管理事務を掌理することとされる（同条1項）。

沖縄・北方対策担当（同法10条），金融担当（同法11条），消費者および食品安全担当（同法11条の2），少子化政策担当（同法11条の3）は，特命担当大臣の設置が必要とされるが，設置が必要とされていなくとも，特命担当大臣が置かれることを想定した法律の規定も存在する[13]。

内閣府には，副大臣や大臣政務官が置かれたり（同法13条1項，14条1項），事務次官（同法15条1項）等も置かれるが，重要政策に関する会議として，経済財政諮問会議，総合科学技術・イノベーション会議が置かれている（同法18条1項）。また，内閣府設置法とは別の法律に基づいて置かれる重要政策に関する会議として，国家戦略特別区域諮問会議（国家戦略特別区域法7条1項），中央防災会議（災害対策基本法11条1項），男女共同参画会議（男女共同参画社会基本法21条）が内閣府に置かれている（内閣府設置法2条）。

発，北方領土問題の解決の促進，災害からの国民の保護，事業者間の公正かつ自由な競争の促進，国の治安の確保，個人情報の適正な取扱いの確保，カジノ施設の設置及び運営に関する秩序の維持及び安全の確保，金融の適切な機能の確保，消費者が安心して安全で豊かな消費生活を営むことができる社会の実現に向けた施策の推進，こども（こども家庭庁設置法（令和4年法律第75号）第3条第1項に規定するこどもをいう。次条第1項第28号において同じ。）が自立した個人としてひとしく健やかに成長することのできる社会の実現に向けた施策の推進，政府の施策の実施を支援するための基盤の整備並びに経済その他の広範な分野に関係する施策に関する政府全体の見地からの関係行政機関の連携の確保を図るとともに，内閣総理大臣が政府全体の見地から管理することがふさわしい行政事務の円滑な遂行を図ることを任務とする。」

(13) 例えば災害対策基本法11条2項2号の規定など。「内閣総理大臣又は内閣府設置法第9条の2に規定する特命担当大臣（以下「防災担当大臣」という。）の諮問に応じて防災に関する重要事項を審議すること。」

(2)　**国家行政組織法における行政機関**

　国家行政組織法は，内閣の統轄の下にある行政機関であって，内閣府以外のものを国の行政機関と位置づけている（国家行政組織法1条）。そして，国の行政機関の組織は，この法律で定めるところによるとしており（同法3条1項），国の行政機関として，省，委員会，庁の3種類を定め（同法3条2項），どの組織が国の行政機関に当たるかについては，同法の別表第一に掲げられている。

(3)　**省**

　省は，内閣の統轄の下に行政事務をつかさどる機関として置かれるものとされる（国家行政組織法3条3項）。

　各省の長は，各省大臣であって，内閣法にいう主任の大臣として行政事務を分担管理することになる（同法5条1項）。ここで，大臣は，省の事務を統括し，職員の服務について統督し（同法10条），法律または政令の制定，改正または廃止を必要と認めるときは，案をそなえて，内閣総理大臣に提出して，閣議を求めること（同法11条），省令を制定できること（同法12条），告示，通達等の発布ができること（同法14条）などの権限を有する。

　また，各省には，副大臣（同法16条）や大臣政務官（同法17条），大臣補佐官（内閣府設置法14条の2第1項）が置かれ，大臣を補佐することとされている。

　省には，その所掌事務を遂行するために，内部部局として官房および局を置くこととされ（国家行政組織法7条1項），特に必要がある場合においては，部を置くことができる（同条2項）。この官房，局，部には課や室を置くことができるとされ（同条5項），官房，局，部ならびに課，室の設置については，政令で定めることとされる（同条4項，5項）。

　例えば，法務省であれば，大臣官房のほか，民事局，刑事局，矯正局，保護局，人権擁護局，訟務局の局が置かれ，大臣官房に，司法法制部が置かれている（法務省組織令2条）。

　同じく法務省の大臣官房には，秘書課，人事課，会計課，国際課，施設課の課が，大臣官房司法法制部に，司法法制課，審査監督課の課が置かれている（同令13条）。

　ここで，各省に設置される官房と局の総数については，上限が定められている（国家行政組織法23条）。

国の行政機関の組織図

（令和5年8月1日時点）

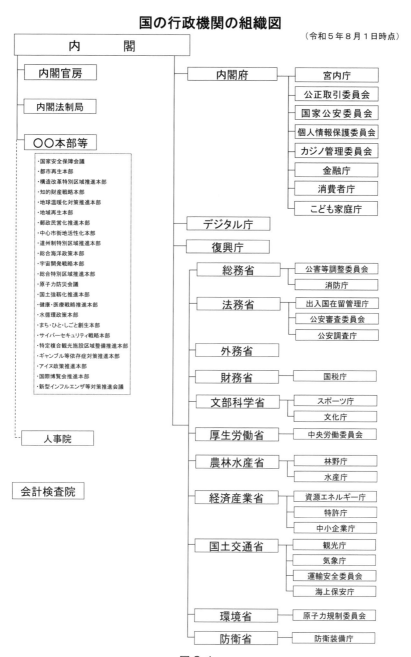

図 2-1

3　外局（委員会，庁）

委員会および庁は，各省や内閣府に外局として置かれる（内閣府設置法 49 条 1 項，国家行政組織法 3 条 3 項）。外局とは，内部部局に対する概念であり，内閣府の長としての内閣総理大臣や各省大臣の統括下に置かれながら，内部部局とは異なる一定の独立性を有する組織とされる。

(1)　委　員　会

委員会として設置されているのは，内閣府に置かれている，公正取引委員会，国家公安委員会，個人情報保護委員会とカジノ管理員会のほか，各省の下に，公害等調整委員会（総務省の外局），公安審査委員会（法務省の外局），中央労働委員会（厚生労働省の外局），運輸安全委員会（国土交通省の外局），原子力規制委員会（環境省の外局）がある（図 2-1 も参照）。

委員会の長は委員長とされ（内閣府設置法 50 条，国家行政組織法 6 条），各委員会の委員長は，その機関の事務を統括し，職員の服務について，これを統督することとされる（内閣府設置法 58 条，国家行政組織法 10 条）。ここで，委員会は，別に法律の定めるところにより，政令及び省令以外の規則その他の特別の命令を自ら発することができる（国家行政組織法 13 条）。

また，委員会には，法律の定めるところにより事務局を置くことができ，事務局には，官房や部，課などを置くことができる。

なお，委員会の中には，その長である委員長について国務大臣をもって充てることとされる大臣委員会（現在は，国家公安委員会のみ）がある。

(2)　庁

庁の設置根拠としては，事務量が膨大であり，全体としてある程度の独立性を認めるべきであって，内部部局で処理させると他の部局との均衡を失する場合や，企画立案機能と実施機能を分離する観点から，主として実施機能を担う組織として長を設置する場合がある[14]。

庁の長は，長官であり（国家行政組織法 6 条），各庁の長官は，その機関の事務を統括し，職員の服務について，これを統督することとされる（国家行政組織法 10 条）。ここで，庁の長官は，別に法律の定めるところにより，政令及び省令以外の規則その他の特別の命令を自ら発することができる（国家行政組織法 13 条）。

---

(14)　宇賀概説III・206 頁。

庁には，特に必要がある場合には，長官を助け，庁務を整理する職として，次長を置くことができるとされ（内閣府設置法 61 条 1 項，国家行政組織法 18 条 3 項），その所掌事務の一部を総括整理する職を置くこともできる（内設置法 61 条 2 項，国家行政組織法 18 条 4 項）。

また，庁には，その所掌事務の遂行のために官房や部，課などを置くことができる。

Ⅷ　地方の行政組織

1　地方自治の意義

地方自治とは，「一定の地域を基礎とする国から独立の団体が，その機関により，その事務を，当該団体の住民の意思に基づいて処理することをいう」[15]とされるが，ここでの団体は現行制度上においては地方公共団体のことをいい，地方公共団体とは，「国家の領土の一定の区域をその構成の基礎とし，その区域内の住民をその構成員とし，国家より与えられた自治権に基いて，地方公共の福祉のため，その区域内の行政を行うことを目的とする団体」[16]であるとされる。

ここで「一定の地域を基礎とする国から独立の団体」のような地方自治に関する要素を**団体自治**といい，「当該団体の住民の意思に基づいて処理する」のような地方自治に関する要素を**住民自治**という。地方自治には，この団体自治（国家内に国家から独立した団体が存在し，この団体がその事務（行政）を自らの意思，責任によって処理すること）と住民自治（地方の団体の事務処理に関して，これを中央政府によらず，当該団体の住民の意思によって行うこと）の二つの基本原理があるとされている。

憲法は，第 8 章に地方自治の章を設け，これを保障している。

憲法 92 条は，「地方公共団体の組織及び運営に関する事項は，地方自治の本旨に基いて，法律でこれを定める。」として，地方公共団体が国の法律によって規律されることを認めつつ，国家による地方自治への介入を排除することとして，団体自治，住民自治を構成要素とする「地方自治の本旨」に

(15)　新自治用語辞典編纂会編『新自治用語辞典』（ぎょうせい，2000 年）608 頁。
(16)　法学協会編『註解日本国憲法（下巻）』（有斐閣，1954 年）1374 頁。

適合しない法律は，違憲・無効となるものと解される。

2　地方公共団体

　地方公共団体は，地域における行政を担う統治主体であり，行政主体として位置づけられるものである。地方公共団体は，普通地方公共団体と特別地方公共団体に分けられ，前者には，都道府県，市町村が，後者には，特別区，地方公共団体の組合，財産区，合併特例区が含まれる。

(1)　普通地方公共団体

　普通地方公共団体には，都道府県と市町村があるが，都道府県は，市町村を包括する広域の普通地方公共団体（広域的自治体）であり，地域における事務のうち，広域事務，連絡調整事務，補完事務を処理するとされ（地方自治法2条5項），市町村は，住民に最も身近なところにある基礎的な普通地方公共団体であり，都道府県の行う事務を除く一般事務を行うこととされる（同法2条3項）。

(2)　特別地方公共団体

　特別地方公共団体とは，普通地方公共団体とは異なり，法が政策的見地から造り出す特殊な地方公共団体のことをいい，地方自治法上は，特別区，地方公共団体の組合，財産区が，市町村合併特例法上のものとして合併特例区がある。

①　特別区

　特別区とは，都の区のことを指し，現在は，東京都の23区が設けられている（地方自治法281条1項）。このため，東京都の千代田区，港区などは，普通地方公共団体ではなく，特別地方公共団体ということになる。

　特別区は，基本的に市と同じ権能・組織を有する（同法281条2項）。この特別区については，これが憲法上の地方公共団体であるかが争点となった事例がある。これについては，第2章1②の該当部分も参照されたい（最大判昭和38年3月27日刑集17巻2号121頁【憲法Ⅱ-200】【地方-2】）。

②　地方公共団体の組合

　普通地方公共団体・特別区は，その事務を共同処理するために組合を設けることができるとされ（地方自治法284条），この団体を地方公共団体の組合という。地方公共団体の組合には，一部事務組合と広域連合とがあり，一部事務組合は，地方公共団体同士が，一般廃棄物処理，上水道，消防，病院運

営など，その事務の一部を共同処理するために設置する特別地方公共団体のことで（地方自治法286条以下），広域連合は，地方公共団体が事務の広域処理を実施するために設けられる特別地方公共団体である（地方自治法291条の2以下）。

③　財　産　区

財産区は，市町村の一部が財産または公の施設を有することにより一定の既存利益を維持する権利の保全を目的として，一部の地域とその地域内の全ての住民を構成要素とする法律的に認められた特別地方公共団体のことである（地方自治法294条）。具体的には，市町村内の山林や用水路，墓地，温泉などの財産管理のために設置される団体である。

④　合併特例区

合併特例区は，市町村合併に際して，従前の市町村の区域に合併後の一定期間置くことのできるものである（市町村合併特例法26条）。この合併特例区は，特別地方公共団体であるとされるが（同法27条），平成の市町村合併から時間が経ち，2023年4月時点では，合併特例区は存在していない。

3　地方公共団体の組織

普通地方公共団体には，議決機関としての議会と執行機関としての長等が置かれる（特別地方公共団体である特別区も同様。）。

(1)　議　　会

議会は，議決機関として，地方自治法96条1項に定められる議決権をもつ。ここでは，条例の制定，改廃，予算の決定，決算の認定，地方税の賦課徴収等，契約の締結，財産の取得・処分，権利の放棄，訴えの提起，和解の締結などの権限を有する。さらに，一部の法定受託事務を除き，これ以外にも条例で議決事項を追加することができる（地方自治法96条2項）。

議会は，地方公共団体における立法機関として機能し，地方公共団体の意思決定を行うことになるが，このほか，議会における議長・副議長などの選挙権（同法97条1項），検問権・検査権・監査請求権（同法98条），国会や関係行政機関に対する意見書の提出権（同法99条），調査権（同法100条）などの権限を有している。

(2)　執　行　機　関

執行機関として，長，委員会，委員の3種類がある（地方自治法138条の4

第1項）。長は，地方公共団体を統括・代表し（同法147条），地方公共団体の事務を管理・執行する（同法148条）とともに，議会で議決すべき事件の議案提出や予算の調製・執行，公の施設の設置・管理・廃止（同法149条）などを行う。

また，長は条例によって，事務分掌のために都道府県であれば支庁・地方事務所，市町村であれば支所・出張所を設けることができるとされている（同法155条）。

地方公共団体の事務のうち，政治的中立性や専門技術的判断が必要な分野については，長から独立して職務権限を行使する執行機関として委員会・委員を設置し，長の指揮監督を受けることなく，独自の判断で事務の執行にあたることとされる（同法138条の4）。委員会は，複数の委員から成る合議制の機関であり，教育委員会，選挙管理委員会，人事・公平委員会，公安委員会などがある。委員は，単独の委員が職務を行う独任制の機関で監査委員がある。

長への行き過ぎた権限集中を排除するために委員会・委員の制度が設けられており，執行機関多元主義が採用されている。

(3)　長と議会の関係

長と議会の関係は，議院内閣制ではなく首長制・大統領制を採用しており，長と議会が原則として相互に独立して職務を行うこととされる。ただし，わが国の首長制は，アメリカの大統領制と異なり，相互の均衡を図る仕組みとして，長の拒否権・議会の再議，不信任議決・解散制度，専決処分制度などが設けられている。

長は，一定の場合には議会が一度した決定に対して拒否権を行使し，再議に付すことができる（地方自治法176条1項，177条1項）。ここで，長の拒否権には，一般的拒否権と特別的拒否権がある（同法176条）。

議会の長に対する不信任議決と，それに対抗する長の議会解散権があり（同法178条），議会が長の不信任の議決を行った場合は，長は10日以内に議会を解散しなければ失職することとされ（同条1項），解散後の議会で再度不信任の議決がなされた場合も長は失職することとなる（同条2項）。

また，長は，議会の議決すべき事件について，特に緊急を要するため議会を招集する時間的余裕がないことが明らかであると認めるとき，または議会が議決すべき事件を議決しないときには専決処分をすることができる（地方

自治法 179 条 1 項)。この時，長が専決処分をしたときは，その旨を次の議会の会議において報告し，議会の承認を求めなければならない（同条 3 項）。

加えて，議会の権限に属する軽易な事項で，議会の議決により特に指定したものについても長による専決処分を行うことができる（地方自治法 180 条）。

4 地方公共団体の事務

憲法 94 条は，「地方公共団体は，その財産を管理し，事務を処理し，及び行政を執行する権能を有し，法律の範囲内で条例を制定することができる。」として，行政を執行する権能と立法作用の権能を地方公共団体に与えている。

普通地方公共団体は，①「地域における事務」と②「その他の事務で法律又はこれに基づく政令により処理することとされるもの」を処理することとされる（地方自治法 2 条 2 項）。

地域における事務は，さらに「法定受託事務」と「自治事務」の 2 つに分類される。

法定受託事務は，国（または都道府県）が本来果たすべき役割に係るものであって，国（または都道府県）においてその適正な処理を特に確保する必要があるものとして法律またはこれに基づく政令により特に地方公共団体にその処理が委託される事務のことをいう（同法 2 条 9 項）。そして，自治事務は，この法定受託事務以外の事務をいう（同法 2 条 8 項）。

法定受託事務としては，国政選挙や旅券の交付，戸籍事務，生活保護などがある。

5 国と地方公共団体間，地方公共団体相互間の関係

地方自治権が国から与えられたもので，地方公共団体も国家の統治機構の一環をなすものであるとの考えによれば，国と地方公共団体の関係，および地方公共団体相互間の関係は，基本的に行政機関相互間の関係と同様に内部法関係であって，私人との関係とは異なる。

この関係において，国と地方公共団体，地方公共団体相互間の法的紛争を訴訟により解決しうるか，可能な場合，法律が特に定めた機関訴訟としてなのか，抗告訴訟や当事者訴訟という主観訴訟してなのかという問題がある[17]。

　国による普通地方公共団体への関与に関する訴訟（地方自治法 251 条の 5
第 1 項）や都道府県による市町村への関与に関する訴訟（同法 252 条 1 項）は
機関訴訟とされており，このことは，国や地方公共団体の関係などが，私人
のものとは異なることを前提としていると考えられる。

　ただし，地方公共団体は国とは別の独立した行政主体であり，憲法によっ
て「地方自治の本旨」の一環として団体自治が保障されていることから，こ
の自治権の侵害に対しては，抗告訴訟を提起できるとする学説が多数を占
め，下級審でも，こうした学説と同様の立場を採る例もある[18]。

参考文献

宇賀克也『行政法概説 Ⅲ　行政組織法／公務員法／公物法〔第 5 版〕』（有斐閣，2019
　　年）

藤田宙靖『行政組織法〔第 2 版〕』（有斐閣，2022 年）

塩野宏『行政法 Ⅲ　行政組織法〔第 5 版〕』（有斐閣，2021 年）

稲葉馨『行政組織の法理論』（弘文堂，1994 年）

---

(17)　宇賀概説 Ⅲ・86 頁。

(18)　宇賀概説 Ⅲ・91 頁。

第3章
行 政 作 用

I 行政立法・行政基準

　行政立法とは，行政機関が定立する規範のことである。行政立法の代表例には，政令，省令，規則等があり，これらは法律と同じく，裁判所や国民を拘束することとなる。

　行政立法ということばは，現代においては，法律を具体化するために行政が定める規範を包括して，行政準則ないし行政基準と称するのが一般的であるとされる[1]。

　本節では，引用等を除き「行政基準」として示す。

　行政基準には，法規命令と行政規則とがあり，法規とは国民一般の権利義務に関係する法規範のことであって，法規命令とは，行政機関が定める法規である。そして，行政規則とは，行政機関が策定する規範であって，法規の性質を有しないものをいう。

　また，行政基準の種類は，法規命令と行政規則のみならず，行政基準を定立する行政機関の違いによって分類することもできる。すなわち，内閣の発する政令（憲法73条6号），内閣府の長である内閣総理大臣の発する内閣府令（内閣府設置法7条3項），各省の大臣が発する省令（国家行政組織法12条1項），委員会や庁の長官が発する外局規則（国家行政組織法13条1項），地方公共団体の長が定める規則（地方自治法15条1項）などである。

　行政基準が私たちの日常にどのように関係しているかについて，交通ルールを例にしてみる。道路交通法に基づき，政令としての道路交通法施行令や国家公安委員会規則としての道路交通法施行規則が定められている。

　道路交通法では，信号機の信号等に従う義務 ── 信号は守らなければならない ── とは示されているが（道路交通法7条），具体的な信号の守り方については，法律の中には明記されていない。

---

(1)　櫻井＝橋本・57頁。

　ここでは，行政基準である下位法令において，信号の守り方（青信号での行動，青色点滅・黄色信号での行動，赤色信号での行動）が具体的に明記され（道路交通法施行令2条），これに反する場合は，道路交通法違反（信号機の信号等に従う義務違反）となる。

道路交通法施行令2条（一部抜粋）

法第4条第4項に規定する信号機の表示する信号の種類及び意味は，次の表に掲げるとおりとし，同表の下欄に掲げる信号の意味は，それぞれ同表の上欄に掲げる信号を表示する信号機に対面する交通について表示されるものとする。

信号の種類	信号の意味
青色の灯火	一　歩行者及び遠隔操作型小型車（遠隔操作により道路を通行しているものに限る。）（以下この条において「歩行者等」という。）は，進行することができること。 二　自動車，一般原動機付自転車（法第18条第1項に規定する一般原動機付自転車をいう。以下同じ。）（右折につき一般原動機付自転車が法第34条第5項本文の規定によることとされる交差点を通行する一般原動機付自転車（以下この表において「多通行帯道路等通行一般原動機付自転車」という。）を除く。），トロリーバス及び路面電車は，直進し，左折し，又は右折することができること。 三　……
黄色の灯火	一　歩行者等は，道路の横断を始めてはならず，また，道路を横断している歩行者等は，速やかに，その横断を終わるか，又は横断をやめて引き返さなければならないこと。 二　車両及び路面電車（以下この表において「車両等」という。）は，停止位置を越えて進行してはならないこと。ただし，黄色の灯火の信号が表示された時において当該停止位置に近接しているため安全に停止することができない場合を除く。
赤色の灯火	一　歩行者等は，道路を横断してはならないこと。 二　車両等は，停止位置を越えて進行してはならないこと。

	三　交差点において既に左折している車両等は，その まま進行することができること。 四　……
人の形の記号を有 する青色の灯火	一　歩行者等は，進行することができること。 二　特例特定小型原動機付自転車（法第17条の2第1 項に規定する特例特定小型原動機付自転車をいう。以 下この表において同じ。）及び普通自転車（法第63条 の3に規定する普通自転車をいう。以下この条及び第 26条第3号において同じ。）は，横断歩道において直 進をし，又は左折することができること。

以下略

　行政需要の高まりの中で，法律で，詳細な事項まで定めることになると，
専門技術的事項についても国会において審議しなければならなくなるが，こ
うした事項は，必ずしも国会審議にはなじまず，状況変化への柔軟な対応の
ためにも，迅速な改正が可能な行政基準に委ねることが適切な場合もある。
そのような中で，自らの所掌事務に関して専門的知見を有する行政機関が規
範を定めることに有用性がある。こうしたことから，行政基準は広く用いら
れているが，こうしたことを認めると行政権が立法権，司法権に比して肥大
化するという問題もある[(2)]。

1 法 規 命 令

　法規命令は，国民の権利義務に関わる行政基準のことをいうが，法規命令
には執行命令と委任命令の別がある。
　執行命令は，法律の存在を前提として，当該法律を具体的に執行するため
に必要な事項を定める命令のことであり，○○法施行規則などとされる場合
が多い。前に示した，道路交通法施行令や道路交通法施行規則は，まさにこ
の例である。
　委任命令は，法律の委任を受けて行政機関が制定する命令のことであり，
例えば，災害の定義について「暴風，竜巻，豪雨……その他の異常な自然現

---

(2)　櫻井＝橋本・57頁。

象又は大規模な火事若しくは爆発その他その及ぼす被害の程度においてこれらに類する政令で定める原因により生ずる被害をいう。」（災害対策基本法2条1号）としているところ，ここで，「……政令で定める原因により生ずる被害」として，政令への立法の委任をしているものについて定めることをいう(3)。「○○については政令で定める」とされるものはまさにこの例である。

(1)　法規命令の特色

法規命令は，国民の権利義務に関する一般的な定めであるから，行政機関による「立法」ということになる。憲法41条は，国会が唯一の立法機関であるとしており，行政立法の是非について議論がある。

ただし最高裁は，委任立法をいっさい認めないとはしておらず（最大判昭和25年2月1日刑集4巻2号73頁），また，憲法73条6号但し書は，法律の委任に基づく政令の制定が可能であることを前提としている。

法規命令の策定には，法律による授権が必要であるとされ，法規命令は，行政機関のほか，国民や裁判所も拘束する。

(2)　委任立法の限界

憲法が法律の専管事項としているものを除き，法律の所管事項を命令（行政機関の定める法）に委任することができるが，委任立法自体が認められるとしても，国会が国の唯一の立法機関であるという憲法41条に抵触する委任は違憲となる。

ここで，法律の専管事項とは，「○○については，法律でこれを定める」というような規定があるものであり，憲法47条「選挙区，投票の方法その他両議院の議員の選挙に関する事項は，法律でこれを定める。」，憲法92条「地方公共団体の組織及び運営に関する事項は，地方自治の本旨に基いて，法律でこれを定める。」から，選挙区や国会議員の選挙に関する事項や，地方公共団体の組織，運営に関する事項は，「法律」で定めなければならないとされる。

白紙委任（目的や内容，程度を明らかにせずに，概括的に全てを委任すること）は認められないとされる。この理由は，憲法41条における国会の立法権を無に帰せしめるような一般的包括的委任が許されないということにある。白

---

(3)　この点について災害対策基本法施行令1条では，「災害対策基本法（以下「法」という。）第2条第1号の政令で定める原因は，放射性物質の大量の放出，多数の者の遭難を伴う船舶の沈没その他の大規模な事故とする。」と定めている。

紙委任については，裁判例においても，「……法律で概括的，白地的に命令に委任することは許されない」と判示するものもある（大阪高判昭和43年6月28日行集19巻6号1130頁）。

この点，最一小判昭和33年5月1日刑集12巻7号1272頁では，国家公務員法102条1項の委任に基づき制定された人事院規則について，国家公務員法が広範な委任をしていることが争われた。

ここでは，「所論人事院規則14-7は，国家公務員法102条1項の委任に基き制定せられたものであり，そして国家公務員法102条が憲法14条又は28条に違反するものでないことは当裁判所の判例とするものであるところ（昭和31年（あ）635号，同33，3，12大法廷判決，昭和31年（あ）634号，同33，4，16大法廷判決），前記人事院規則は，右国家公務員法102条1項に基き，一般職に属する国家公務員の職責に照らして必要と認められる政治的行為の制限を規定したものであるから，前記大法廷判決の趣旨に照らし，実質的に何ら違法，違憲の点は認められないばかりでなく，右人事院規則には国家公務員法の規定によつて委任された範囲を逸脱した点も何ら認められず，形式的にも違法ではないから，憲法31条違反の主張はその前提を欠くものというべきである。それ故所論は採るを得ない。」として，合憲判決を出している。

同じく国家公務員の政治的中立が問題となった猿払事件最判（最大判昭和49年11月6日刑集28巻9号393頁【憲法 I -12】）でも，合憲判決が出されている。

最大判昭和49年11月6日刑集28巻9号393頁【憲法 I -12】
〈判旨〉
「政治的行為の定めを人事院規則に委任する国公法102条1項が，公務員の政治的中立性を損うおそれのある行動類型に属する政治的行為を具体的に定めることを委任するものであることは，同条項の合理的な解釈により理解しうるところである。そして，そのような政治的行為が，公務員組織の内部秩序を維持する見地から課される懲戒処分を根拠づけるに足りるものであるとともに，国民全体の共同利益を擁護する見地から科される刑罰を根拠づける違法性を帯びるものであることは，すでに述べたとおりであるから，右条項は，それが同法82条による懲戒処分及び同法110条1項19号による刑罰の対象となる政治的行為の定めを一様に委任するものであるからといって，そのことの故に，憲法の許容する委任の限度を超えることになるものではない。」

　再委任とは，法律が政令に委任している場合に，政令によって省令に再委任するような場合を指す。

　法律によって政令において定めることが求められる場合には，再委任が違法となる可能性があるが，法律によって基本的委任事項については，政令で定めるべきではあるが，そうでないものの再委任を禁ずる趣旨でない場合には，再委任が認められる余地はある。

(3)　法規命令の形式

　国における法規命令は，政令，内閣官房令，内閣府令，省令，委員会および庁の長官が定める外局規則，会計検査院規則，人事院規則の形式をとり，地方公共団体における法規命令は，長の定める規則，委員会の定める規則などの形式をとる。

　各大臣等には，公示を必要とする場合に告示を発する権限がある（内閣府設置法7条5項，国家行政組織法14条1項）。この告示は，行政機関の意思決定や一定の事項を国民に周知させるための形式の1つである。告示は，文部科学大臣が告示の形式で公示する学習指導要領について，最高裁が法規としての性質をもつことを認めているものもあれば，単に国民に対する通知行為としての性質を有するものもあるなどその性質等はさまざまである。

学習指導要領の法的性質

最一小判平成2年1月18日民集44巻1号1頁【行政Ⅰ-49】【憲法Ⅱ-137】

〈判旨〉

「高等学校の教育は，高等普通教育及び専門教育を施すことを目的とするものではあるが，中学校の教育の基礎の上に立って，所定の修業年限の間にその目的を達成しなければならず（学校教育法41条，46条参照），また，高等学校においても，教師が依然生徒に対し相当な影響力，支配力を有しており，生徒の側には，いまだ教師の教育内容を批判する十分な能力は備わっておらず，教師を選択する余地も大きくないのである。これらの点からして，国が，教育の一定水準を維持しつつ，高等学校教育の目的達成に資するために，高等学校教育の内容及び方法について遵守すべき基準を定立する必要があり，特に法規によってそのような基準が定立されている事柄については，教育の具体的内容及び方法につき高等学校の教師に認められるべき裁量にもおのずから制約が存するのである。」「懲戒事由に該当する被上告人らの前記各行為は，高等学校における教育活動の中で枢要な部分を占める日常の教科の授業，考査ないし生徒の成績評価に関して行われたものであるところ，教育の具体

的内容及び方法につき高等学校の教師に認められるべき裁量を前提としても
なお，明らかにその範囲を逸脱して，日常の教育のあり方を律する学校教育
法の規定や学習指導要領の定め等に明白に違反するものである。しかも，被
上告人らの右各行為のうち，各教科書使用義務違反の点は，いずれも年間を
通じて継続的に行われたものであって，特に被上告人山口の教科書不使用は，
所定の教科書は内容が自分の考えと違うとの立場から使用しなかったもので
あること，被上告人半田の日本史の考査の出題及び授業，地理Ｂの考査の出
題の点は，その内容自体からみて，当該各科目の目標及び内容からの逸脱が
著しいとみられるものであること等をも考慮するときは，被上告人らの右各
行為の法規違反の程度は決して軽いものではないというべきである。」「更に，
当時の伝習館高校の内外における前記のような背景の下で，同校の校内秩序
が極端に乱れた状態にあったことは明らかであり，そのような状況の下にお
いて被上告人らが行った前記のような特異な教育活動が，同校の混乱した状
態を助長するおそれの強いものであり，また，生徒の父兄に強い不安と不満
を抱かせ，ひいては地域社会に衝撃を与えるようなものであったことは否定
できないところであって，この意味における被上告人らの責任を軽視するこ
とはできない。」

(4) 授権法の廃止と委任命令の効力

命令の根拠となる法律が廃止された場合に，当然に委任命令も効力を失う
かという問題については，別段の定めがない場合は，委任命令も失効すると
解される[4]。

この点，大阪地判昭和57年2月19日行集33巻1・2号118頁は，「措置
法は，本件認可処分当時，その効力がなかつたから，措置法を受けて制定さ
れた措置令も，その効力を肯定することができないことに帰着する。したが
つて，被告陸運局長が本件認可処分をする権限を根拠づける法令上の根拠は
ないのであるから，その余の点について判断するまでもなく，本件認可処分
は違法といわざるをえない。」として，授権法の効力が失われたことによっ
て委任命令も効力を失うとの判断を示した。

2 行 政 規 則

行政規則は，行政機関が定める一般的な規範であり，国民の権利義務に関
係する法規の性質を有さないものをいい，法律の授権を要しないほか，命令
の形式でなくともよい（内規，要綱，通達など）。

---

(4) 宇賀概説Ⅰ・328頁。

　行政組織に関する基本的事項は，法律で定められているが，特別権力関係については，かつて，一般権力関係と区別し，特別権力関係は行政内部の関係と位置づけ，そこにおける定めは，国民一般の権利義務に関するものではなく，行政規則で定めることができるとの考え方が有力であった（特別権力関係論）。

　今日，これは否定され，特別権力関係の典型である公務員関係についても，国家公務員法，地方公務員法といった法律によって詳細な定めがある。

　行政規則の種類には，主として解釈基準，裁量基準，給付基準がある。

　解釈基準とは，法令の解釈を統一するため，上級行政機関が下級行政機関に対して発する基準である。これは，ある法の条文の解釈について複数の解釈があるような場合に，各役所によってそれぞれ独自の解釈をすることになると不統一になり，平等原則に反する可能性もある。このため，上級行政機関は，指揮監督権の一環として，法律の解釈基準を定立することができ（内閣府設置法7条6項，国家行政組織法14条2項），下級行政機関および職員はこれに拘束されることになる。

　国税庁通達や各省から都道府県や市町村に対する通達にこれに当たるものがある。

　裁量基準とは，行政庁が処分をしようとする場合に，法令を機械的に執行することも皆無ではないものの，通常は，行政庁に一定の判断の余地（裁量）があり，この行使について，個々の自由に委ねると，恣意的判断，判断の不統一が生じることがあるなどから，あらかじめ裁量基準を公にすることがある。

　裁量基準は，国民や裁判所を拘束するものではなく，その制定には法律の根拠を要しないとされている[5]。

最一小判昭和46年10月28日民集25巻7号1037頁【行政 I -114】
〈判旨〉
「道路運送法においては，個人タクシー事業の免許申請の許否を決する手続について，同法122条の2の聴聞の規定のほか，とくに，審査，判定の手続，方法等に関する明文規定は存しない。しかし，同法による個人タクシー事業の免許の許否は個人の職業選択の自由にかかわりを有するものであり，このことと同法6条および前記122条の2の規定等とを併せ考えれば，本件にお

---

(5)　宇賀概説 I ・336頁。

けるように，多数の者のうちから少数特定の者を，具体的個別的事実関係に基づき選択して免許の許否を決しようとする行政庁としては，事実の認定につき行政庁の独断を疑うことが客観的にもつともと認められるような不公正な手続をとつてはならないものと解せられる。すなわち，右6条は抽象的な免許基準を定めているにすぎないのであるから，内部的にせよ，さらに，その趣旨を具体化した審査基準を設定し，これを公正かつ合理的に適用すべく，とくに，右基準の内容が微妙，高度の認定を要するようなものである等の場合には，右基準を適用するうえで必要とされる事項について，申請人に対し，その主張と証拠の提出の機会を与えなければならないというべきである。免許の申請人はこのような公正な手続によつて免許の許否につき判定を受くべき法的利益を有するものと解すべく，これに反する審査手続によつて免許の申請の却下処分がされたときは，右利益を侵害するものとして，右処分の違法事由となるものというべきである。

　原審の確定した事実に徴すれば，被上告人の免許申請の却下事由となつた他業関係および運転歴に関する具体的審査基準は，免許の許否を決するにつき重要であるか，または微妙な認定を要するもののみならず，申請人である被上告人自身について存する事情，その財産等に直接関係のあるものであるから，とくに申請の却下処分をする場合には，右基準の適用上必要とされる事項については，聴聞その他適切な方法によつて，申請人に対しその主張と証拠の提出の機会を与えなければならないものと認むべきところ，被上告人に対する聴聞担当官は，被上告人の転業の意思その他転業を困難ならしめるような事情および運転歴中に含まるべき軍隊における運転経歴に関しては被上告人に聴聞しなかつたというのであり，これらの点に関する事実を聴聞し，被上告人にこれに対する主張と証拠の提出の機会を与えその結果をしんしやくしたとすれば，上告人がさきにした判断と異なる判断に到達する可能性がなかつたとはいえないであろうから，右のような審査手続は，前記説示に照らせば，かしあるものというべく，したがつて，この手続によつてされた本件却下処分は違法たるを免れない。」

　また，給付基準とよばれる，法律の根拠なく支給される補助金等についての要綱があり，ここでは，補助金の交付基準が定められ，広義の裁量基準とされる。

II　行　政　行　為

　行政行為は，行政処分とも呼ばれ，行政庁によって行われる一方的な行為で法効果を発生させるものである。こうした行為は，私人間には見られない

もので，行政庁に認められた行政固有の行為形式である。

　行政法学上は，行政行為というが，法令上は，行政処分，または処分というものがこれに当たる。

　行政行為の概念として主張されるものには，最広義のものとして行政作用すべてを指すとするものから，行政上の具体的事件にあたり何が法であるかを宣言する公権力発動の行為をいうとするものまで様々であるが，一般には，「行政庁が，法律に基づき，公権力の行使として，直接・具体的に国民の権利義務を規律する行為をいう」とされる[6]。

1　行政行為の分類

(1)　申請に対する処分と不利益処分

　行政手続法が定める，申請に対する処分（行政手続法2章）と不利益処分（同法3章）の分類がある。

　申請に対する処分とは，申請に対して行政庁が行う諾否の応答としての処分のことである。これは，申請者が許認可申請を行い，これに対して行政庁が許認可する・しないという処分のことである。

　また，不利益処分とは，行政庁が法令に基づき，特定の者を名宛人として，直接に，これに義務を課し，またはその権利を制限する処分をいい，不特定の者を名宛人とする一般処分は含まれない。これには，許認可の取消し処分や営業停止処分などが含まれる。

(2)　二重効果的処分

　処分の名宛人に対する効果に着目した分類とは異なり，名宛人以外の第三者に効果を及ぼす処分もある。

　例えば，大気汚染に悩む工場周辺住民にとっての，工場に対する改善命令等は，周辺住民の環境保護という利益をもたらす処分となる。また，産業廃棄物処分場の設置許可によって，周辺住民の環境利益にとっては不利益をもたらすという場合もある。

　このような行政行為を，二重効果的処分または複効的処分ということがある。

　ただし，これに該当するかどうかは，行政行為の類型のみならず，具体的

---

(6)　櫻井＝橋本・73頁。

状況によって判断されることになる。

(3)　一 般 処 分

　名宛人が不特定の場合，一般処分といわれる。例えば，特定の道路の通行禁止等がこれに当たる。行政行為の概念上は，行政行為の相手方が特定されていることは必ずしも必要ではないこととなる。

2　行政行為の種類

　行政行為には，様々な種類があり，様々な分類方法もある。

　法律的行政行為とは，行政庁の効果意思（法律効果を発生させようとする意志≒故意）により法的効果が発生するもので，この中には，私人がもともと持つ自由を禁止する命令的行為（命令行為：相手方に対して本来的自由の行為や状態に対してそれを禁止，制限し，またはこの禁止，制限を解除するなど，作為，不作為を命じるもの）と，私人に特別な権能を付与する性質を持つ形成的行為（形成行為：一般人が本来的には有していない権利等を発生させ，これを付与したり，変更したり，消滅させる等するもの）がある。

　また，効果意思は存在せず，法律がある事実行為について法的効果を与えるものを準法律的行政行為という。

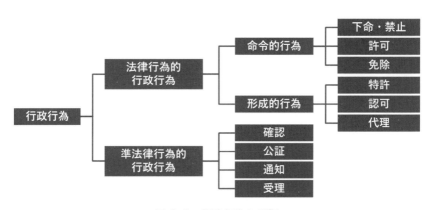

図3-1　行政行為の分類

(1)　許　　可

　許可は，本来誰でも享受できる個人の自由を，公共の福祉の観点からあらかじめ一般的に禁止しておき，個別の申請に基づいて禁止を解除する行政行

為のことである。

　食品衛生法に基づく営業許可や風俗営業法に基づく風俗営業許可などがこれに当たり，こうしたものは特に警察許可と呼ばれるものである。これは，憲法の営業の自由に関連して「消極目的規制」といわれるものであり，社会公共の安全や秩序の維持という消極的観点から行われる規制である。

　飲食店の営業に際して，衛生状態や仕入れている食品の管理が不適切な状況で営業をしてしまうと，利用者の健康等を害する恐れがあるし，ふぐの調理師免許の無いものが調理をし，提供することにより，食事をした者の生命を危険にさらすことがあるかもしれない。

　このため，営業の自由をはじめとして，本来であれば（国家が成立する前から）各人が有しているはずの自由であっても，社会生活の中で，必要に応じて規制をすることが必要な場合があり，要件を満たした場合に，禁止していた自由を解除するという性質を持つ「許可」という行政行為が行われることになる。

　これは，営業等だけではなく，建築物の設置等も同様である。

　例えば，Aが，家を建てたいと思っていたところ，自己の土地を持っていれば，本来，自由に家を建てて良いとされるだろう（建築の自由）。しかしながら，地震での倒壊や火災が発生した場合の延焼を防ぐために，建築基準法をはじめとする各法によってさまざまな規制がある。

　この規制について建築確認審査を経て，許可を得なければならないこととなる。

　ただし，この「許可」については，次の例のように実定法上の文言として必ずしも「許可」が用いられているわけではない。

※下線引用者

公衆浴場法
2条1項　業として公衆浴場を経営しようとする者は，都道府県知事の許可を受けなければならない。

道路交通法
77条1項　次の各号のいずれかに該当する者は，それぞれ当該各号に掲げる行為について当該行為に係る場所を管轄する警察署長（以下この節において「所轄警察署長」という。）の許可（当該行為に係る場所が同一の公安委員会

の管理に属する二以上の警察署長の管轄にわたるときは，そのいずれかの所
轄警察署長の許可。以下この節において同じ。）を受けなければならない。

医薬品，医療機器等の品質，有効性及び安全性の確保等に関する法律

14条1項　医薬品……，医薬部外品……又は厚生労働大臣の指定する成分を
含有する化粧品の製造販売をしようとする者は，品目ごとにその製造販売に
ついての厚生労働大臣の承認を受けなければならない。

道路交通法

84条1項　自動車及び原動機付自転車……を運転しようとする者は，公安委
員会の運転免許（以下「免許」という。）を受けなければならない。

建築基準法

6条1項　建築主は，第1号から第3号までに掲げる建築物を建築しようと
する場合……においては，当該工事に着手する前に，その計画が建築基準関
係規定……に適合するものであることについて，確認の申請書を提出して建
築主事の確認を受け……なければならない。

道路運送車両法

78条1項　自動車分解整備事業を経営しようとする者は，自動車分解整備事
業の種類及び分解整備を行う事業場ごとに，地方運輸局長の認証を受けなけ
ればならない。

最二小判昭和47年5月19日民集29巻4号698頁【行政Ⅰ-58】
〈判旨〉
「公衆浴場法は，公衆浴場の経営につき許可制を採用し，その2条2項本文に
おいて，「都道府県知事は，公衆浴場の設置の場所若しくはその構造設備が，
公衆衛生上不適当であると認めるとき又はその設置の場所が配置の適正を欠
くと認めるときは，前項の許可を与えないことができる。」と規定している
が，それは，主として国民保健および環境衛生という公共の福祉の見地から
営業の自由を制限するものである。そして右規定の趣旨およびその文言から
すれば，右許可の申請が所定の許可基準に適合するかぎり，行政庁は，これ
に対して許可を与えなければならないものと解されるから，本件のように，
右許可をめぐつて競願関係が生じた場合に，各競願者の申請が，いずれも許
可基準をみたすものであつて，そのかぎりでは条件が同一であるときは，行
政庁は，その申請の前後により，先願者に許可を与えなければならないもの
と解するのが相当である。けだし，許可の要件を具備した許可申請が適法に
なされたときは，その時点において，申請者と行政庁との間に許可をなすべ

き法律関係が成立したものというべく，この法律関係は，許可が法律上の羈束処分であるかぎり，その後になされた第三者の許可申請によつて格別の影響を受けるべきいわれはなく，後の申請は，上記のような既存の法律関係がなんらかの理由により許可処分に至らずして消滅した場合にのみ，これに対して許可をなすべき法律関係を成立せしめうるにとどまるというべきだからである。」
「さきに述べた公衆浴場営業許可の性質および各申請を公平に取り扱うべき要請から考えれば，右先願後願の関係は，所定の申請書がこれを受け付ける権限を有する行政庁に提出された時を基準として定めるべきものと解するのが相当であつて，申請の受付ないし受理というような行政庁の行為の前後によつてこれを定めるべきものと解することはできない。」

(2)　特　　許

特許とは，本来的自由に属さない，特権ないし特別の能力を行政庁が私人に付与する行為（特許法の特許とは別概念）をいう。

道路や河川といった公共用物は，一般公衆の利用に供されるという本質から，特定私人の独占的な使用は許されないが，道路に電柱を設置すること，ガス管電線等を埋設することについての道路の占用許可（道路法32条1項）や，水力発電のための河川流水の占用許可（河川法23条）等の特許の仕組みがある。

この特許は，「公企業の特許」と呼ばれ，伝統的に国家の行う事業とされてきた特権を私人に特別に与えるもので，電気事業，ガス事業，鉄道事業などの社会インフラ関連の事柄に関する許可がこれに当たるとされる[7]。

(3)　認　　可

認可は，私人相互間の法律効果を補充して完成させる行政行為で，農地法上の許可がこれに当たる。

農地は，個人所有であるとしても，国民の生存のための食糧生産に関わるものであって，その売買等について，当事者の間の契約だけで所有権を移転することはできず，農業委員会の許可が必要とされている（農地法3条1項）。

認可は，行政庁が私人間の法律行為を補充する行為ではあるが，私人間の合意を行政庁が修正することは，とくに法律の根拠がない限り許されないと解される[8]。

---

(7)　櫻井＝橋本・79頁。
(8)　櫻井＝橋本・80頁。

最二小判昭和 36 年 5 月 26 日民集 15 巻 5 号 1404 頁【行政Ⅰ-11】
〈判旨〉
「農地の所有権移転を目的とする法律行為は都道府県知事の許可を受けない以上法律上の効力を生じないものであり（農地法 3 条 4 項），この場合知事の許可は右法律行為の効力発生要件であるから，農地の売買契約を締結した当事者が知事の許可を得ることを条件としたとしても，それは法律上当然必要なことを約定したに止まり，売買契約にいわゆる停止条件を附したものということはできないとしたことは正当である。そして，かりにいわゆる法定条件にも性質のゆるすかぎり民法の条件に関する規定の類推適用あるものとしても，原判決が，上告人と被上告人徳永広文との間の本件農地売買契約について，たとえ，被上告人徳永に所論のような条件の成就を妨げる行為があつたとしても，民法 130 条の規定の適用によつて，右売買契約が効力を生じて上告人が本件農地の所有者となつたものとすることはできない。従つて上告人が既に右農地の所有者となつたことを前提とする上告人の本訴請求は理由がない旨判示したことは正当である。何となれば，農地の売買は，公益上の必要にもとづいて，知事の許可を必要とせられているのであつて，現実に知事の許可がない以上，農地所有権移転の効力は生じないものであることは農地法 3 条の規定するところにより明らかであり，民法 130 条の規定するような当事者の「看做す」というがごとき当事者の意思表示に付する擬制的効果によつて，右農地所有権移転の効力を左右することは性質上許されないところであるからである。」

(4)　その他の行政行為

　行政行為にはこのほかにも，届出制や下命，禁止などがある。

　届出制とは，国民がある行動をする前後に，行政機関への届出を義務づけるものである。ここでは，行政庁の諾否の応答を求めるものではなく，あくまでも情報を提出する義務を課すにとどまるもので，例えば電気事業法に基づく発電事業者の届出などの例がある（電気事業法 2 条 1 項 15 号「発電事業を営むことについて第 27 条の 27 第 1 項の規定による届出をした者をいう。」，電気事業法 27 条の 27 第 1 項「発電事業を営もうとする者は，経済産業省令で定めるところにより，次に掲げる事項を経済産業大臣に届け出なければならない。」）。

　下命とは，広義には国民に対して一定の行動を命じることをいうが，狭義には国民に対して一定の「作為」を命じる場合を指し，「不作為」を命じる場合には禁止という。

　ここで，下命には法律等によって一律に行われるもの（事業者に健康診断実施を義務づける労働安全衛生法 66 条 1 項や労働者に健康診断を受診することを

義務づける同法66条5項など）と，行政機関によって個別具体的に行われる
もの（違反建築物の除却命令を定める建築基準法9条1項や都市計画法81条3項
など）がある。

　また，禁止についても，法律等によって一律に行われるもの（売春の禁止
を定める売春防止法3条など）と，行政機関によって個別具体的に行われるも
の（ストーカー行為の禁止命令を定めるストーカー規制法5条1項など）がある。

3　行政行為の効力

　行政行為には，その特殊な行為形式ゆえに，特別な効力が認められてい
る。

⑴　公　定　力

　行政行為が違法である場合であっても，無効である場合を除いて，取消権
限のある者（行政行為をした行政庁，その上級行政庁，不服審査庁，裁判所）に
よって取り消されるまで，何人もその行為の効力を否定できない。このよう
な効果を公定力という。

　最高裁も，「行政処分は，たとえ違法であつても，その違法が重大かつ明
白で当該処分を当然無効ならしめるものと認むべき場合を除いては，適法に
取り消されない限り完全にその効力を有する」と示している（最三小判昭和
30年12月26日民集9巻14号2070頁【行政Ⅰ-65】）。

　公定力の及ぶ範囲は，あくまでも行政行為の法的効果に関わるもので，そ
れ以外には及ばないこととされる。このため，民事の争いについては，行政
行為の効果が及ぶものではないということになる。

　原発訴訟について，行政行為の取消訴訟（原子炉設置許可の取消し）がなさ
れる場合において，これとは関係なく，電力会社に対して，原子炉施設の運
転差止めを求める訴えを行うことができるが，仮に行政訴訟において取消し
が認められない場合であっても，民事差止めが認められることはある。

最三小判昭和30年12月26日民集9巻14号2070頁【行政Ⅰ-65】
〈判旨〉
「本件において茨城県農地委員会は，被上告人が緑岡村農地委員会のした裁定
を不服として申立てた訴願につき，昭和24年12月23日附で訴願棄却の裁決
をしながら，さらに被上告人の申出によつて再議の結果，昭和26年6月29
日附をもつて先に棄却した被上告人の訴願における主張を相当と認め，前記

訴願棄却の裁決を取り消した上改めて訴願の趣旨を容認するとの裁決をした
ことは，原判決の確定したところである。そして，訴願裁決庁が一旦なした
訴願裁決を自ら取り消すことは，原則として許されないものと解すべきであ
るから（昭和26年（オ）915号昭和29年1月21日当裁判所第一小法廷判
決，集8巻1号102頁参照）茨城県農地委員会が被上告人の申出により原判
示の事情の下に先になした裁決を取消してさらに訴願の趣旨を容認する裁決
をしたことは違法であるといわねばならない。しかしながら，行政処分は，
たとえ違法であつても，その違法が重大かつ明白で当該処分を当然無効なら
しめるものと認むべき場合を除いては，適法に取り消されない限り完全にそ
の効力を有するものと解すべきところ，茨城県農地委員会のなした前記訴願
裁決取消の裁決は，いまだ取り消されないことは原判決の確定するところで
あつて，しかもこれを当然無効のものと解することはできない。」

(2)　不 可 争 力

不可争力とは，一定期間を経過すると，私人の側から行政行為の効果を争
うことができなくなる効力をいい，形式的確定力ともいう。

行政事件訴訟法は，取消訴訟につき，出訴期間を定めているが，不可争力
は出訴期間の限定による結果として認められるもので，行政上の法律関係を
早期に安定させるという趣旨に基づいている。いかに公定力を一応認めてい
るからといって，行政行為が確定しない状態が継続することは，行政の安
定性や公益性等の観点から望ましいものではなく，一定の訴訟提起期間を設
けて，それを徒過した場合には，行政行為が無効とされる場合を除き，その
行政行為の効力を争うことができないとするわけである。

不可争力は，私人側から争うことができない場合を想定しているもので，
行政庁が出訴期間経過後に，職権により取消すことは可能とされる[9]。

(3)　執 行 力

私法上の法律行為は，裁判における判決などの執行名義を得て，はじめて
国の執行機関により相手方に対してその内容を実現しうることになるのに対
して，行政行為は，それ自体の名義で，その内容を行政権が自力で実現する
ことのできる効力をもち，これを執行力ないし自力執行力という。

こうした執行力は，行政行為固有のものであって，特別な授権がなくとも
当然存在するとの説もあったが，現行法体系の下では，法が特に認める場合
に限り執行力が生じるものと解される。

(9)　櫻井＝橋本・89頁。

⑷　不可変更力，実質的確定力

不可変更力とは，一度行った行政行為について，処分庁はみずから変更（取消，変更，撤回）できないという効力をいう。

一般には，行政行為を行った行政庁は，それが違法または不当と認められる場合に，これを取消すことができ，あるいは取消さなければならないとされる。しかし，相手方や利害関係者の権利利益の保護，行政上の法律関係の安定の要請などから，この取消権に対して一定の制限が課せられているとされることがある。

しかしながら，行政行為の中には，その性質上，行政庁の職権による取消し等を認めることができず，一度行政行為が行われると，その違法不当を行政庁が発見しても，これを取り消すこと等ができないものがある。これが不可変更力である。

また，処分庁だけでなく，上級庁，裁判所も取消し，変更できないとされる場合に，これを実質的確定力という。

最一小判昭和 29 年 1 月 21 日民集 8 巻 1 号 102 頁【行政 I -67】
〈判旨〉
「論旨は，裁決はその形式方法において判決に類似しているけれども，一つの行政処分であるから，違法があれば裁決庁自らにおいて取消すことができると解すべきだと主張する。しかし，本件裁決は，中川原村農地委員会が立てた農地の買収計画に対し被上告人が申立てた異議の却下決定に対し，一旦なされた被上告人の主張を認める裁決を取消したものである。この裁決が行政処分であることは言うまでもないが，実質的に見ればその本質は法律上の争訟を裁判するものである。憲法 76 条 2 項後段によれば，「行政機関は，終審として裁判を行うことができない」のであつて，終審としては，裁判所が裁判を行うが，行政機関をして前審として裁判を行わしめることは，何等差支えないのである。本件裁決のごときは，行政機関である上告人が実質的には裁判を行つているのであるが，行政機関がするのであるから行政処分に属するわけである。かかる性質を有する裁決は，他の一般行政処分とは異り，特別の規定がない限り，原判決のいうように裁決庁自らにおいて取消すことはできないと解するを相当とする。それ故，原判決には所論の違法がない。」

4　行政行為の瑕疵

行政行為は，法令に適合し（適法），公益目的に適合（正当）していなければならず，行政行為に法令違反がある場合（違法），あるいは，裁量権行使

が不適切である場合（不当）には，行政行為に瑕疵があるということになる[10]。

　ここで，取消されるまでは有効と扱って差し支えない程度の瑕疵を，取消事由たる瑕疵といい，取消訴訟を経由しなくとも無効と扱うことが妥当視されるような重い瑕疵を無効事由たる瑕疵という[11]。

Ⅲ　行政裁量

　行政裁量とは，立法者が法律の範囲内で行政機関に認めた判断の余地のことで，行政機関に一定の活動の自由を認めているものである。

　行政裁量は，立法者がその執行者である行政機関に判断の余地を認めていることから，そのような意味においては，立法権と行政権の機能分担の問題であるともいえる。

　また，法律によって許容された行政庁の裁量権の範囲内にある限り，当不当の問題となることはあっても，違法性の問題となることはなく，司法審査は及ばないこととなり，その意味では，司法と行政の機能分担の問題であるともいえる。

1　行政裁量の根拠

　行政裁量を認めるということは，訴訟において裁判所の判断よりも，行政庁判断を優先させることを立法者が定めたことを意味する。立法者が，ある事項について，裁判所の判断よりも行政庁の判断を優先させることがあり，裁判所が実質的に行政裁量を認める事例として，学生の懲戒処分（京都府立医科大事件）や外国人の在留期間（マクリーン事件），原子炉設置許可処分（伊方最判）などがある。

　ただし，行政裁量は，裁判の過程においてのみ認められているわけではなく，行政の様々な場面で用いられるもので，法令においても行政裁量が認められている。

---

(10)　櫻井＝橋本・90頁。
(11)　櫻井＝橋本・90頁。

（下線引用者）

宅地建物取引業法

66条　国土交通大臣又は都道府県知事は，その免許を受けた宅地建物取引業者が次の各号のいずれかに該当する場合においては，当該免許を取り消さなければならない。
……

2　国土交通大臣又は都道府県知事は，その免許を受けた宅地建物取引業者が第3条の2第1項の規定により付された条件に違反したときは，<u>当該宅地建物取引業者の免許を取り消すことができる</u>。

国家公務員法

82条　職員が，次の各号のいずれかに該当する場合においては，これに対し懲戒処分として，<u>免職，停職，減給又は戒告の処分をすることができる</u>。
一　この法律若しくは国家公務員倫理法又はこれらの法律に基づく命令（国家公務員倫理法第5条第3項の規定に基づく訓令及び同条第四項の規定に基づく規則を含む。）に違反した場合
二　職務上の義務に違反し，又は職務を怠つた場合
三　国民全体の奉仕者たるにふさわしくない非行のあつた場合

災害対策基本法

60条　災害が発生し，又は発生するおそれがある場合において，人の生命又は身体を災害から保護し，その他災害の拡大を防止するため特に必要があると認めるときは，<u>市町村長は，必要と認める地域の必要と認める居住者等に対し，避難のための立退きを指示することができる</u>。

　実質的根拠としては，政治的ないし専門的判断等の尊重が挙げられる。これは教育や学生懲戒に関する京都府立医科大事件や，政治的判断の尊重が必要とされた在留期間更新に関するマクリーン事件などがある。

(1)　京都府立医科大学事件

　学生の懲戒処分に関して，司法審査と対象となるかが問われたものとして，京都府立医科大学事件がある。

最三小判昭和29年7月30日民集8巻7号1501頁
〈判旨〉
「大学の学生に対する退学処分は，教育上の必要に基く懲戒行為として行われるものであるが，これにより学生としての法的地位を消滅させる効果を生ずるものである以上，なんらの法的効果を伴わない単なる事実上の作用としての懲戒行為と同視すべきでないことはいうまでもない。そして，公立大学の

学生に対する退学処分も私立大学の学生に対する退学処分も，ともに，教育施設としての学校の内部規律を維持し教育目的を達成するために認められる懲戒作用である点において，共通の性格を有することは所論のとおりである。

しかし，国立および公立の学校は，本来，公の教育施設として，一般市民の利用に供されたものであり，その学生に退学を命ずることは，市民としての公の施設の利用関係からこれを排除するものであるから，私立大学の学生に退学を命ずる行為とは趣を異にし，行政事件訴訟特例法第一条の関係においては，行政庁としての学長の処分に当るものと解するのが相当である。

もつとも，学長が学生の行為をとらえて懲戒処分を発動するに当り，右の行為が懲戒に値するものであるかどうか，懲戒処分のうちいずれの処分を選ぶべきかを決するについては，当該行為の軽重のほか，本人の性格および平素の行状，右行為の他の学生に与える影響，懲戒処分の本人および他の学生におよぼす訓戒的効果等の諸般の要素をしんしやくする必要があり，これらの点の判断は，学内の事情に通ぎようし直接教育の衝に当るものの裁量に任すのでなければ，到底適切な結果を期待することはできない。それ故，学生の行為に対し，懲戒処分を発動するかどうか，懲戒処分のうちいずれの処分を選ぶかを決定することは，この点の判断が社会観念上著しく妥当を欠くものと認められる場合を除き，原則として懲戒権者としての学長の裁量に任されているものと解するのが相当である。」

(2) マクリーン事件

アメリカ国籍のＸが出入国管理令に基づく在留期間を１年とする上陸認可の証印を受け入国したが，その後１年間の在留延長申請をしたが，法務大臣は120日間の準備期間の更新を許可する処分をし，この期間満了前日に，さらに１年を延長する再申請をしたところ，法務大臣が不許可の処分をした。

法務大臣が不許可処分を行った理由は，無届転職および政治活動であり，Ｘは，この処分の取消しを求めた。

最大判昭和53年10月4日民集32巻7号1223頁【行政Ⅰ-73】【憲法Ⅰ-1】

〈判旨〉

「憲法22条1項は，日本国内における居住・移転の自由を保障する旨を規定するにとどまり，外国人がわが国に入国することについてはなんら規定していないものであり，このことは，国際慣習法上，国家は外国人を受け入れる義務を負うものではなく，特別の条約がない限り，外国人を自国内に受け入れるかどうか，また，これを受け入れる場合にいかなる条件を付するかを，

当該国家が自由に決定することができるものとされていることと，その考えを同じくするものと解される（最高裁昭和29年（あ）第3594号同32年6月19日大法廷判決・刑集11巻6号1663頁参照）。したがつて，憲法上，外国人は，わが国に入国する自由を保障されているものでないことはもちろん，所論のように在留の権利ないし引き続き在留することを要求しうる権利を保障されているものでもないと解すべきである。そして，上述の憲法の趣旨を前提として，法律としての効力を有する出入国管理令は，外国人に対し，一定の期間を限り（4条1項1号，2号，14号の場合を除く。）特定の資格によりわが国への上陸を許すこととしているものであるから，上陸を許された外国人は，その在留期間が経過した場合には当然わが国から退去しなければならない。もつとも，出入国管理令は，当該外国人が在留期間の延長を希望するときには在留期間の更新を申請することができることとしているが（21条1項，2項），その申請に対しては法務大臣が「在留期間の更新を適当と認めるに足りる相当の理由があるときに限り」これを許可することができるものと定めている（同条3項）のであるから，出入国管理令上も在留外国人の在留期間の更新が権利として保障されているものでないことは，明らかである。」
出入国管理令において「在留期間の更新事由が概括的に規定されその判断基準が特に定められていないのは，更新事由の有無の判断を法務大臣の裁量に任せ，その裁量権の範囲を広汎なものとする趣旨からであると解される。すなわち，法務大臣は，在留期間の更新の許否を決するにあたつては，外国人に対する出入国の管理及び在留の規制の目的である国内の治安と善良の風俗の維持，保健・衛生の確保，労働市場の安定などの国益の保持の見地に立つて，申請者の申請事由の当否のみならず，当該外国人の在留中の一切の行状，国内の政治・経済・社会等の諸事情，国際情勢，外交関係，国際礼譲など諸般の事情をしんしやくし，時宜に応じた的確な判断をしなければならないのであるが，このような判断は，事柄の性質上，出入国管理行政の責任を負う法務大臣の裁量に任せるのでなければとうてい適切な結果を期待することができないものと考えられる。」
裁量「処分が違法となるのは，それが法の認める裁量権の範囲をこえ又はその濫用があつた場合に限られるのであり，また，その場合に限り裁判所は当該処分を取り消すことができるものであつて，行政事件訴訟法30条の規定はこの理を明らかにしたものにほかならない。もつとも，法が処分を行政庁の裁量に任せる趣旨，目的，範囲は各種の処分によつて一様ではなく，これに応じて裁量権の範囲をこえ又はその濫用があつたものとして違法とされる場合もそれぞれ異なるものであり，各種の処分ごとにこれを検討しなければならないが，これを出入国管理令21条3項に基づく法務大臣の「在留期間の更新を適当と認めるに足りる相当の理由」があるかどうかの判断の場合についてみれば，右判断に関する前述の法務大臣の裁量権の性質にかんがみ，その

判断が全く事実の基礎を欠き又は社会通念上著しく妥当性を欠くことが明らかである場合に限り，裁量権の範囲をこえ又はその濫用があつたものとして違法となるものというべきである。したがつて，裁判所は，法務大臣の右判断についてそれが違法となるかどうかを審理，判断するにあたつては，右判断が法務大臣の裁量権の行使としてされたものであることを前提として，その判断の基礎とされた重要な事実に誤認があること等により右判断が全く事実の基礎を欠くかどうか，又は事実に対する評価が明白に合理性を欠くこと等により右判断が社会通念に照らし著しく妥当性を欠くことが明らかであるかどうかについて審理し，それが認められる場合に限り，右判断が裁量権の範囲をこえ又はその濫用があつたものとして違法であるとすることができるものと解するのが，相当である。」

(3)　伊方訴訟

原子炉設置許可処分についての内閣総理大臣の専門技術的裁量を認める事例で，その前提として専門家の判断も位置づけられている。

最一小判平成4年10月29日民集46巻7号1174頁【行政Ⅰ-74】
〈判旨〉
「原子炉施設の安全性に関する審査は，当該原子炉施設そのものの工学的安全性，平常運転時における従業員，周辺住民及び周辺環境への放射線の影響，事故時における周辺地域への影響等を，原子炉設置予定地の地形，地質，気象等の自然的条件，人口分布等の社会的条件及び当該原子炉設置者の右技術的能力との関連において，多角的，総合的見地から検討するものであり，しかも，右審査の対象には，将来の予測に係る事項も含まれているのであって，右審査においては，原子力工学はもとより，多方面にわたる極めて高度な最新の科学的，専門技術的知見に基づく総合的判断が必要とされるものであることが明らかである。そして，規制法24条2項が，内閣総理大臣は，原子炉設置の許可をする場合においては，同条1項3号（技術的能力に係る部分に限る。）及び四号所定の基準の適用について，あらかじめ原子力委員会の意見を聴き，これを尊重してしなければならないと定めているのは，右のような原子炉施設の安全性に関する審査の特質を考慮し，右各号所定の基準の適合性については，各専門分野の学識経験者等を擁する原子力委員会の科学的，専門技術的知見に基づく意見を尊重して行う内閣総理大臣の合理的な判断にゆだねる趣旨と解するのが相当である。」
「右の原子炉施設の安全性に関する判断の適否が争われる原子炉設置許可処分の取消訴訟における裁判所の審理，判断は，原子力委員会若しくは原子炉安全専門審査会の専門技術的な調査審議及び判断を基にしてされた被告行政庁の判断に不合理な点があるか否かという観点から行われるべきであって，現

在の科学技術水準に照らし，右調査審議において用いられた具体的審査基準に不合理な点があり，あるいは当該原子炉施設が右の具体的審査基準に適合するとした原子力委員会若しくは原子炉安全専門審査会の調査審議及び判断の過程に看過し難い過誤，欠落があり，被告行政庁の判断がこれに依拠してされたと認められる場合には，被告行政庁の右判断に不合理な点があるものとして，右判断に基づく原子炉設置許可処分は違法と解すべきである。」

「右処分が前記のような性質を有することにかんがみると，被告行政庁がした右判断に不合理な点があることの主張，立証責任は，本来，原告が負うべきものと解されるが，当該原子炉施設の安全審査に関する資料をすべて被告行政庁の側が保持していることなどの点を考慮すると，被告行政庁の側において，まず，その依拠した前記の具体的審査基準並びに調査審議及び判断の過程等，被告行政庁の判断に不合理な点のないことを相当の根拠，資料に基づき主張，立証する必要があり，被告行政庁が右主張，立証を尽くさない場合には，被告行政庁がした右判断に不合理な点があることが事実上推認されるものというべきである。」

「原子炉設置の許可の段階の安全審査においては，当該原子炉施設の安全性にかかわる事項のすべてをその対象とするものではなく，その基本設計の安全性にかかわる事項のみをその対象とするものと解するのが相当である。」

「原子力委員会若しくは原子炉安全専門審査会が本件原子炉施設の安全性について行った調査審議及び判断に不合理な点があるとはいえず，これを基にしてされた本件原子炉設置許可処分を適法であるとした原審の判断は，正当として是認することができ，原判決に所論の違法はない。」

2　行政裁量の認められる判断過程

(1)　要件裁量

事実認定は，裁判所の専権であるため，何らかの処分を行う場合の事実認定自体の裁量はない。このため，何らかの処分を行う場合に処分の前提となる事実認定に誤りある場合には，事実誤認ということになる。

要件裁量とは，要件該当性の判断に行政裁量を認める場合を要件裁量という。いわゆる法律要件の解釈と認定事実のあてはめの問題であるが，ここには，マクリーン事件で示した政治的裁量や伊方最判の専門技術的裁量，専門技術的かつ政策的裁量とされる小田急高架化訴訟や老齢加算の問題などが含まれることになる。

法律の要件該当性判断に行政裁量を認める場合とは，例えば，学生の懲戒や公務員の懲戒にあたって，「ふさわしくない行為」や「ふさわしくない非行」などの懲戒処分の要件が示されている場合に，こうした行為がいかなる

ものであるのかという解釈をしたうえで，処分の前提となる行為（認定した事実）がこれに該当するかの判断を処分庁が行うこととなる。

国家公務員法 82 条 1 項（下線引用者）
職員が次の各号のいずれかに該当する場合には，当該職員に対し，懲戒処分として，免職，停職，減給又は戒告の処分をすることができる。
一　この法律若しくは国家公務員倫理法又はこれらの法律に基づく命令（国家公務員倫理法第 5 条第 3 項の規定に基づく訓令及び同条第四項の規定に基づく規則を含む。）に違反した場合
二　職務上の義務に違反し，又は職務を怠つた場合
三　国民全体の奉仕者たるにふさわしくない非行のあつた場合

---

(2)　効　果　裁　量

　懲戒処分をするかしないかを判断することについて行政裁量が認められる場合に，これを行為（決定）裁量といい，そして，懲戒処分をする際に，どのような懲戒処分を行うかを選択する裁量が認められる場合に，これを選択裁量という。これらを併せて，効果裁量という。

　要件裁量の例のように，学生の懲戒や公務員の懲戒に当たって，「ふさわしくない行為」や「ふさわしくない非行」などの懲戒処分に関連していえば，そうした行為が懲戒処分の要件に該当するかどうかの次に，要件に該当したとしても，それによって直ちに懲戒処分をするかしないか判断することがある。これは，国家公務員法 82 条 1 項において「職員が次の各号のいずれかに該当する場合には，当該職員に対し，懲戒処分として，免職，停職，減給又は戒告の処分をすることができる。」と規定されているように，「処分をすることができる」ということは，処分をしない判断が妨げられるものではない（行為裁量）。

　そのうえで，懲戒処分をするとの判断の場合に，要件に該当する行為に対しての処分の内容としてどのような処分（戒告・減給・停職・免職）とするのかを判断することができる（選択裁量）。

　このとき行政庁には，処分をするかしないか，するとしてどのような処分をするかについて判断の余地があるということになる。

(3)　手続の裁量

　行政庁が X に対して懲戒免職処分をすることを検討している場合に，懲戒免職処分は X に対して極めて重大な不利益を与えることになるため，X

の言い分を聞くなど，手続的な保障を図ることを検討できる。こうした時に，一定の手続をとるか否か，とると場合にはどのような手続にするかについて，行政庁が判断をする余地がある。これを手続の裁量・手続の選択の裁量ということもある。

　手続に関する裁量が認められ，当該裁量の逸脱濫用と評価された事案として，個人タクシー事件（最一小判昭和 46 年 10 月 28 日民集 25 巻 7 号 1037 頁【行政Ⅰ-114】）がある（本章Ⅰ2.(2)参照）。

⑷　時 の 裁 量

　処分を行うことについて裁量が認められる場合，基本的には，いつ当該処分をするかも裁量の範囲に含まれることになる。このいつ処分をするかに関する判断の余地があることを，時の裁量があるという。

　時の裁量が認められる場合には，いつ処分をしても良いはずではある（直ちに処分をしなければならないわけではない）が，これについて長期間申請を留保（放置）した場合には裁量の逸脱濫用と評価される可能性はある（中野区マンション事件（最二小判昭和 57 年 4 月 23 日民集 36 巻 4 号 727 頁【行政Ⅰ-120】））。

最二小判昭和 57 年 4 月 23 日民集 36 巻 4 号 727 頁【行政Ⅰ-120】
〈判旨〉
「被上告人の道路管理者としての権限を行う中野区長が本件認定申請に対して約 5 か月間認定を留保した理由は，右認定をすることによつて本件建物の建築に反対する附近住民と上告人側との間で実力による衝突が起こる危険を招来するとの判断のもとにこの危険を回避するためということであり，右留保期間は約 5 か月間に及んではいるが，結局，中野区長は当初予想された実力による衝突の危険は回避されたと判断して本件認定に及んだというのである。右事実関係によれば，中野区長の本件認定留保は，その理由及び留保期間から見て前記行政裁量の行使として許容される範囲内にとどまるものというべく，国家賠償法 1 条 1 項の定める違法性はない」

Ⅳ　行政裁量の統制

　行政裁量が認められる場合であっても，裁判所には，行政裁量が法律の枠内で行使されているかを判断する権能があり，実際に行われた行政裁量について司法審査を行うことができる。

　この時，行政事件訴訟法30条が，裁量処分については，裁量権の逸脱・濫用があった場合に限り，裁判所が当該処分を取り消すことができる旨を定めており，これに従って，裁量統制がなされることになる。

　ここで，裁量権の逸脱・濫用とはどのような場合のことをいうのかを類型化する試みがあり，近時，裁量処分に至る行政の判断形成過程の合理性について審査する（判断過程審査）ものや，手続的な観点から審査する（手続的審査）ものが判例上みられる。

1　裁量の逸脱濫用の判断

⑴　裁量の有無

　裁量とは行政庁の「判断の余地」なので，判断の余地があると考えられる場合には，裁量があるといえる。

　一般的に裁量が全く認められない分野，種類の規定があり，例えば課税要件を定める規定については，租税法律主義（課税要件法定主義）の要請から，裁量が認められず，刑罰の構成要件を定める規定については，罪刑法定主義の要請から，裁量が認められないこととなる。

　このため，法律の下で行われる行政行為について，その法律に従う義務があるのか（行政庁が法律に羈束されるのか），それとも法律の範囲内にとどまる限り判断の余地が認められるのか（行政裁量があるのか）という裁量の有無の判断がなされることがある。

⑵　裁量の広狭

　裁量が認められやすい分野・処分では，その裁量は広くなりやすく，裁量が認められにくい分野・処分では，裁量が狭くなりやすい。

　例えば，学生の懲戒や在留期間，原子炉設置許可等，政治政策的判断や専門的判断を必要・前提とする行政庁の判断については，広範な裁量が認められる傾向にあるといえる。

　このため，裁量がある場合に，その裁量が広いのか（行政庁の判断の自由度が高いのか），狭いのか（行政庁の判断の自由度が低いのか）という裁量の広狭の判断がなされることがある。

⑶　逸脱濫用の判断

　行政庁の処分に裁量が認められる場合には，行政庁がその裁量に基づいて行った処分の当否を，裁判所がどの程度踏み込んで判断して良いかというこ

とが問題となることがある。裁量がある場合に，その裁量権の行使としての
行政庁の処分が，裁量の逸脱濫用（行政事件訴訟法30条）にならないかとい
う裁量の違法性の判断がなされることがある。

　裁量が認められるということは，行政庁に判断の余地があるということを
あらかじめ立法者が認めているものであり，それに対して裁判所が踏み込ん
で判断すると，行政庁に対する過度な干渉となるおそれがある。

　裁量の逸脱濫用の審査方法としては，次のものがある。

①　社会観念審査

　裁量処分が，「社会通念上著しく妥当を欠く場合」に違法とする審査手法
のことである。裁量処分の根拠規範とは独立した裁判上の判断基準であり，
裁判官の設定する社会観念等の基準により審査され，行政判断の追認に用い
られる等の批判もなされる。

②　判断代置審査

　これは裁判所が行政庁に「置き代わって」処分の当否を「判断」するもの
であり，特定の法令や事実関係に照らし，裁判所が自ら行う判断を行政庁の
判断と比べ，両者の判断が一致すれば行政庁の判断は適法であり，裁判所の
判断が行政庁の判断と異なるのであれば，行政庁の判断は違法とするものであ
る[12]。

③　判断過程審査

　①②が裁量処分の結果をどの程度踏み込んで審査するかの問題であったの
に対し，これは裁量処分をする過程の当否を問う審査手法である。すなわ
ち，裁量処分に至る行政庁の判断形成過程の合理性について審査をするとい
うものである[13]。

　判断過程審査は近年一般的に用いられるようになってきており，最高裁も
「これが裁量権の行使としてされたことを前提とした上で，その判断要素の
選択や判断過程に合理性を欠くところがないかを検討し，重要な事実の基礎
を欠く場合，又は社会通念に照らし著しく妥当性を欠くものと認められる場
合に限り，裁量権の範囲の逸脱又はその濫用に当たると認めるのが相当であ
る。」としている（最三小判令和3年7月6日民集75巻7号3422頁[14]）。

---

(12)　榊原秀訓「社会観念審査の審査密度の向上」法時85巻2号（2013年）5頁。

(13)　櫻井＝橋本・112頁。

(14)　最三小判平成18年2月7日民集60巻2号401頁【行政Ⅰ-70】でも同様の判示

2 行政裁量と司法審査

行政裁量に関する司法審査については，前述のような裁量の逸脱濫用に関する一般的な理解のほか，具体的には，次のような場合において，裁量処分の違法が認定されることがある。

(1) 目的違反，動機違反

法律の趣旨目的とは異なる目的や動機に基づいて裁量処分がなされた場合には，その行政処分は違法となる。最高裁も，一般論として，法の趣旨・目的を逸脱した裁量処分が違法となることを認めている（「現実の生活条件を無視して著しく低い基準を設定する等憲法および生活保護法の趣旨・目的に反し，法律によつて与えられた裁量権の限界をこえた場合または裁量権を濫用した場合には，違法な行為として司法審査の対象となることをまぬかれない。」最大判昭和42年5月24日民集21巻5号1043頁【憲法Ⅱ-131】：朝日訴訟）。

個室付浴場の開業阻止を目的とした児童遊園の設置認可に関する事例でも，目的違反，動機違反を認めているものがある（最二小判昭和53年5月26日民集32巻3号689頁【行政Ⅰ-25】，最二小判昭53年6月16日刑集32巻4号605頁【行政Ⅰ-66】）。

最二小判昭53年6月16日刑集32巻4号605頁【行政Ⅰ-66】
〈判旨〉
「本件の争点は，山形県知事のC児童遊園設置認可処分（以下「本件認可処分」という。）の適法性，有効性にある。すなわち，風俗営業等取締法は，学校，児童福祉施設などの特定施設と個室付浴場業（いわゆるトルコぶろ営業）の一定区域内における併存を例外なく全面的に禁止しているわけではない（同法4条の4第3項参照）ので，Aのトルコぶろ営業に先立つ本件認可処分が行政権の濫用に相当する違法性を帯びているときには，C児童遊園の存在をAのトルコぶろ営業を規制する根拠にすることは許されないことになるからである。」
「……記録を精査しても，本件当時B町において，Aのトルコぶろ営業の規制以外に，C児童遊園を無認可施設から認可施設に整備する必要性，緊急性があつたことをうかがわせる事情は認められない。」
「本件児童遊園設置認可処分は行政権の著しい濫用によるものとして違法であり，かつ，右認可処分とこれを前提としてされた本件営業停止処分によつて被上告人が被つた損害との間には相当因果関係があると解するのが相当であるから，被上告人の本訴損害賠償請求はこれを認容すべきである。それゆえ，

がある。

これと結論を同じくする原審の判断は，正当として是認することができる。」

(2)　信義則違反

　裁量処分であっても，当該処分がなされる事実関係の下で，信義則上違法とされる場合がある。

最三小判平成 8 年 7 月 2 日集民 179 号 435 頁
〈判旨〉
「「短期滞在」の在留資格で本邦に在留する外国人から在留期間の更新申請がされた場合において，Y は，通常であれば，当該外国人につき，「短期滞在」の在留資格に対応する出入国管理及び難民認定法別表第 1 の 3 下欄の活動を引き続き行わせることを適当と認めるに足りる相当の理由があるかどうかを判断すれば足り，他の在留資格に対応する活動を行わせることを適当と認めるに足りる相当の理由があるかどうかについて考慮する必要のないことは，一応所論のとおりである。」
「しかし，本件については，直ちに所論のように解することはできない。……X は，「日本人の配偶者又は子」の在留資格……をもって本邦における在留を継続してきていたが，Y は，同年 7 月 30 日，X と A とが長期間にわたり別居していたことなどから，X の本邦における活動は，もはや日本人の配偶者の身分を有する者としての活動に該当しないとの判断の下に，X の意に反して，その在留資格を同法別表第 1 の 3 所定の「短期滞在」に変更する旨の申請ありとして取り扱い，これを許可する旨の処分をし，これにより，X が「日本人の配偶者等」の在留資格による在留期間の更新を申請する機会を失わせたものと判断されるのである。しかも，本件処分時においては，X と A との婚姻関係が有効であることが判決によって確定していた上，X は，その後に A から提起された離婚請求訴訟についても応訴するなどしていたことからもうかがわれるように，X の活動は，日本人の配偶者の身分を有するものとしての活動に該当するとみることができないものではない。そうであれば，右在留資格変更許可処分の効力いかんはさておくとしても，少なくとも，X の在留資格が「短期滞在」に変更されるに至った右経緯にかんがみれば，Y は，信義則上，「短期滞在」の在留資格による X の在留期間の更新を許可した上で，X に対し，「日本人の配偶者等」への在留資格の変更申請をして X が「日本人の配偶者等」の在留資格に属する活動を引き続き行うのを適当と認めるに足りる相当の理由があるかどうかにつき公権的判断を受ける機会を与えることを要したものというべきである。」
「以上によれば，X が平成 3 年 7 月 6 日にした在留期間の更新申請に対し，これを不許可とした本件処分は，右のような経緯を考慮していない点において，Y がその裁量権の範囲を逸脱し，又はこれを濫用したものであるとの評価を

　免れない。」

(3)　平等原則違反

　平等原則違反によって，裁量を違法とすることは一般論として肯定されるが，平等原則を用いて行政処分が取消される事例は少ない。

　平等原則の観点から裁量権の行使に限界があることを明言したものとして，最二小判昭和30年6月24日民集9巻7号930頁は，「行政庁は，何らいわれがなく特定の個人を差別的に取り扱いこれに不利益を及ぼす自由を有するものではなく，この意味においては，行政庁の裁量権には一定の限界がある」としている。

(4)　比例原則違反

　比例原則違反によって，裁量を違法とすることは一般論として肯定されている。

　比例原則の観点から，裁量を狭く解したり（最二小判平成8年3月8日民集50巻3号469頁），裁量判断の結果が不合理なものであるとするものもある（最一小判平成24年1月16日集民239号253頁【地方-82】）。

> **最一小判平成24年1月16日集民239号253頁【地方-82】**
> 〈判旨〉
> 「公務員に対する懲戒処分について，懲戒権者は，懲戒事由に該当すると認められる行為の原因，動機，性質，態様，結果，影響等のほか，当該公務員の上記行為の前後における態度，懲戒処分等の処分歴，選択する処分が他の公務員及び社会に与える影響等，諸般の事情を考慮して，懲戒処分をすべきかどうか，また，懲戒処分をする場合にいかなる処分を選択すべきかを決定する裁量権を有しており，その判断は，それが社会観念上著しく妥当を欠いて裁量権の範囲を逸脱し，又はこれを濫用したと認められる場合に，違法となる。」
> 「……不起立行為等に対する懲戒において戒告を超えてより重い減給以上の処分を選択することについては，本件事案の性質等を踏まえた慎重な考慮が必要となるものといえる。そして，減給処分は，処分それ自体によって教職員の法的地位に一定の期間における本給の一部の不支給という直接の給与上の不利益が及び，将来の昇給等にも相応の影響が及ぶ上，本件通達を踏まえて毎年度2回以上の卒業式や入学式等の式典のたびに懲戒処分が累積して加重されると短期間で反復継続的に不利益が拡大していくこと等を勘案すると，上記のような考慮の下で不起立行為等に対する懲戒において戒告を超えて減給の処分を選択することが許容されるのは，過去の非違行為による懲戒処分

等の処分歴や不起立行為等の前後における態度等（以下，併せて「過去の処分歴等」という。）に鑑み，学校の規律や秩序の保持等の必要性と処分による不利益の内容との権衡の観点から当該処分を選択することの相当性を基礎付ける具体的な事情が認められる場合であることを要すると解すべきである。したがって，不起立行為等に対する懲戒において減給処分を選択することについて，上記の相当性を基礎付ける具体的な事情が認められるためには，例えば過去の1回の卒業式等における不起立行為等による懲戒処分の処分歴がある場合に，これのみをもって直ちにその相当性を基礎付けるには足りず，上記の場合に比べて過去の処分歴に係る非違行為がその内容や頻度等において規律や秩序を害する程度の相応に大きいものであるなど，過去の処分歴等が減給処分による不利益の内容との権衡を勘案してもなお規律や秩序の保持等の必要性の高さを十分に基礎付けるものであることを要するというべきである。」

「……そうすると，上記のように過去に入学式の際の服装等に係る職務命令違反による戒告1回の処分歴があることのみを理由に同第1審原告に対する懲戒処分として減給処分を選択した都教委の判断は，減給の期間の長短及び割合の多寡にかかわらず，処分の選択が重きに失するものとして社会観念上著しく妥当を欠き，上記減給処分は懲戒権者としての裁量権の範囲を超えるものとして違法の評価を免れないと解するのが相当である。」

(5)　基本的人権の尊重

行政裁量が認められる場合であっても，国民の権利，自由を不当に侵害することは許されない。裁量権の逸脱・濫用にかかる審査においては，基本的人権の尊重について考慮されることとなり，国民の生命，健康や重要な人権が侵害されるような行政行為については，（審査密度）密度の高い審査が求められる[15]。

3　裁量審査にかかる事例紹介

(1)　家永教科書第一次訴訟，教科書検定と裁量審査 ── 専門的裁量

教科書検定制度は，小中高において，文部大臣の検定を経た教科書を使用することを意味している。本件では，教科書検定に際しては，専門的裁量が認められることを前提としながらも，明らかな事実誤認に基づく検定についての裁量判断について違法であるとした。

---

(15)　櫻井＝橋本・115頁。

最三小判平成5年3月16日民集47巻5号3843頁【行政Ⅰ-76①】【行政Ⅰ-88】
〈判旨〉

文部大臣による「本件検定の審査, 判断は, 申請図書について, 内容が学問的に正確であるか, 中立・公正であるか, 教科の目標等を達成する上で適切であるか, 児童, 生徒の心身の発達段階に適応しているか, などの様々な観点から多角的に行われるもので, 学術的, 教育的な専門技術的判断であるから, 事柄の性質上, 文部大臣の合理的な裁量に委ねられるものというべきである。したがって, 合否の判定, 条件付合格の条件の付与等についての教科用図書検定調査審議会の判断の過程（検定意見の付与を含む）に, 原稿の記述内容又は欠陥の指摘の根拠となるべき検定当時の学説状況, 教育状況についての認識や, 旧検定基準に違反するとの評価等に看過し難い過誤があって, 文部大臣の判断がこれに依拠してされたと認められる場合には, 右判断は, 裁量権の範囲を逸脱したものとして, 国家賠償法上違法となると解するのが相当である。」「例えば, 正確性に関する検定意見は, 申請図書の記述の学問的な正確性を問題とするものであって, 検定当時の学界における客観的な学説状況を根拠とすべきものであるが, 検定意見には, その実質において, （一）原稿記述が誤りであるとして他説による記述を求めるものや, （二）原稿記述が一面的, 断定的であるとして両説併記等を求めるものなどがある。そして, 検定意見に看過し難い過誤があるか否かについては, 右（一）の場合は, 検定意見の根拠となる学説が通説, 定説として学界に広く受け入れられており, 原稿記述が誤りと評価し得るかなどの観点から, 右（二）の場合は, 学界においていまだ定説とされる学説がなく, 原稿記述が一面的であると評価し得るかなどの観点から, 判断すべきである。また, 内容の選択や内容の程度等に関する検定意見は, 原稿記述の学問的な正確性ではなく, 教育的な相当性を問題とするものであって, 取り上げた内容が学習指導要領に規定する教科の目標等や児童, 生徒の心身の発達段階等に照らして不適切であると評価し得るかなどの観点から判断すべきものである。」

(2) 公務員の懲戒処分と裁量審査

国家公務員に対する懲戒処分について, 国家公務員法は裁量を認めており, そうした裁量の下での処分については, 社会観念上著しく妥当を欠き, 裁量権を濫用したと認められる場合に限り違法であるとの判断を示した。

最三小判昭和52年12月20日民集31巻7号1101頁【行政Ⅰ-77】
〈判旨〉

「公務員に対する懲戒処分は, 当該公務員に職務上の義務違反, その他, 単なる労使関係の見地においてではなく, 国民全体の奉仕者として公共の利益の

ために勤務することをその本質的な内容とする勤務関係の見地において，公務員としてふさわしくない非行がある場合に，その責任を確認し，公務員関係の秩序を維持するため，科される制裁である。ところで，国公法は，同法所定の懲戒事由がある場合に，懲戒権者が，懲戒処分をすべきかどうか，また，懲戒処分をするときにいかなる処分を選択すべきかを決するについては，公正であるべきこと（74条1項）を定め，平等取扱いの原則（27条）及び不利益取扱いの禁止（98条3項）に違反してはならないことを定めている以外に，具体的な基準を設けていない。したがつて，懲戒権者は，懲戒事由に該当すると認められる行為の原因，動機，性質，態様，結果，影響等のほか，当該公務員の右行為の前後における態度，懲戒処分等の処分歴，選択する処分が他の公務員及び社会に与える影響等，諸般の事情を考慮して，懲戒処分をすべきかどうか，また，懲戒処分をする場合にいかなる処分を選択すべきか，を決定することができるものと考えられるのであるが，その判断は，右のような広範な事情を総合的に考慮してされるものである以上，平素から庁内の事情に通暁し，部下職員の指揮監督の衝にあたる者の裁量に任せるのでなければ，とうてい適切な結果を期待することができないものといわなければならない。それ故，公務員につき，国公法に定められた懲戒事由がある場合に，懲戒処分を行うかどうか，懲戒処分を行うときにいかなる処分を選ぶかは，懲戒権者の裁量に任されているものと解すべきである。もとより，右の裁量は，恣意にわたることを得ないものであることは当然であるが，懲戒権者が右の裁量権の行使としてした懲戒処分は，それが社会観念上著しく妥当を欠いて裁量権を付与した目的を逸脱し，これを濫用したと認められる場合でない限り，その裁量権の範囲内にあるものとして，違法とならないものというべきである。したがつて，裁判所が右の処分の適否を審査するにあつては，懲戒権者と同一の立場に立つて懲戒処分をすべきであつたかどうか又はいかなる処分を選択すべきであつたかについて判断し，その結果と懲戒処分とを比較してその軽重を論ずべきものではなく，懲戒権者の裁量権の行使に基づく処分が社会観念上著しく妥当を欠き，裁量権を濫用したと認められる場合に限り違法であると判断すべきものである。」

(3) 都市計画と裁量審査 —— 小田急高架化訴訟

本判決は，都市計画決定には，政策的，技術的な見地から判断することが不可欠であるとして，広範な裁量を認めつつ，考慮事項を明示し，判断することとしている。

最一小判平成18年11月2日民集60巻9号3249頁【行政Ⅰ-72】
〈判旨〉
「都市計画法は，……都市施設について，土地利用，交通等の現状及び将来の

見通しを勘案して，適切な規模で必要な位置に配置することにより，円滑な
都市活動を確保し，良好な都市環境を保持するように定めることとしている
ところ（同項5号），このような基準に従って都市施設の規模，配置等に関す
る事項を定めるに当たっては，当該都市施設に関する諸般の事情を総合的に
考慮した上で，政策的，技術的な見地から判断することが不可欠であるとい
わざるを得ない。そうすると，このような判断は，これを決定する行政庁の
広範な裁量にゆだねられているというべきであって，裁判所が都市施設に関
する都市計画の決定又は変更の内容の適否を審査するに当たっては，当該決
定又は変更が裁量権の行使としてされたことを前提として，その基礎とされ
た重要な事実に誤認があること等により重要な事実の基礎を欠くこととなる
場合，又は，事実に対する評価が明らかに合理性を欠くこと，判断の過程に
おいて考慮すべき事情を考慮しないこと等によりその内容が社会通念に照ら
し著しく妥当性を欠くものと認められる場合に限り，裁量権の範囲を逸脱し
又はこれを濫用したものとして違法となるとすべきものと解するのが相当で
ある。」

「そうすると，本件鉄道事業認可の前提となる都市計画に係る平成5年決定を
行うに当たっては，本件区間の連続立体交差化事業に伴う騒音，振動等によっ
て，事業地の周辺地域に居住する住民に健康又は生活環境に係る著しい被害
が発生することのないよう，被害の防止を図り，東京都において定められて
いた公害防止計画である東京地域公害防止計画に適合させるとともに，本件
評価書の内容について十分配慮し，環境の保全について適正な配慮をするこ
とが要請されると解される。本件の具体的な事情としても，公害等調整委員
会が，裁定自体は平成10年であるものの，同4年にされた裁定の申請に対し
て，小田急線の沿線住民の一部につき平成5年決定以前の騒音被害が受忍限
度を超えるものと判定しているのであるから，平成5年決定において本件区
間の構造を定めるに当たっては，鉄道騒音に対して十分な考慮をすることが
要請されていたというべきである。」

「そうすると，平成5年決定は，本件区間の連続立体交差化事業に伴う騒音等
によって事業地の周辺地域に居住する住民に健康又は生活環境に係る著しい
被害が発生することの防止を図るという観点から，本件評価書の内容にも十
分配慮し，環境の保全について適切な配慮をしたものであり，公害防止計画
にも適合するものであって，都市計画法等の要請に反するものではなく，鉄
道騒音に対して十分な考慮を欠くものであったということもできない。した
がって，この点について，平成5年決定が考慮すべき事情を考慮せずにされ
たものということはできず，また，その判断内容に明らかに合理性を欠く点
があるということもできない。」

(4)　学生に対する措置と裁量審査 —— 神戸高専事件

　この事例では，信教の自由を理由として，武道の授業が受けられない生徒について，退学処分としたことについて，退学処分という極めて重大な処分であることから，そうした処分においては裁量を狭く解した。

最二小判平成8年3月8日民集50巻3号469頁【行政 I -78】【憲法 I -41】

〈判旨〉

「原級留置処分又は退学処分を行うかどうかの判断は，校長の合理的な教育的裁量にゆだねられるべきものであり，裁判所がその処分の適否を審査するに当たっては，校長と同一の立場に立って当該処分をすべきであったかどうか等について判断し，その結果と当該処分とを比較してその適否，軽重等を論ずべきものではなく，校長の裁量権の行使としての処分が，全く事実の基礎を欠くか又は社会観念上著しく妥当を欠き，裁量権の範囲を超え又は裁量権を濫用してされたと認められる場合に限り，違法であると判断すべきものである。しかし，退学処分は学生の身分をはく奪する重大な措置であり，学校教育法施行規則13条3項も四個の退学事由を限定的に定めていることからすると，当該学生を学外に排除することが教育上やむを得ないと認められる場合に限って退学処分を選択すべきであり，その要件の認定につき他の処分の選択に比較して特に慎重な配慮を要するものである。」

「高等専門学校においては，剣道実技の履修が必須のものとまではいい難く，体育科目による教育目的の達成は，他の体育種目の履修などの代替的方法によってこれを行うことも性質上可能というべきである。」

「本件各処分は，その内容それ自体において被上告人に信仰上の教義に反する行動を命じたものではなく，その意味では，被上告人の信教の自由を直接的に制約するものとはいえないが，しかし，被上告人がそれらによる重大な不利益を避けるためには剣道実技の履修という自己の信仰上の教義に反する行動を採ることを余儀なくさせられるという性質を有するものであったことは明白である。上告人の採った措置が，信仰の自由や宗教的行為に対する制約を特に目的とするものではなく，教育内容の設定及びその履修に関する評価方法についての一般的な定めに従ったものであるとしても，本件各処分が右のとおりの性質を有するものであった以上，上告人は，前記裁量権の行使に当たり，当然そのことに相応の考慮を払う必要があったというべきである。また，被上告人が，自らの自由意思により，必修である体育科目の種目として剣道の授業を採用している学校を選択したことを理由に，先にみたような著しい不利益を被上告人に与えることが当然に許容されることになるものでもない。」

「被上告人は，レポート提出等の代替措置を認めて欲しい旨繰り返し申入れて

いたのであって，剣道実技を履修しないまま直ちに履修したと同様の評価を受けることを求めていたものではない。これに対し，神戸高専においては，被上告人ら「エホバの証人」である学生が，信仰上の理由から格技の授業を拒否する旨の申出をするや否や，剣道実技の履修拒否は認めず，代替措置は採らないことを明言し，被上告人及び保護者からの代替措置を採って欲しいとの要求も一切拒否し，剣道実技の補講を受けることのみを説得したというのである。本件各処分の前示の性質にかんがみれば，本件各処分に至るまでに何らかの代替措置を採ることの是非，その方法，態様等について十分に考慮するべきであったということができるが，本件においてそれがされていたとは到底いうことができない。

　所論は，神戸高専においては代替措置を採るにつき実際的な障害があったという。しかし，信仰上の理由に基づく格技の履修拒否に対して代替措置を採っている学校も現にあるというのであり，他の学生に不公平感を生じさせないような適切な方法，態様による代替措置を採ることは可能であると考えられる。また，履修拒否が信仰上の理由に基づくものかどうかは外形的事情の調査によって容易に明らかになるであろうし，信仰上の理由に仮託して履修拒否をしようという者が多数に上るとも考え難いところである。さらに，代替措置を採ることによって神戸高専における教育秩序を維持することができないとか，学校全体の運営に看過することができない重大な支障を生ずるおそれがあったとは認められないとした原審の認定判断も是認することができる。そうすると，代替措置を採ることが実際上不可能であったということはできない。」

Ⅴ　行 政 手 続

1　行政手続の意義

　行政手続は，通常，行政機関が行政作用を行うときの事前手続を意味するが，広義には事前手続のみならず，行政過程で行われる事後手続をも含むものとされる。

　行政手続のうち，事前手続としては，処分手続，行政指導手続，命令策定手続，計画策定手続，行政調査手続などがあり，事後手続としては，行政不服申立てなどがある。

　行政手続と憲法の関係については，憲法 31 条において，デュープロセス・適正手続の保障が定められているところ，同条が本来的あるいは直接的には刑事手続についての規定であることを認めつつも，その趣旨は行政手続にも準用ないし適用されるとするもの（憲法 31 条の行政手続適用肯定説），憲

法13条において，適正手続を求める権利を位置づけるもの（13条説），憲法が法治国原理を採用していることから，法治国原理によって行政手続の適正が要請されるとするもの（法治国原理説）などの考え方がある[16]。

法治国原理説に関連して，塩野宏『行政法Ⅰ〔第6版〕』（有斐閣，2015年）
「行政法の基本原理である法律による行政の原理は，行政機関に対する実態法的な拘束として従来理解されてきたことは事実であるが，それはわが国のとる法治国体制の現れとして理解され，したがって，必ずしも憲法の個別の条文に依拠していたわけではない（明治憲法の下での法律の留保論争における立法事項説と市民的侵害留保説の対立が想起されるべきである。参照，塩野宏「法律による行政の原理」〔1964年〕塩野・法治主義の諸相105頁以下）。この点に鑑みると，行政活動の手続的規制についても，法治国原理の充実を意味する法治主義の手続的理解という立場から，行政手続の整備が憲法上の要請であることを導き出すことができるように思われる（同趣旨の見解はすでに，高田敏「法治主義観と行政手続観」〔1990年〕高田・社会的法治国の構成473頁以下にみられる）。実体的規制に手続的規制を加えることは決して質的な変化ではなく，同質の論理的帰結であることは，西欧大陸法系諸国の手続的整備が英米法の継受としてなされているわけではないことの示すとおりである。なお，この立場においては，ある行政決定が憲法31条に定める刑事手続とどれだけ離れているかといった不毛な論議は不要であって，行政作用を総合的にとらえた上で，法治国原理に基づいたそれぞれの行政手続に適合的な公正手続を構想することができるのである。」

最高裁は，成田新法事件（最大判平成4年7月1日民集46巻5号437頁【行政Ⅰ-113】）で，「憲法31条の定める法定手続の保障は，直接には刑事手続に関するものであるが，行政手続については，それが刑事手続ではないとの理由のみで，そのすべてが当然に同条による保障の枠外にあると判断することは相当ではない」が，「同条による保障が及ぶと解すべき場合であっても，一般に，行政手続は，刑事手続とその性質においておのずから差異があり，また，行政目的に応じて多種多様であるから，行政処分の相手方に事前の告知，弁解，防御の機会を与えるかどうかは，行政処分により制限を受ける権利利益の内容，性質，制限の程度，行政処分により達成しようとする公益の内容，程度，緊急性等を総合較量して決定されるべきものであって，常

に必ずそのような機会を与えることを必要とするものではないと解するのが相当である」と判示しており，行政手続についての憲法31条の準用を示している。

　以下では，行政手続法を中心に行政手続について概観する。

2　行政手続法の沿革

　日本において，行政強制（行政上の義務履行確保の諸制度）は以前から存在する。大日本帝国憲法時代には，行政執行法という包括的な法制度が存在したが，戦後は行政代執行法や国税徴収法などに分かれている。しかし，一般的行政手続（申請，聴聞など）に関する基本法の制定は遅れていた。

　第二次世界大戦後の先進国における行政手続に関する基本法制定の流れを受けて，日本においても「行政手続法」の制定が試みられた。1960年代前半には，第一次臨時行政調査会において議論が積み重ねられてきたものの1964年7月，第一次臨時行政調査会の「行政手続法草案逐条説明 ── 行政の公正確保のための手続の改革に関する意見 ── 」として公表されたものについては法律制定には至らなかった。1980年代に入ってから，再度，法律とするための議論が積み重ねられ，制定されたのは1993年のことであり，事前手続のみを対象とした協議の行政手続に関する一般法として成立した。

3　行政手続法の内容

　行政手続法は，行政庁が種々の行政活動を行う際の手続を規律している。その目的は，「行政運営における公正の確保と透明性の向上を図り，もって国民の権利利益の保護に資すること」にある（行政手続法1条）。

　行政手続法は，行政庁が行う行為形式ごとに区切って，それぞれの行為を行う際の手続を規律している。行政庁が行う「処分」のうち，行政手続法の規律の対象となる処分は，「申請に対する処分」（同法2条3号，5条〜12条）と，「不利益処分」（同法2条4号，12条〜31条）である。

⑴　申請に対する処分

　申請に対する処分の手続は，申請→申請の審査→処分の決定というプロセスで進行する。

　ここでの審査基準について，行政手続法は，2条8号ロで，「申請により

求められた許認可等をするかどうかをその法令の定めに従って判断するために必要とされる基準」と定義し,「行政庁は,審査基準を定めるものとする」(同法 5 条 1 項) としている。

また,行政手続法 5 条 2 項では,「行政庁は,審査基準を定めるに当たっては,許認可等の性質に照らしてできる限り具体的なものとしなければならない」と定め,具体的な基準の作成を求め,同法 6 条において,「申請がその事務所に到達してから当該申請に対する処分をするまでに通常要すべき標準的な期間」として,標準処理期間が定められ,恣意的な申請の放置の防止を意図している。行政庁は,申請処理に通常要すべき標準的な期間を定めるよう努めるとともに,これを設定したときは公にしておかなければならないとして標準処理期間の設定自体は努力義務ではあるものの,設定した場合の公表は義務とされる。あくまでも「標準」処理期間であるため,定められた期間を経過したことから直ちに違法となるわけではない。しかし,不作為の違法確認の訴えにおける,「相当の期間」(行政事件訴訟法 3 条 5 項) を判断する際の考慮要素となる。

そして,行政手続法 7 条において,「行政庁は,申請がその事務所に到達したときは遅滞なく当該申請の審査を開始しなければならず,かつ,申請書の記載事項に不備がないこと,申請書に必要な書類が添付されていること,申請をすることができる期間内にされたものであることその他の法令に定められた申請の形式上の要件に適合しない申請については,速やかに,申請をした者 (以下「申請者」という。) に対し相当の期間を定めて当該申請の補正を求め,又は当該申請により求められた許認可等を拒否しなければならない」と定め,申請に対する応答を義務づけている。

ここでは行政庁は,申請がその事務所に到達したときは,遅滞なく当該申請の審査を開始しなければならないとしており,「不受理」と称して申請書を受け取らないことは,個別法が受理の仕組みを定めている場合でない限り許されない。その上で,行政庁は諾否の応答をしなければならないとしている。申請が形式上の要件を満たさない場合にも,申請を放置してはならず,補正を求めるか,または拒否処分をしなければならないこととなる。

さらに,応答拒否の理由の提示 (行政手続法 8 条 1 項),情報の提供 (同法 9 条),公聴会等の開催 (同法 10 条) について規定されている。

```
行政手続法
（理由の提示）
第8条　行政庁は，申請により求められた許認可等を拒否する処分をする場
　合は，申請者に対し，同時に，当該処分の理由を示さなければならない。た
　だし，法令に定められた許認可等の要件又は公にされた審査基準が数量的指
　標その他の客観的指標により明確に定められている場合であって，当該申請
　がこれらに適合しないことが申請書の記載又は添付書類その他の申請の内容
　から明らかであるときは，申請者の求めがあったときにこれを示せば足りる。
2　前項本文に規定する処分を書面でするときは，同項の理由は，書面により
　示さなければならない。
（情報の提供）
第9条　行政庁は，申請者の求めに応じ，当該申請に係る審査の進行状況及
　び当該申請に対する処分の時期の見通しを示すよう努めなければならない。
2　行政庁は，申請をしようとする者又は申請者の求めに応じ，申請書の記載
　及び添付書類に関する事項その他の申請に必要な情報の提供に努めなければ
　ならない。
（公聴会の開催等）
第10条　行政庁は，申請に対する処分であって，申請者以外の者の利害を考
　慮すべきことが当該法令において許認可等の要件とされているものを行う場
　合には，必要に応じ，公聴会の開催その他の適当な方法により当該申請者以
　外の者の意見を聴く機会を設けるよう努めなければならない。
```

⑵　不利益処分

　不利益処分は，相手方への告知→相手方からの反論→処分の決定というプ
ロセスで進行する。

　処分の相手方の権利利益を侵害するものであり，相手方の反論，防御を行
う機会を与え，権利利益保護についての手続的保障を求めるものである。

　不利益処分について，行政手続法は，「不利益処分をするかどうか又はど
のような不利益処分とするかについてその法令の定めに従って判断するため
に必要とされる基準」（同法2条8項ハ）との処分基準を定義し，同法12条
1項において，処分基準の策定と公表について定めている。

　この処分基準は，申請に対する処分の審査基準と同様に「基準」を定める
ことを求めるものであるが，処分基準については，処分基準の設定・公表は
努力義務としている（行政手続法5条の審査基準の設定は義務）。

　また，行政手続法14条には，不利益処分の理由の提示の定めがあり，「不
利益処分の理由を示さなければならない。」としている（同法14条1項）。

ここでは、聴聞と弁明の機会が与えられることとなる。

聴聞手続では、行政庁による通知→聴聞（審理）→行政庁による処分という流れをたどる。

また、弁明手続では、書面審査を原則として、処分を受ける相手方は、行政庁に弁明書、証拠書類等を提出して弁明することになる。

(3)　申請に対する処分と不利益処分の理由の提示

行政手続法8条および14条に定めがある理由の提示については、その理由提示の程度が争点となった事例がある。以下に2例を挙げておく。

①　旅券発給拒否事件

ここでは、理由提示の趣旨は、行政庁の恣意的な処分防止と、処分の名宛人の不服申立ての便宜を図ることにあり、そうであるならば、理由提示の程度としては、いかなる事実関係に基づき、いかなる法規を適用して処分がなされたのかを、その記載自体から了知しうる程度のものが要求されるとした。

> 最三小判昭和60年1月22日民集39巻1号1頁【行政Ⅰ-118】
> 〈判旨〉
> 「旅券法が右のように一般旅券発給拒否通知書に拒否の理由を付記すべきものとしているのは、一般旅券の発給を拒否すれば、憲法22条2項で国民に保障された基本的人権である外国旅行の自由を制限することになるため、拒否事由の有無についての外務大臣の判断の慎重と公正妥当を担保してその恣意を抑制するとともに、拒否の理由を申請者に知らせることによつて、その不服申立てに便宜を与える趣旨に出たものというべきであり、このような理由付記制度の趣旨にかんがみれば、一般旅券発給拒否通知書に付記すべき理由としては、いかなる事実関係に基づきいかなる法規を適用して一般旅券の発給が拒否されたかを、申請者においてその記載自体から了知しうるものでなければならず、単に発給拒否の根拠規定を示すだけでは、それによつて当該規定の適用の基礎となつた事実関係をも当然知りうるような場合を別として、旅券法の要求する理由付記として十分でないといわなければならない。」

②　一級建築士免許取消処分等取消請求事件

この事例は、処分基準が設定・公表されている場合であり、処分基準の内容が複雑であることを考慮し、理由提示の程度として、「処分の原因となる事実及び処分の根拠法条に加えて、本件処分基準の適用関係を示すこと」を要求したものである。

最三小判平成 23 年 6 月 7 日民集 65 巻 4 号 2081 頁【行政Ⅰ-117】
〈判旨〉
「行政手続法 14 条 1 項本文が，不利益処分をする場合に同時にその理由を名宛人に示さなければならないとしているのは，名宛人に直接に義務を課し又はその権利を制限するという不利益処分の性質に鑑み，行政庁の判断の慎重と合理性を担保してその恣意を抑制するとともに，処分の理由を名宛人に知らせて不服の申立てに便宜を与える趣旨に出たものと解される。そして，同項本文に基づいてどの程度の理由を提示すべきかは，上記のような同項本文の趣旨に照らし，当該処分の根拠法令の規定内容，当該処分に係る処分基準の存否及び内容並びに公表の有無，当該処分の性質及び内容，当該処分の原因となる事実関係の内容等を総合考慮してこれを決定すべきである。」
「この見地に立って建築士法 10 条 1 項 2 号又は 3 号による建築士に対する懲戒処分について見ると，同項 2 号及び 3 号の定める処分要件はいずれも抽象的である上，これらに該当する場合に同項所定の戒告，1 年以内の業務停止又は免許取消しのいずれの処分を選択するかも処分行政庁の裁量に委ねられている。そして，建築士に対する上記懲戒処分については，処分内容の決定に関し，本件処分基準が定められているところ，本件処分基準は，意見公募の手続を経るなど適正を担保すべき手厚い手続を経た上で定められて公にされており，しかも，その内容は，多様な事例に対応すべくかなり複雑なものとなっている。そうすると，建築士に対する上記懲戒処分に際して同時に示されるべき理由としては，処分の原因となる事実及び処分の根拠法条に加えて，本件処分基準の適用関係が示されなければ，処分の名宛人において，上記事実及び根拠法条の提示によって処分要件の該当性に係る理由は知り得るとしても，いかなる理由に基づいてどのような処分基準の適用によって当該処分が選択されたのかを知ることは困難であるのが通例であると考えられる。」

(4)　届　　出

　届出とは，国民が行政庁に対して，一定の事項を通知する行為であり，法令により直接に当該通知が義務づけられているものをいう（行政手続法 2 条 7 項）。

　届出は，国民の側が行政庁に事実を通知する一方的行為であって，国民の側が行政庁に対して一定の行為（諾否の応答）をもとめる申請とは異なる。

　この届出においては，届出先の行政機関の事務所に形式上の要件を満たす届出がなされた場合に，届出をすべき手続上の義務が履行されたことになる。死亡届や転出・転入の届出もこの例である。

Ⅵ　行政指導・行政計画

1　行政指導

　行政指導とは，行政手続法2条6号の定義によれば，「行政機関がその任務又は所掌事務の範囲内において一定の行政目的を実現するため特定の者に一定の作為又は不作為を求める指導，勧告，助言その他の行為であって処分に該当しないものをいう。」とされる。

　この定義のポイントとしては，次のものがある[17]。

---

① 　組織法上の根拠があること。組織法上の根拠を前提として，所掌事務について定めがあること。
② 　一定の行政目的の実現をめざすものであること。
③ 　特定の人に向けられたものであること。
④ 　相手方の任意を前提とするものであること。

　行政指導は，行政行為（行政処分）とは異なり，法的根拠を必要とせず，また，相手方の任意の協力を前提とする行政の活動である。このため，行政指導は，原則として法的拘束力のない行政活動ということになる。

2　行政指導の種類

(1)　規制的行政指導

　相手方の活動を規制することを目的として行われる行政指導で，相手方にとっては，不利益に作用するものであり，法律による行政の原則に照らし問題のある形態といわれる。

(2)　助成的行政指導

　相手方に対して情報を提供し，もって私人の活動を助成しようとするもので，相手方にとって利益的な意味合いを有する。情報提供という点に着目すると，教示との関係が注目されるが，教示は，基本的に情報提供に尽きるものでこれによって特定の行政目的を達成しようという意図がないものであるため，特定の行政目的達成を意図する行政指導とは性格を異にする。

(3)　調整的行政指導

　私人間の紛争に行政が介入することで，その解決を探るためになされる行

---

(17)　櫻井＝橋本・130頁。

政指導で，ここでは一方当事者に自制を促すことで他方当事者との折り合い
をつけようとすることから，前者にとっては規制的行政指導にあたる。

　例えば，大規模マンションや宅地造成等の開発事業にあたって，事業者と
住民の間の紛争調整が行われることがあり，そうした場合に，事業者に開発
にあたって制限を設ける調整が行われることもある。

(4)　法令の根拠の有無による分類

①　法定行政指導

　法令に根拠規定のある行政指導のことで，例えば介護保険法76条の2第
1項は都道府県知事による各措置の「勧告」についての規定がなされている
が，これに従わない場合には，業務停止等の処分がなされる場合がある（同
法77条）。行政指導による法的義務の発生はないものの，これに従わない場
合には，行政処分がなされる可能性がある。

②　非法定行政指導

　法令に根拠規定がない行政指導のことで，法令上の処分権限がある場合と
ない場合に分類できる。

　法令上の処分権限がある場合には，応答留保型（行政指導に従ってもらうた
めに一定期間申請に対する応答を留保するもの）と不利益処分代替型（法令に処
分に関する根拠規定が設けられている場合であって，処分に代わって行政指導を
行うもの）がある。

　法令上の処分権限がない場合は，暫定的な対応が必要な場合に活用される
もので，要綱（行政指導の指針）などに基づき行われることがある。

3　行政指導に関する規制

　行政指導は，一般に法的根拠を必要としないとされていることから，臨機
応変な行政需要に対応することができること，相手方の任意の協力を求める
緩やかな手法であることから，相手方との対立を回避して円滑な行政運営を
行うことができるといった長所がある。

　他方で，行政指導が一般に口頭で行われ，証拠も残らないことから，不透
明であり，このことが恣意的な行政指導を招きやすいこと，行政事件訴訟法
における処分概念に行政指導は含まれないと一般に解されていることから，
違法な行政指導の取消しを求める争訟手段が備わっておらず，国家賠償訴訟
における救済が困難であるという問題点も指摘される[18]。このため，行政

指導に対しての規制も存在する。

(1)　法律の根拠の要否

最二小判昭和59年2月24日刑集38巻4号1287頁【行政Ⅰ-93】においては，法律の根拠について不要であるとの前提に立っている。

ここで，行政指導は，作用法上の根拠規定を必要とするものではないが，法律による行政の原則のもとでは，法律に抵触する行政指導は許されず（法律の優位），法律の究極の目的と実質的に抵触しない程度で行政指導が許容されるとされる[19]。

こうしたことを前提として，法令の趣旨に反する行政指導は違法とされ，行政指導に従わない場合にも，比例原則に違反した行政指導により精神的苦痛を受けた場合には，損害賠償請求も可能となる。

ここでは，法的根拠を必要としないことが前提であったとしても，すべての行政指導が適法，正当なものとされるわけではない。

(2)　行政指導に対する規制 —— 手続的規制

行政指導について，行政手続法は，一般原則として，行政指導が相手方の任意の協力によってのみ実現されるものであることを定め（同法32条），申請に関連する行政指導（同法33条）については，申請者が行政指導に従う意思がない旨を表明したにもかかわらず行政指導を継続することがあってはならないこと，許認可等の権限に関連する行政指導（同法34条）については，権限を行使しうる旨をことさら示すことにより相手方に行政指導に従うことを余儀なくさせるようなことをしてはならないと定めている。

また，2014年に改正された行政手続法35条では，行政指導の方式を定め，1項において，行政指導に携わる者が，相手方に対して，行政指導の趣旨，内容，責任者を明確に示さなければならないとし，2項において，特に許認可等の権限に関連する行政指導については，権限行使の根拠となる法令の条項，当該条項に規定する要件，権限の行使が当該要件に適合する理由を相手方に示さなければならないとする。

そして，3項において，相手方が要求した場合，原則として行政指導の趣旨，内容，責任者及び権限行使の根拠となる法令の条項等を記載した書面を

---

(18)　宇賀概説Ⅰ・446-447頁。

(19)　櫻井＝橋本・135頁。

交付しなければならないことを行政側に義務づけている。

　さらに，2014 年の改正により，行政手続法 36 条の 2 において違法な行政指導の中止を求める手続きが規定されている。

(3)　行政指導に関する裁判例

①　申請に対する応答の留保 ── 建築確認

　ここでは，行政指導は相手方の任意の協力を期待するものであることを前提に，私人が行政指導に付不協力・不服従の意思表示をしている場合には，私人が受ける不利益と行政指導の目的とする公益上の必要性とを比較衡量して，行政指導に対する不協力が社会通念上正義の観念に反するものといえるような特段の事情が存在しない限り，当該行政指導は違法となると示し，その上で，一度行政指導に協力した場合であっても，行政指導にはもはや協力できないとの意思を真摯かつ明確に表明した場合に関しては，上記特段の事情がない限り，当該行政指導は違法となるとした。

最三小判昭和 60 年 7 月 16 日民集 39 巻 5 号 989 頁【行政Ⅰ-121】【地方 -42】

〈判旨〉

「右のような確認処分の留保は，建築主の任意の協力・服従のもとに行政指導が行われていることに基づく事実上の措置にとどまるものであるから，建築主において自己の申請に対する確認処分を留保されたままでの行政指導には応じられないとの意思を明確に表明している場合には，かかる建築主の明示の意思に反してその受忍を強いることは許されない筋合のものであるといわなければならず，建築主が右のような行政指導に不協力・不服従の意思を表明している場合には，当該建築主が受ける不利益と右行政指導の目的とする公益上の必要性とを比較衡量して，右行政指導に対する建築主の不協力が社会通念上正義の観念に反するものといえるような特段の事情が存在しない限り，行政指導が行われているとの理由だけで確認処分を留保することは，違法であると解するのが相当である。」

「したがつて，いつたん行政指導に応じて建築主と付近住民との間に話合いによる紛争解決をめざして協議が始められた場合でも，右協議の進行状況及び四囲の客観的状況により，建築主において建築主事に対し，確認処分を留保されたままでの行政指導にはもはや協力できないとの意思を真摯かつ明確に表明し，当該確認申請に対し直ちに応答すべきことを求めているものと認められるときには，他に前記特段の事情が存在するものと認められない限り，当該行政指導を理由に建築主に対し確認処分の留保の措置を受忍せしめることの許されないことは前述のとおりであるから，それ以後の右行政指導を理

由とする確認処分の留保は，違法となるものといわなければならない。」

②　行政指導と石油価格カルテル

ここでは，行政指導が適法とされるためには，それが法律に直接の根拠を持つ必要はなく，①これを必要とする事情があり，②その事情に対処するために社会通念上相当と認められる方法によって行われ，③独占禁止法1条に示された法の究極の目的に実質的に抵触しないものであるという3条件を満たす必要がある，とされる。

最二小判昭和59年2月24日刑集38巻4号1287頁【行政Ⅰ-93】
〈判旨〉
「所論は，事実誤認，単なる法令違反の主張であつて，適法な上告理由にあたらない。

　所論にかんがみ，職権をもつて判断すると，物の価格が市場における自由な競争によつて決定されるべきことは，独禁法の最大の眼目とするところであつて，価格形成に行政がみだりに介入すべきでないことは，同法の趣旨・目的に照らして明らかなところである。しかし，通産省設置法3条2条号は，鉱産物及び工業品の生産，流通及び消費の増進，改善及び調整等に関する国の行政事務を一体的に遂行することを通産省の任務としており，これを受けて石油業法は，石油製品の第一次エネルギーとしての重要性等にかんがみ，「石油の安定的かつ低廉な供給を図り，もつて国民経済の発展と国民生活の向上に資する」という目的（同法164条）のもとに，標準価格制度（同法15条）という直接的な方法のほか，石油精製業及び設備の新設等に関する許可制（同法4条，7条）さらには通産大臣をして石油供給計画を定めさせること（同法3条）などの間接的な方法によつて，行政が石油製品価格の形成に介入することを認めている。そして，流動する事態に対する円滑・柔軟な行政の対応の必要性にかんがみると，石油業法に直接の根拠を持たない価格に関する行政指導であつても，これを必要とする事情がある場合に，これに対処するため社会通念上相当と認められる方法によつて行われ，「一般消費者の利益を確保するとともに，国民経済の民主的で健全な発達を促進する」という独禁法の究極の目的に実質的に抵触しないものである限り，これを違法とすべき理由はない。そして，価格に関する事業者間の合意が形式的に独占法に違反するようにみえる場合であつても，それが適法な行政指導に従い，これに協力して行われたものであるときは，その違法性が阻却されると解するのが相当である。

　そこで，本件についてこれをみると，原判決の認定したところによれば，本件における通産省の石油製品価格に関する行政指導は，昭和45年秋に始まるオペック及びオアペック等のあい次ぐ大幅な原油値上げによる原油価格の

異常な高騰という緊急事態に対処するため，価格の抑制と民生の安定を目的
として行われたものであるところ，かかる状況下においては，標準価格制度
等石油業法上正式に認知された行政指導によつては，同法の所期する行政目
的を達成することが困難であつたというべきである。また，本件において通
産省が行つた行政指導の方法は，前認定のとおり，昭和46年の値上げの際に
設定された油種別価格の上限を前提として，値上げを業界のみの判断に委ね
ることなく事前に相談に来させてその了承を得させたり，基本方針を示して
これを値上げ案に反映させたりすることにより価格の抑制と民生の安定を保
とうとしたものであつて，それが決して弱いものであつたとはいえないにし
ても，基本的には，価格に関する積極的・直接的な介入をできる限り回避し
ようとする態度が窺われ，これが前記のような異常事態に対処するため社会
通念上相当とされる限度を逸脱し独禁法の究極の目的に実質的に抵触するも
のであつたとは認められない。したがつて，本件当時における通産省の行政
指導が違法なものであつたということはできない。

　しかしながら，すでに詳細に認定・説示したところから明らかなとおり，
本件において，被告人らは，石油製品の油種別値上げ幅の上限に関する業界
の希望案について合意するに止まらず，右希望案に対する通産省の了承の得
られることを前提として，一定の期日から，右了承の限度一杯まで各社いつ
せいに価格を引上げる旨の合意をしたものであつて，これが，行政指導に従
いこれに協力して行われたものと評価することのできないことは明らかであ
る。したがつて，本件における被告人らの行為は，行政指導の存在の故にそ
の違法性を阻却されるものではないというべきであり，これと同旨に帰着す
る原判断は，正当である。」

4　行 政 計 画

　行政計画は，ある種の時間軸のもとに目標を設定し，各種の政策手段を当
該目標達成のために動員するという構造を有するもので，行政の合理的遂行
にあたって，行政の計画化を図り，計画を不断に見直し，設定された目標に
向かって，各種の行政手段を柔軟に使いこなすという，「計画による行政」
を位置づける，現代行政の政策ツールである[20]。

(1)　行政計画の分類

　行政計画には，「計画」という文言が用いられるとは限らず，基本構想，
プラン，見通し等の名称が用いられることがある。

　例えば，大阪府の行政計画では（2022年12月23日現在），「将来ビジョン・

---

(20)　櫻井＝橋本・142頁。

大阪」,「大阪の再生・成長に向けた新戦略」,「新・大阪府地震防災アクショ
ンプラン」,「大阪府人権施策推進基本方針」,「大阪府人権教育推進計画」,
「大阪IR基本構想」など,「計画」にこだわらず,様々な名称が用いられて
いる。

　また,①設定期間の長短により,長期計画,中期計画,短期計画に分けら
れるほか,②対象エリアの広狭により,全国計画,地方計画,地域計画に分
けられ,③複数の計画間で,ある計画の存在を前提にこれと整合的な計画を
策定すべきとされることがあり,その場合には,上位計画,下位計画を区別
することがある。

　例えば,全国規模での防災の基本的計画を定める防災基本計画を上位計画
とし,これに基づく各都道府県の地域防災計画が下位計画に当たる。

　このほか,④法律に根拠を有する法定計画と,そうでない事実上の計画,
⑤行政計画に法的拘束力が備わっているかによって,拘束的計画,誘導的計
画,指針的計画という区別もある。

(2)　具体的な行政計画の例 ── 防災計画

　災害に備え,災害時の行政の対応や避難場所等の指定等を定めるものとし
て防災計画がある。

　防災計画には,国（中央防災会議）が作成する日本全国を対象とする「防
災基本計画」および,指定行政機関（中央省庁）や指定公共機関（独立行政
法人,日本銀行,日本赤十字社,NHK,通信事業者,電気事業者,鉄道事業者な
ど）が定める「防災業務計画」,都道府県,市区町村の定める「地域防災計
画」がある（災害対策基本法2条7号）。

　これら法定の防災計画とは別に,地域コミュニティにおける共助による防
災活動の推進の観点から,市町村内の一定の地区の居住者および事業者（地
区住民者等）が行う自発的な防災活動に関する地区防災計画制度が創設され
ている。

　災害対策基本法42条3項は,「市町村地域防災計画は,前項各号に掲げる
もののほか,市町村内の一定の地区内の居住者及び当該地区に事業所を有す
る事業者（以下この項及び次条において「地区居住者等」という。）が共同して
行う防災訓練,地区居住者等による防災活動に必要な物資及び資材の備蓄,
災害が発生した場合における地区居住者等の相互の支援その他の当該地区に
おける防災活動に関する計画（同条において「地区防災計画」という。）につい

て定めることができる。」として，市町村地域防災計画の地域内の住民らが
主体となって，地区防災計画を定めることができるとしている。

　この防災計画は，地震や津波，洪水，土砂，火山，原子力災害といった各
種災害ごとに対応する内容を定めており，また，特定の災害に関連する計画
や指針とともに重畳的に定められている（後掲：南海トラフ地震防災対策推進
基本計画など）。

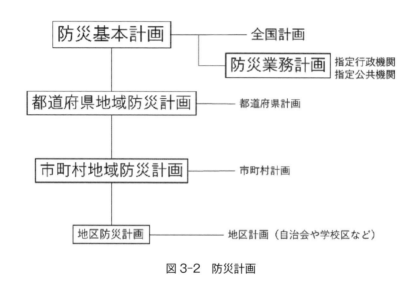

図3-2　防災計画

(3)　具体的な行政計画の例 ── 土地区画整理事業計画

　土地区画整理法2条1項は，「土地区画整理事業」を「都市計画区域内の
土地について，公共施設の整備改善及び宅地の利用の増進を図るため，この
法律で定めるところに従つて行われる土地の区画形質の変更及び公共施設の
新設又は変更に関する事業」と定義している。

　大まかな手続は，事業計画の決定・公告→仮換地の指定→建築物等の移
転・除却→工事→換地計画の認可→換地処分→清算金の徴収・交付という流
れである。この手続の最初の段階において土地区画整理事業計画の妥当性を
争うことができるのかが問題となった事例がある。それは，事業計画が決定
され，公告されれば，土地の形質変更や建物の新築などについて土地利用の
制約を受けることになるからである。

南海トラフ地震防災対策推進地域における地震防災の体系

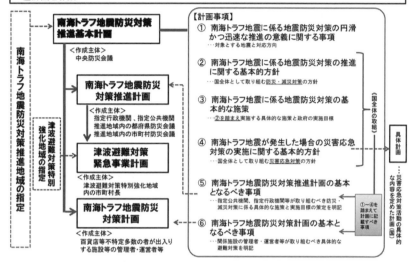

図3-3　南海トラフ地震の対策に関する計画の体系
出典：内閣府ウェブサイト「南海トラフ地震防災対策」より

　最大判昭和41年2月23日民集20巻2号271頁は，こうした制約が「当該事業計画の円滑な遂行に対する障害を除去するための必要に基づき，法律が特に付与した公告に伴う附随的な効果にとどまるのであって，事業計画の決定ないし公告そのものの効果として発生する権利制限とはいえ」ず，「事業計画自体ではその遂行によって利害関係者の権利にどのような変動を及ぼすかが，必ずしも具体的に確定されているわけではなく，いわば当該土地区画整理事業の青写真たる性質を有するにすぎない」から，取消訴訟の対象にはならないとした（青写真判決）。

　このことから，私人は計画に不服を持つ場合であっても，計画そのものではなく，計画に基づく具体的な処分に対して訴訟を提起すべきということとされていた。

　この点，最大判平成20年9月10日民集62巻8号2029頁【行政Ⅱ-147】

（遠州鉄道上島駅周辺の土地区画整理事業にかかる判決）において判例変更がなされ，事業計画決定の処分性を認め，土地区画整理事業の事業計画決定については取消訴訟において争うことができることとなった。

最大判平成20年9月10日民集62巻8号2029頁【行政Ⅱ-147】
〈判旨〉
「(1)　ア　市町村は，土地区画整理事業を施行しようとする場合においては，施行規程及び事業計画を定めなければならず（法52条1項），事業計画が定められた場合においては，市町村長は，遅滞なく，施行者の名称，事業施行期間，施行地区その他国土交通省令で定める事項を公告しなければならない（法55条9項）。そして，この公告がされると，換地処分の公告がある日まで，施行地区内において，土地区画整理事業の施行の障害となるおそれがある土地の形質の変更若しくは建築物その他の工作物の新築，改築若しくは増築を行い，又は政令で定める移動の容易でない物件の設置若しくはたい積を行おうとする者は，都道府県知事の許可を受けなければならず（法76条1項），これに違反した者がある場合には，都道府県知事は，当該違反者又はその承継者に対し，当該土地の原状回復等を命ずることができ（同条4項），この命令に違反した者に対しては刑罰が科される（法140条）。このほか，施行地区内の宅地についての所有権以外の権利で登記のないものを有し又は有することとなった者は，書面をもってその権利の種類及び内容を施行者に申告しなければならず（法85条1項），施行者は，その申告がない限り，これを存しないものとみなして，仮換地の指定や換地処分等をすることができることとされている（同条5項）。

　また，土地区画整理事業の事業計画は，施行地区（施行地区を工区に分ける場合には施行地区及び工区），設計の概要，事業施行期間及び資金計画という当該土地区画整理事業の基礎的事項を一般的に定めるものであるが（法54条，6条1項），事業計画において定める設計の概要については，設計説明書及び設計図を作成して定めなければならず，このうち，設計説明書には，事業施行後における施行地区内の宅地の地積（保留地の予定地積を除く。）の合計の事業施行前における施行地区内の宅地の地積の合計に対する割合が記載され（これにより，施行地区全体でどの程度の減歩がされるのかが分かる。），設計図（縮尺1200分の1以上のもの）には，事業施行後における施行地区内の公共施設等の位置及び形状が，事業施行により新設され又は変更される部分と既設のもので変更されない部分とに区別して表示されることから（平成17年国土交通省令第102号による改正前の土地区画整理法施行規則6条），事業計画が決定されると，当該土地区画整理事業の施行によって施行地区内の宅地所有者等の権利にいかなる影響が及ぶかについて，一定の限度で具体的に予測することが可能になるのである。そして，土地区画整理事業の事業

計画については，いったんその決定がされると，特段の事情のない限り，その事業計画に定められたところに従って具体的な事業がそのまま進められ，その後の手続として，施行地区内の宅地について換地処分が当然に行われることになる。前記の建築行為等の制限は，このような事業計画の決定に基づく具体的な事業の施行の障害となるおそれのある事態が生ずることを防ぐために法的強制力を伴って設けられているのであり，しかも，施行地区内の宅地所有者等は，換地処分の公告がある日まで，その制限を継続的に課され続けるのである。

　そうすると，施行地区内の宅地所有者等は，事業計画の決定がされることによって，前記のような規制を伴う土地区画整理事業の手続に従って換地処分を受けるべき地位に立たされるものということができ，その意味で，その法的地位に直接的な影響が生ずるものというべきであり，事業計画の決定に伴う法的効果が一般的，抽象的なものにすぎないということはできない。

イ　もとより，換地処分を受けた宅地所有者等やその前に仮換地の指定を受けた宅地所有者等は，当該換地処分等を対象として取消訴訟を提起することができるが，換地処分等がされた段階では，実際上，既に工事等も進ちょくし，換地計画も具体的に定められるなどしており，その時点で事業計画の違法を理由として当該換地処分等を取り消した場合には，事業全体に著しい混乱をもたらすことになりかねない。それゆえ，換地処分等の取消訴訟において，宅地所有者等が事業計画の違法を主張し，その主張が認められたとしても，当該換地処分等を取り消すことは公共の福祉に適合しないとして事情判決（行政事件訴訟法31条1項）がされる可能性が相当程度あるのであり，換地処分等がされた段階でこれを対象として取消訴訟を提起することができるとしても，宅地所有者等の被る権利侵害に対する救済が十分に果たされるとはいい難い。そうすると，事業計画の適否が争われる場合，実効的な権利救済を図るためには，事業計画の決定がされた段階で，これを対象とした取消訴訟の提起を認めることに合理性があるというべきである。」

Ⅶ　行政罰

1　行政罰

　行政罰とは，行政上の義務の不履行に対する制裁である。行政上の義務履行確保のための担保手段としては，戦前において行政的執行が濫用されたという反省から，戦後は行政刑罰が利用されてきた経緯がある[21]。

　この行政罰には，刑法上の刑罰を科す行政刑罰（死刑，懲役，禁錮，罰金，

---

(21)　櫻井＝橋本・184頁。

拘留，科料）と，刑法上の刑罰以外の制裁を科す（行政上の）秩序罰（過料）
の２種類がある。

　行政刑罰は，刑法上の刑罰を科すため，刑事訴訟法の手続きによるが，秩
序罰は，刑法上の刑罰以外の制裁であることから，原則として刑法総則の適
用はなされず，特別の手続きによることになる。

2　行　政　刑　罰

　行政刑罰は，刑法犯とは異なり，行政上の義務違反に対する制裁であると
いう点で形式的要素が強く，一般的には刑法犯よりも比較的軽微な犯罪であ
るということができる（道路交通法違反や食品衛生法違反など）。しかし，行
政刑罰も刑法上の刑罰である以上，刑法総則の適用があるとともに（刑法8
条），その執行は刑事訴訟法に定める手続きによるのが原則である。

　従来，行政刑罰は，刑法犯同様の手続きの下に科される刑罰であることか
ら，一定の抑止効果が期待されるところであったが，行政犯の多くは，その
性質上刑法犯ほど反社会性が重大であるとはいえず，また交通違反や脱税の
ように案件が多数に上るため，警察当局も行政犯に対する捜査等を躊躇する
こともあり，行政刑罰の機能不全という状況をもたらしている。

　これに対応する特別の仕組みとして，国税犯則取締法における通告処分や
道路交通法における反則金制度がある。

　前者は，間接国税に対する犯則行為について，通告処分に応じて任意で一
定額を収めると刑事訴追を免れるもので，後者は，比較的軽微な定型的な違反
行為を反則行為として，反則金の納付を通告し，任意に反則金を収めた場合
には，刑事訴追がなされないというものである。

　このように，本来であれば行政刑罰を科すことのできる義務違反があった
としても，行政刑罰を科す前段階に反則金等の制度を設け，これの支払いを
拒否する場合等に行政刑罰を科すという手段が取られることがある。

国税通則法

157条　国税局長又は税務署長は，間接国税に関する犯則事件の調査により
犯則の心証を得たときは，その理由を明示し，罰金に相当する金額，没収に
該当する物件，追徴金に相当する金額並びに書類の送達並びに差押物件又は
記録命令付差押物件の運搬及び保管に要した費用を指定の場所に納付すべき
旨を書面により通告しなければならない。この場合において，没収に該当す

る物件については，納付の申出のみをすべき旨を通告することができる。

2　前項の場合において，次の各号のいずれかに該当すると認めるときは，同項の規定にかかわらず，国税局長又は税務署長は，直ちに検察官に告発しなければならない。

一　情状が懲役の刑に処すべきものであるとき。

二　犯則者が通告の旨を履行する資力がないとき。

3　第一項の規定による通告に計算違い，誤記その他これらに類する明白な誤りがあるときは，国税局長又は税務署長は，犯則者が当該通告の旨を履行し，又は前項若しくは次条の規定により告発するまでの間，職権で，当該通告を更正することができる。

4　第一項の規定により通告があつたときは，公訴の時効は，その進行を停止し，犯則者が当該通告を受けた日の翌日から起算して20日を経過した時からその進行を始める。

5　犯則者は，第一項の通告の旨（第3項の規定による更正があつた場合には，当該更正後の通告の旨。次項及び次条第1項において同じ。）を履行した場合においては，同一事件について公訴を提起されない。

6　犯則者は，第1項後段の通告の旨を履行した場合において，没収に該当する物件を所持するときは，公売その他の必要な処分がされるまで，これを保管する義務を負う。ただし，その保管に要する費用は，請求することができない。

3　秩 序 罰

秩序罰は，行政上の秩序に障害を与える危険がある義務違反に対して科される金銭的制裁である。過料の名称を付すことが一般的で，比較的軽微な義務違反に対してなされるもので，刑法総則の適用はなく刑事訴訟法の手続きとは別の手続きにより執行される。なお，行政上の秩序罰と行政刑罰は，目的，要件，現実の手段を異にすることから，併科は妨げられないとされている（最二小判昭和39年6月5日刑集18巻5号189頁）。

秩序罰も，行政法規によって国民に課せられた行政上の義務違反に対して科せられる制裁であることにおいては，一般の行政刑罰と異なるところはないものの，秩序罰は，単純な行政上の義務の懈怠によって，行政上の秩序に違反し行政目的の達成に障害を生ずる危険があるに止まる場合に，その秩序維持のために科せられる制裁である点が特色である[22]。

---

(22)　田中二郎『法律学全集6　行政法総論』（有斐閣，1957年）422頁。

(1)　法律違反による秩序罰

例としては，届出義務違反に関するものが多い。

引っ越し等に伴う，転入届，転居届，転出届などを正当な理由なく届けなかったものには，5 万円以下の過料（住民基本台帳法 53 条 2 項），出生届，死亡届などについて，正当な理由なく期間内に届け出をしないものは，5 万円以下の過料に処せられる（戸籍法 135 条）。

過料の徴収は，非訟事件手続法の定めるところにより，過料に処せられるべき者の住所地の地方裁判所において過料の裁判を経て，執行される。

また，駐車違反車の使用者に科される放置違反金（道路交通法 51 条の 4）は，公安委員会による納付命令によって科される秩序罰である。

過料は制裁としての性格をもつ行政処分であることから，憲法上の適正手続との関係が問題となるところではあるが，最大決昭和 41 年 12 月 27 日民集 20 巻 10 号 2279 頁【行政Ⅰ-107】【憲法Ⅱ-126】は，非訟事件手続法に基づき過料を科す手続が適正手続に違反するものではないと示した。

> 最大決昭和 41 年 12 月 27 日民集 20 巻 10 号 2279 頁【行政Ⅰ-107】【憲法Ⅱ-126】
>
> 〈決定要旨〉
> 「右のような民事上の秩序罰としての過料を科する作用は，国家のいわゆる後見的民事監督の作用であり，その実質においては，一種の行政処分としての性質を有するものであるから，必ずしも裁判所がこれを科することを憲法上の要件とするものではなく，行政庁がこれを科する（地方自治法 149 条 3 号，255 条の 2 参照）ことにしても，なんら違憲とすべき理由はない。従つて，法律上，裁判所がこれを科することにしている場合でも，過料を科する作用は，もともと純然たる訴訟事件としての性質の認められる刑事制裁を科する作用とは異なるのであるから，憲法 82 条，32 条の定めるところにより，公開の法廷における対審及び判決によつて行なわれなければならないものではない。
> 　ただ，現行法は，過料を科する作用がこれを科せられるべき者の意思に反して財産上の不利益を課するものであることにかんがみ，公正中立の立場で，慎重にこれを決せしめるため，別段の規定のないかぎり，過料は非訟事件手続法の定めるところにより裁判所がこれを科することとし（非訟事件手続法 206 条），その手続についていえば，原則として，過料の裁判をする前に当事者（過料に処せられるべき者）の陳述を聴くべきものとし，当事者に告知・弁解・防禦の機会を与えており（同 207 条 2 項），例外的に当事者の陳述を聴くことなく過料の裁判をする場合においても，当事者から異議の申立があれ

ば，右の裁判はその効力を失い，その陳述を聴いたうえ改めて裁判をしなければならないことにしている（同208条ノ2）。しかも，過料の裁判は，理由を付した決定でこれをすることとし（同207条1項），これに不服のある者は即時抗告をすることができ，この抗告は過料の裁判の執行停止の効力を有するものとする（同条3項）など，違法・不当に過料に処せられることがないよう十分配慮しているのであるから，非訟事件手続法による過料の裁判は，もとより法律の定める適正な手続による裁判ということができ，それが憲法31条に違反するものでないことは明らかである。」

(2)　地方公共団体の秩序罰

行政上の秩序罰としての過料は，地方自治法によって地方公共団体が科すことができる行政罰の1つである。地方自治法14条3項において，「普通地方公共団体は，法令に特別の定めがあるものを除くほか，その条例中に，条例に違反した者に対し，2年以下の懲役若しくは禁錮，100万円以下の罰金，拘留，科料若しくは没収の刑又は5万円以下の過料を科する旨の規定を設けることができる。」として，条例によって過料を含む罰則規定を設けることができるとされるほか，長の定める規則における過料，分担金，使用料等の徴収に関する条例における過料が，地方公共団体の科すことのできる過料として規定されている。

この地方自治法の規定は，行政刑罰としての罰金等を科す根拠でもある。

地方公共団体の科す過料については，地方公共団体の長がこれを科し，期限内に納付されない場合には，地方税の滞納処分の例により徴収することとされている（地方自治法231条の3）。

(3)　過料の適用に関する論点

行政上の秩序罰としての過料については，刑法総則の適用がないことから，過料を科す場合に，「刑罰と同様，行為者の故意・過失，違法性の認識といった主観的要件が必要とされるかどうか」が問題となる。

通説では消極的，つまり主観的要件を不要と解するものであり[23]，裁判所においても，「秩序罰としての過料については，実定法上総則的規定を欠き，この点如何なる法理を適用すべきか明らかではないが，前叙のようにその性質が行政上の秩序を保つために秩序違反行為に対して科する制裁であることに鑑みれば，違反者の主観的責任要件（故意又は過失）の具備はこれを

---

(23)　原田尚彦『行政法要論（全訂第7版補訂版）』（学陽書房，2011年）236頁。

必要とせず，単に客観的に違反事実が認められればこれを科し得ると解するのが相当である。」（浦和地決昭和 34 年 3 月 17 日下民集 10 巻 3 号 498 頁）として，過料を科す場合には，客観的違反事実があれば良いとされてきた。

他方で主観的責任要件としての故意・過失を必要とするとしている説もあり，秩序違反に対する行政制裁であれば，「罪刑法定主義の原則，責任主義の原則，および罪刑均衡原則」が行政制裁一般に妥当するとするもの[24]，法律や条令について全く不知の者について客観的違反事実によって制裁を科すのは適当ではなく，「法の不知による違反行為についても，行為者に不注意があったことが最小限度必要とされる」とするもの[25]，「行為者に責むべき事由の存するときに限」り，「あらゆる過料につきこれを処罰するには，「正当な理由がなく……」という文言のあるなしにかかわらずこれを必要とする」もの[26]などがある。

近年，地方公共団体において過料が用いられる事例としては，路上喫煙にかかるものがある。路上喫煙防止条例の先駆けとして有名なのが東京都千代田区の「安全で快適な千代田区の生活環境の整備に関する条例」であり，区内の地域を「路上禁煙地区」に設定し，路上喫煙に対して過料を科すほか，吸い殻を含めたポイ捨てについても過料を科すとしたものである[27]。千代田区のように路上喫煙等に過料を科す試みは，都市部を中心に広がっているが，路上喫煙に関連して過料を科すことが，客観的違反事実のみで過料を科すことができるかが争われた事例もある（東京高判平成 26 年 6 月 26 日判時 2233 号 103 頁【地方-49】）。

(24)　佐伯仁志『制裁論』（有斐閣，2009 年）18 頁，宇賀概説Ⅰ・289 頁同旨。阿部泰隆「政策法学演習講座 57・実例編 37 路上喫煙禁止条例に違反して喫煙したが無過失の者に過料の制裁を科すことは適法か」自治実務セミナー 53 巻 4 号（2014 年）11 頁においては，行政処分であっても制裁的なものは，責任主義が妥当するとしている。
(25)　原田尚彦『行政法要論（全訂第 7 版補訂版）』（学陽書房，2011 年）236 頁。
(26)　川口公隆「簡易裁判所の取扱う過料の諸問題」司法研究報告書 17 輯 4 号 37 頁。
(27)　千代田区条例に関しては，千代田区ホームページ（http://www.city.chiyoda.lg.jp/koho/machizukuri/sekatsu/jore/jore.html，2024 年 3 月 30 日最終閲覧），千代田区生活環境課『路上喫煙に No！―ルールはマナーを呼ぶか―』（ぎょうせい，2003 年）を参照。

東京高判平成 26 年 6 月 26 日判時 2233 号 103 頁【地方-49】
〈判旨〉
「本件条例は，喫煙禁止地区内での喫煙を禁止した上，さらに，過料という財産上の不利益を違反者に科すことで，路上喫煙を防止し，快適な都市環境を確保するという目的を達成するためのものであり，その主眼が注意喚起をして路上喫煙をさせないことにあることは明らかである。したがって，注意喚起が十分にされていない状態で喫煙する者がいたとしても，それに制裁を科すことは本件条例の趣旨を逸脱するものというべきであり，当該喫煙者が，通常必要な注意をしても路上喫煙禁止地区であることを認識しえなかった場合，すなわち，路上喫煙禁止地区と認識しなかったことについて過失がなかった場合には，注意喚起が十分にされていなかったことになるから，過料の制裁を科すことはできないと解すべきである。本件条例の過料処分が，本来違法行為とされていない喫煙行為をあえて禁止し，その違反に対する制裁という性質を有することからしても，違反者に非難可能性がない場合にまで過料の制裁を科すのは相当でなく，本件条例 30 条に基づき過料処分をするためには，その相手方に，同条例 11 条の 3 違反について少なくとも過失があったことが必要であると解すべきであ」る。
「本件条例 30 条に基づく過料処分が本来違法行為とされていない喫煙行為をあえて制限し，その違反に対する行政上の秩序罰としての性質を有するもので，本件条例 11 条の 3 違反について少なくとも過失が必要であることは上記説示（原判決引用及び補正部分）のとおりである。
　もとより，秩序罰は刑罰ではないから刑法総則の適用はないものの，本件条例に基づく過料処分は，上記のような制裁の性質を有するから，刑法総則の適用がないことが直ちに主観的責任要件を不要とすることに結びつくものではない。本件条例に基づく過料処分に主観的責任要件を必要とすることによって，違反者の弁明によりほとんど過料処分を科することができなくなるとはいえないし，仮にそのような状態になるとすれば，控訴人による喫煙禁止の周知徹底が不十分であったことになるから，むしろ控訴人の責任というべきである。」

4 制裁的公表

　新型コロナウィルスの感染拡大に関連して，要請に応じない事業者等の公表などが話題になったが，公表等による不利益を考えて，義務に従う場合もありうる。

　公表とは，私人の側に義務の不履行があった場合，または私人が行政指導に従わなかった場合に，その事実を一般に公表することにより，心理的に義

務を履行させようとし，または行政指導に従わせる，というものである。公表自体には処分性が認められないため，事前の差止請求か事後の損害賠償請求による権利救済が可能である。

公表による制裁制度は，社会的信用を重んじ，社会的信用の失墜が多額の経済的損害にもつながるような事業者に対しては非常に効果的な制裁となりうるものの，事業者名が公表されると別会社を作り詐欺的商法を繰り返すなどする者にとっては制裁としての機能が十分に果たされない場合もある[28]。

公表には，情報提供を主たる目的とするものがあり，これについては，法律の留保が及ばないとする下記の裁判例がある。

東京地判平成 13 年 5 月 30 日判時 1762 号 6 頁
〈判旨〉
「Ⅹらは，本件各公表は，原告業者らの営業の自由を侵害するものであるから，法律上の根拠が必要であるのに，本件各公表行為を根拠付ける法律の規定はないし，食中毒処理要領も法律上の根拠とはなり得ず，被告の本件各公表は，法的根拠を欠く違法な行為であるし，憲法29条2項にも違反していると主張する。

　しかし，本件各公表は……Ｙが，国民に対し，本件集団下痢症の情報を提供し食中毒事故の拡大及び再発を予防するという観点から，本件集団下痢症の原因として疑いのある食材の生産主体を直接明示することなく公表したものであり，食品衛生法23条に基づく都道府県知事による営業停止処分や国土利用計画法など各種法律で定められている行政上の規制や勧告に従わない者に対する制裁ないし強制手段として行われる公表とは異なり，公表の対象となっている本件特定施設に対して貝割れ大根の販売等の営業を禁止する趣旨を何ら含むものでなく，まして，原告業者らその他の貝割れ大根生産業者に対してかかる営業を禁止するものではなく，行政上の規制や勧告に従わない者に対する制裁ないし強制手段としての性格を有するものでもないから，法律上の根拠なくして行うことができない権力行為とみることはできず，いわゆる非権力的な事実行為にすぎないと認められ，本件各公表に必ずしも法律の明示の根拠が必要とは考えられない。」
「本件各公表行為が非権力的な事実行為にすぎないとしても，公権力の行使に当たる被告が食中毒の原因食材を特定して公表する行為は，原因食材を生産ないし販売している者らに損害を与える可能性のある行為であるから，被告において全くの自由裁量によって公表するか否かを決定できると解することはできず，Ｙの公表行為が法律の趣旨に沿った行為か，その公表に必要性な

---

(28)　宇賀概説Ⅰ・308頁。

いし合理性があるか，公表方法が相当なものであるかなどの事情を吟味し，その公表行為が法律の趣旨に反したものであったり，公表の必要性や合理性が認められず，又は公表方法が不相当であって，その結果国民の経済的利益や信用を侵害した場合には，当該公表行為が職務上通常尽くすべき注意義務に違反したものとして，国家賠償法上違法と評価されるべきであると考えられる。」

Ⅷ　行政契約

1　行政契約の意義

行政契約とは，行政機関等が行政目的を達成するために締結する契約のことで，行政上の法律関係の設定，変更，廃止を目的とする契約を指す。

行政機関は，国民の権利義務を一方的に変動させる「行政行為」を行うことができるわけではあるが，そのような行為形式によってのみ行政作用を行っているものではないとされ，「契約」という私人間に用いる行為形式を用いることもある。

契約である限りは，対等の当事者を前提とするもので，行政権の一方的な行使である行政行為とは区別され，行政行為に適用される諸原則は，行政契約には原則として適用されないこととなる。

行政の活動において，行政契約はあらゆる場面で用いられているが，例えば公共事業のための用地取得に関しても，たとえそれが公用収用が可能な事業に関する用地取得であったとしても，行政機関と相手方との売買契約の締結によって，用地取得していることがある。また，もちろん，国や地方公共団体の備品（机，椅子，筆記用具）の購入やリース（契約）などについても，私人間と同様に売買等の契約という方法を用いている。

例えば，新たな火葬場の設置に際して，公共事業にかかる土地の取得については，土地収用法により，地権者の意思に関わりなく土地を取得することができる（公用収用）。しかしながら，行政が，はじめから一方的に土地を取り上げるようなことは行わず，地権者と交渉をし，任意の売買契約を通じて土地を取得することが一般的であり，土地収用は最終的な手段といえる。

2　行政契約の種類

⑴　法定行政契約，非法定行政契約

　行政契約には，法律に根拠を有するものがある。消防法30条2項におけ
る「消防長若しくは消防署長又は消防本部を置かない市町村においては消防
団の長は，火災の際の水利の使用及び管理について当該水利の所有者，管理
者又は占有者と予め協定することができる。」との規定や，道路法47条の
18における「道路管理者は，道路の区域を立体的区域とした道路と当該道
路の区域外に新築される建物とが一体的な構造となることについて，当該建
物を新築してその所有者になろうとする者との協議が成立したときは，次に
掲げる事項を定めた協定（以下この節において「協定」という。）を締結して，
当該道路の新設，改築，維持，修繕，災害復旧その他の管理を行うことがで
きる。この場合において，道路の管理上必要があると認めるときは，協定に
従って，当該建物の管理を行うことができる。」との規定などが法定される
行政契約の例である。

　他方で，法定されていない行政契約には，宅地開発協定であるとか公害防
止協定などがその例としてある。公害防止協定の法的拘束力については次の
判例において，これが認められたといえる。

最二小判平成21年7月10日集民231号273頁【行政Ⅰ-90】【地方-44】
〈判旨〉
「旧協定が締結された当時の廃棄物処理法……は，廃棄物の排出の抑制，適正
な再生，処分等を行い，生活環境を清潔にすることによって，生活環境の保
全及び公衆衛生の向上を図ることを目的とし（1条），その目的を達成するた
めに廃棄物の処理に関する規制等を定めるものである。そして，同法は，産
業廃棄物の処分を業として行おうとする者は，当該業を行おうとする区域を
管轄する都道府県知事の許可を受けなければならないと定めるとともに（14
条4項），知事は，所定の要件に適合していると認めるときでなければ同許可
をしてはならず（14条6項），また，同許可を受けた者（以下「処分業者」
という。）が同法に違反する行為をしたときなどには，同許可を取り消し，又
は期間を定めてその事業の全部若しくは一部の停止を命ずることができると
定めている（14条の3において準用する7条の3）。さらに，同法は，処理施
設を設置しようとする者は，当該施設を設置しようとする地を管轄する都道
府県知事の許可を受けなければならないと定めるとともに（15条1項），知
事は，所定の要件に適合していると認めるときでなければ同許可をしてはな
らず（15条2項），また，同許可に係る処理施設の構造又はその維持管理が

同法の規定する技術上の基準に適合していないと認めるときは，同許可を取消し，又はその設置者に対し，期限を定めて当該施設につき必要な改善を命じ，若しくは期間を定めて当該施設の使用の停止を命ずることができると定めている（15条の3）。」

「これらの規定は，知事が，処分業者としての適格性や処理施設の要件適合性を判断し，産業廃棄物の処分事業が廃棄物処理法の目的に沿うものとなるように適切に規制できるようにするために設けられたものであり，上記の知事の許可が，処分業者に対し，許可が効力を有する限り事業や処理施設の使用を継続すべき義務を課すものではないことは明らかである。そして，同法には，処分業者にそのような義務を課す条文は存せず，かえって，処分業者による事業の全部又は一部の廃止，処理施設の廃止については，知事に対する届出で足りる旨規定されているのであるから（14条の3において準用する7条の2第3項，15条の2第3項において準用する9条3項），処分業者が，公害防止協定において，協定の相手方に対し，その事業や処理施設を将来廃止する旨を約束することは，処分業者自身の自由な判断で行えることであり，その結果，許可が効力を有する期間内に事業や処理施設が廃止されることがあったとしても，同法に何ら抵触するものではない。」

「……以上によれば，福間町の地位を承継した上告人と被上告人との間において，原審の判示するような理由によって本件期限条項の法的拘束力を否定することはできないものというべきである。」

(2) 規制的契約，非規制的契約

公害防止協定のような契約は，私人に義務を課したり，私人の権利を制限する規制的内容のものである。「災害時における避難所等の施設利用等に関する協定」を例としてみても，施設側に協力要請があった場合には，多くの場合，これに協力する義務を負うことになり，また，当該施設の利用も制限されることになる。

そのような規制的な性格を持つ契約がある一方でそうした性格をもたない契約も存在する。例えば，公共事業の用地取得のための土地の売買契約などは，土地の取得に際して，これに対する代金の支払いを行うもので，私人における売買契約と同様，規制的性格を有するものではない。

水道法6条2項では，「水道事業は，原則として市町村が経営するものとし，市町村以外の者は，給水しようとする区域をその区域に含む市町村の同意を得た場合に限り，水道事業を経営することができるものとする。」として，水道事業は原則として市町村が経営することとされているが，水道供給

は，水道事業者と給水を受ける者の間での給水契約によるところとなる。ここで，水道事業者は，供給規定を定め（水道法 14 条 1 項），給水区域内の需要者から給水契約の申込みを受けたときは，正当の理由がなければこれを拒否することはできないとされている（同法 15 条 1 項）。私人間であれば契約自由の原則に基づいて，契約の相手方を任意に選択することができるが，行政主体においては，平等原則の観点から，相手方を恣意的に選択することは許されないとされないこととなり，そのような意味で水道事業にかかる給水契約は私人間の契約とは性質が異なるものといえる。

(3)　行政主体相互間の契約

行政主体相互間において行政契約が締結される場合がある。例えば，国有財産である土地を地方公共団体に売却する場合の売買契約等は，私人間の契約同様のものといえる。

このほか，行政主体相互間の事務の委託契約の例がある。

学校教育法 40 条 1 項は，「市町村は，前 2 条の規定によることを不可能又は不適当と認めるときは，小学校又は義務教育学校の設置に代え，学齢児童の全部又は一部の教育事務を，他の市町村又は前条の市町村の組合に委託することができる。」として，市町村相互間の児童の教育事務の委託を行うことができるとしており，一般的な規定としては，地方自治法 252 条の 14 第 1 項において「普通地方公共団体は，協議により規約を定め，普通地方公共団体の事務の一部を，他の普通地方公共団体に委託して，当該他の普通地方公共団体の長又は同種の委員会若しくは委員をして管理し及び執行させることができる。」として，事務委託に関しての規定を設けている。

また，道路法 54 条 1 項は，「第 49 条から第 51 条までの規定により地方公共団体の負担すべき道路の管理に関する費用で地方公共団体の区域の境界に係る道路に関するものについては，関係道路管理者は，協議してその分担すべき金額及び分担の方法を定めることができる。」として，地方公共団体相互間の道路の費用分担割合の協議について定めている。

さらに，防衛省と海上保安庁との間の「海上における災害派遣に関する協定」なども存在する。

3　行政契約の統制

行政契約も法律による行政の原理に服するため，法律に違反する契約を締

結することはできない。

　また，私人間であれば契約自由の原則に基づいて，契約の相手方を任意に選択することができるが（自社との取引のある相手方を優先することや，自社の系列会社との取引を優先するなど），行政主体においては，平等原則の観点から，相手方を恣意的に選択することは許されないとされる。

　また，憲法85条が「国費を支出し，又は国が債務を負担するには，国会の議決に基くことを必要とする」と定めており，国が国費を支出する契約や債務を負担する契約を締結する場合にも，その前提として，国会での予算の議決が必要となる。これは，地方公共団体においても，議会における予算の議決が必要となるとともに，重要な契約については，契約自体について議会の議決が必要となり（地方自治法96条1項5号～9号），和解等についても議会の議決が必要となる（同項12号）。

参考文献

板垣勝彦『都市行政の変貌と法』（第一法規，2023年）
宮田三郎『行政裁量とその統制密度』（信山社，2012年）
須藤陽子『過料と不文の原則』（法律文化社，2018年）
岸本太樹『行政契約の機能と限界』（有斐閣，2018年）
村上裕章『スタンダード行政法』（有斐閣，2021年）
高木光＝常岡孝好＝須田守『条解行政手続法〔第2版〕』（弘文堂，2017年）

第*4*章
情報公開と個人情報保護

I 情報公開

1 情報公開の意義

　現代行政の活動においては，情報の収集，蓄積，利用，流通というプロセスの重要性が増大し，行政情報管理に関する法制度の構築が課題となっている[(1)]。そうした中で，主権者たる国民に行政情報の開示請求権を与えるものが，情報公開制度である。

2 情報公開法

　行政機関情報公開法（以下「情報公開法」という）は，1999 年に成立し，2001 年から施行されている。また，独立行政法人情報公開法は，2001 年に成立し，2002 年から施行されている。

　情報公開法は，国民主権の理念にのっとり，行政文書の開示請求権を導いている。

　この法の目的が，行政運営の公開性と政府の国民に対する説明責任の確保にあることも明示されている。

情報公開法
1 条　この法律は，国民主権の理念にのっとり，行政文書の開示を請求する権利につき定めること等により，行政機関の保有する情報の一層の公開を図り，もって政府の有するその諸活動を国民に説明する責務が全うされるようにするとともに，国民の的確な理解と批判の下にある公正で民主的な行政の推進に資することを目的とする。

　情報公開法の対象となる機関は，国の行政機関と会計検査院であり，外交，防衛等も対象となるが，国会と裁判所は対象外である。

　ここでの開示請求対象は，行政文書とされており，行政文書とは行政機関

---

(1)　櫻井＝橋本・213 頁。

の職員が職務上作成しまたは取得した文書，図画，電磁的記録で，組織的に用いるものとして，当該行政機関が保有しているものをいうとされる（情報公開法2条2項柱書）。ただし，官報，白書，新聞，雑誌，書籍その他不特定多数の者に販売することを目的として発行されるものや特定歴史公文書等，政令で定める研究所その他の施設において，政令で定めるところにより，歴史的若しくは文化的な資料または学術研究用の資料として特別の管理がされているものは除くとされる（同項ただし書）。

　情報公開法は，何人にも開示請求権を付与しており（同法3条），このことから，外国人も開示請求が可能となっている。

　開示請求の手続きとしては，書面を提出して行うこととされており（情報公開法4条1項），行政文書を特定するに足りる事項を記載する必要があるが，請求の理由や目的を記載する必要はない。そして，この請求がなされた場合には，行政機関の長は，その開示請求の対象となる行政文書に不開示情報が含まれている場合を除き，行政文書を開示しなければならない（同法5条）。

3　不開示情報

　行政文書は，原則として開示されるが，私人の権利利益の保護や公益の保護のために不開示にすることが必要な場合があり，一定の情報については不開示とすることが認められている。

(1)　個　人　情　報

　特定の個人が識別できる情報については，原則不開示とされている（情報公開法5条1号）。

　これは，個人の正当な権利利益を保護する趣旨で，個人情報を保護する手段としては，特定の個人を識別できる情報を原則として不開示とするものと（個人識別型），個人のプライバシーを侵害するおそれのある情報を不開示とするものがある（プライバシー型）。情報公開法は，個人識別型を採用している。

　情報公開法では，個人情報の例外として，法令の規定，慣行により公にされている情報，公にすることが予定された情報（公領域情報），人の生命，健康，生活または財産を保護するために必要な情報（公益上の義務的開示情報），公務員の職および職務遂行の内容情報（公務員情報）が示されている。

　なお，一般に個人の氏名は個人情報に含まれるが，「姓のみ」であっても
これが個人識別情報に当たるとする例もある（名古屋高判平成21年1月22日
裁判所ウェブサイト）。

(2)　法人等情報

　法人その他の団体に関する情報または事業を営む個人の事業に関する情報
のうち，「権利，競争上の地位その他正当な利益を害するおそれがあるもの」
は不開示とされる（情報公開法5条2号イ）。

(3)　国の安全等に関する情報

　国の安全，他国等との信頼関係および国際交渉上の利益の確保または公共
の安全と秩序の維持といった，国民全体の基本的な利益を擁護することは国
の重要な責務であり，国防上，外交上の国家機密については，不開示情報と
される（情報公開法5条3号，同条4号）。

　国の安全が害される当のおそれがあると行政機関の長が認めることにつき
相当の理由がある情報を不開示情報と位置づけている。

(4)　審議，討議，協議に関する情報

　国の機関等の内部，相互間における審議，討議，協議に関する情報であっ
て，公にすることにより，率直な意見の交換，意思決定の中立性が不当に損
なわれるおそれ，不当に国民の間に混乱を生じさせるおそれ，特定の者に不
当に利益を与えもしくは不利益を及ぼすおそれがあるものについては不開示
とされる（情報公開法5条5号）。

(5)　事務，事業に関する情報

　国の機関または地方公共団体が行う事務，事業の性質上，公にすることに
より，その事務，事業の目的が損なわれ，適正な遂行に支障を及ぼすおそれ
がある情報は不開示とされる（情報公開法5条6号）。

　情報公開法5条6号では，支障のおそれの内容をできるだけ明らかにする
観点から，行政機関に共通的に見られる事務・事業であって，開示するとそ
の適正な遂行に支障を及ぼすおそれがある情報を含むことが容易に想定され
るものを例示的に掲げている。

情報公開法5条6号
　イ　監査，検査，取締り，試験又は租税の賦課若しくは徴収に係る事務に関
　し，正確な事実の把握を困難にするおそれ又は違法若しくは不当な行為を容
　易にし，若しくはその発見を困難にするおそれ

ロ　契約，交渉又は争訟に係る事務に関し，国，独立行政法人等，地方公共団体又は地方独立行政法人の財産上の利益又は当事者としての地位を不当に害するおそれ

ハ　調査研究に係る事務に関し，その公正かつ能率的な遂行を不当に阻害するおそれ

ニ　人事管理に係る事務に関し，公正かつ円滑な人事の確保に支障を及ぼすおそれ

ホ　独立行政法人等，地方公共団体が経営する企業又は地方独立行政法人に係る事業に関し，その企業経営上の正当な利益を害するおそれ

4　行政情報の開示

　開示請求がなされた場合，行政機関の長は，その文書に不開示情報が含まれている場合を除いて，開示しなければならない。

　開示請求権に対応する形で，行政機関の長には，行政文書を原則として開示する法的義務がある。ここで開示請求は行政手続法にいう申請にあたり，開示決定は書面により通知される行政処分である（情報公開法9条1項）。

　また，情報の開示にあたっては，開示請求の対象となった行政文書の一部にのみ不開示情報が含まれていることも多く，一部でも不開示情報が含まれている場合に直ちに行政文書全体を不開示にする必要性はなく，不開示情報部分が容易に区分し除くことができる場合には部分開示をしなければならないとされる（情報公開法6条1項）。

　また，部分開示にあたって，行政文書中に個人情報が含まれていたとしても，個人を識別することとなる記載部分を除くことによって，公にしても個人の権利利益が侵害されるおそれがないと認められる場合には，個人情報部分を除いた部分は，情報公開法5条1号の個人に関する情報に含まれないものとみなして，部分開示規定が適用されるとする（同法6条2項）。

5　特別な対応

　不開示情報が含まれている行政文書であっても，行政機関の長は「公益上特に必要があると認めるとき」には，当該文書を開示することができると定めている（情報公開法7条：公益上の理由による裁量的開示）。

　裁量的開示では，不開示情報の性質と開示による公益との比較衡量が行われるが，特に個人情報については慎重な対応が必要となる。

　また，情報公開法8条では，その行政文書の存否が明らかになるだけで支障が生じるものについて，行政文書の存否を明確にすることなしに開示請求を拒否することを規定している（存否応答拒否）。

　通院記録や逮捕歴など，当該文書が存在しているか否かを答えただけで，不開示情報の規定により権利利益を保護するという趣旨が果たせない場合に対応した仕組みとして設けられているものである。

6　不開示決定等に対する救済

　開示請求に対する決定に対して，請求者や第三者が不服である場合には，行政不服審査法に基づく，審査請求，行政事件訴訟法に基づく訴えを提起することができる。

　審査請求を受けた行政機関の長は，原則として情報公開・個人情報保護審査会に諮問を行い（情報公開法19条），この審査会の答申を受けて諮問を行った行政機関の長が審査請求に対する採決を行う。ここで，審査会は総務省に置かれ，ここでは，インカメラ審査と呼ばれる審査が行われることとなる。インカメラ審査とは，審査会が，諮問庁に対して，不開示等とされた行政文書を提出させ，実物を見分した上で審議する手続のことをいう。また，審査会は，諮問庁に対して，行政文書に記録された情報の内容を，審査会の指定する方法で分類，整理した資料の作成，提出をも求める権限を有する。

　この審査請求をせずに，直接に裁判所に開示決定，不開示決定の取消訴訟を提起することもできる。

7　情報公開条例

　情報公開制度は，そもそも地方において情報公開条例が制定されたことからスタートしたもので，情報公開法成立前から多くの地方公共団体において情報公開条例が制定されてきた。

　このため，上記のような情報公開制度については，地方公共団体においても同様に存在している。

　大阪府情報公開条例では，不開示情報に関して，個人情報について，次のように規定しており，情報公開法とは異なる性質のものといえる。なお，大阪市情報公開条例は，情報公開法と同じ性質の内容となっており，地方公共団体によって，情報公開制度の詳細は異なるものである。

地方公共団体における情報公開条例は進んでいるものの，地方公共団体の組合の情報公開は不十分であるとされる[2]。

大阪府情報公開条例 9 条 1 号
個人の思想，宗教，身体的特徴，健康状態，家族構成，職業，学歴，出身，住所，所属団体，財産，所得等に関する情報（事業を営む個人の当該事業に関する情報を除く。）であって，特定の個人が識別され得るもの（以下「個人識別情報」という。）のうち，一般に他人に知られたくないと望むことが正当であると認められるもの又は特定の個人を識別することはできないが，公にすることにより，なお個人の権利利益を害するおそれがあるもの

大阪市情報公開条例 7 条 1 号
個人に関する情報（事業を営む個人の当該事業に関する情報を除く。）であって，当該情報に含まれる氏名，生年月日その他の記述等により特定の個人を識別することができるもの（他の情報と照合することにより，特定の個人を識別することができることとなるものを含む。）又は特定の個人を識別することはできないが，公にすることにより，なお個人の権利利益を害するおそれがあるもの。ただし，次に掲げる情報を除く。
ア　法令若しくは条例（以下「法令等」という。）の規定により又は慣行として公にされ，又は公にすることが予定されている情報
イ　人の生命，身体，健康，生活又は財産を保護するため，公にすることが必要であると認められる情報
ウ　当該個人が公務員等（行政機関の保有する情報の公開に関する法律（平成 11 年法律第 42 号）第 5 条第 1 号ハに規定する公務員等並びに大阪市住宅供給公社の役員及び職員をいう。）である場合において，当該情報がその職務の遂行に係る情報であるときは，当該情報のうち，当該公務員等の職及び当該職務遂行の内容に係る部分

最一小判平成 6 年 1 月 27 日民集 48 巻 1 号 53 頁【行政 I -31】【憲法 I -78】
〈判旨〉
「知事の交際は，懇談については本件条例 8 条 4 号の企画調整等事務又は同条五号の交渉等事務に，その余の慶弔等については同号の交渉等事務にそれぞれ該当すると解されるから，これらの事務に関する情報を記録した文書を公開しないことができるか否かは，これらの情報を公にすることにより，当該若しくは同種の交渉等事務としての交際事務の目的が達成できなくなるおそれがあるか否か，又は当該若しくは同種の企画調整等事務や交渉等事務とし

---

(2)　宇賀概説 I ・239 頁。

ての交際事務を公正かつ適正に行うことに著しい支障を及ぼすおそれがある
か否かによって決定されることになる。」

「本件においては，知事の交際事務のうち懇談については，歳出額現金出納簿
に懇談の相手方と支出金額が逐一記録されており，また，債権者請求書等の
中にも府の担当者によって懇談会の出席者の氏名がメモ書きの形で記録され
ているものがあることは前記のとおりであり，これ以外にも，一般人が通常
入手し得る関連情報と照合することによって懇談の相手方が識別され得るよ
うなものが含まれていることも当然に予想される。また，懇談以外の知事の
交際については，歳出額現金出納簿及び支出証明書に交際の相手方や金額等
が逐一記録されていることは前記のとおりである。

　ところで，知事の交際事務には，懇談，慶弔，見舞い，賛助，協賛，餞別
などのように様々なものがあると考えられるが，いずれにしても，これらは，
相手方との間の信頼関係ないし友好関係の維持増進を目的して行われるもの
である。そして，相手方の氏名等の公表，披露が当然予定されているような
場合等は別として，相手方を識別し得るような前記文書の公開によって相手
方の氏名等が明らかにされることになれば，懇談については，相手方に不快，
不信の感情を抱かせ，今後府の行うこの種の会合への出席を避けるなどの事
態が生ずることも考えられ，また，一般に，交際費の支出の要否，内容等は，
府の相手方とのかかわり等をしん酌して個別に決定されるという性質を有す
るものであることから，不満や不快の念を抱く者が出ることが容易に予想さ
れる。そのような事態は，交際の相手方との間の信頼関係あるいは友好関係
を損なうおそれがあり，交際それ自体の目的に反し，ひいては交際事務の目
的が達成できなくなるおそれがあるというべきである。さらに，これらの交
際費の支出の要否やその内容等は，支出権者である知事自身が，個別，具体
的な事例ごとに，裁量によって決定すべきものであるところ，交際の相手方
や内容等が逐一公開されることとなった場合には，知事においても前記のよ
うな事態が生ずることを懸念して，必要な交際費の支出を差し控え，あるい
はその支出を画一的にすることを余儀なくされることも考えられ，知事の交
際事務を適切に行うことに著しい支障を及ぼすおそれがあるといわなければ
ならない。したがって，本件文書のうち交際の相手方が識別され得るものは，
相手方の氏名等が外部に公表，披露されることがもともと予定されているも
のなど，相手方の氏名等を公表することによって前記のようなおそれがある
とは認められないようなものを除き，懇談に係る文書については本件条例8
条4号又は5号により，その余の慶弔等に係る文書については同条5号によ
り，公開しないことができる文書に該当するというべきである。」

「本件における知事の交際は，それが知事の職務としてされるものであって
も，私人である相手方にとっては，私的な出来事といわなければならない。
本件条例9条1号は，私事に関する情報のうち性質上公開に親しまないよう

な個人情報が記録されている文書を公開してはならないとしているものと解されるが，知事の交際の相手方となった私人としては，懇談の場合であると，慶弔等の場合であるとを問わず，その具体的な費用，金額等までは一般に他人に知られたくないと望むものであり，そのことは正当であると認められる。そうすると，このような交際に関する情報は，その交際の性質，内容等からして交際内容等が一般に公表，披露されることがもともと予定されているものを除いては，同号に該当するというべきである。

したがって，本件文書のうち私人である相手方に係るものは，相手方が識別できるようなものであれば，原則として，同号により公開してはならない文書に該当するというべきである。」

II　個人情報保護

1　個人情報保護制度の意義

個人情報保護制度は，個人個人に関する情報を扱う，国および地方の機関や民間事業者にその取扱いについての一定の規律を行うことで，個人情報の保護を図るものである。

個人情報の保護は，主として憲法13条において保護される幸福追求権の一内容としての「プライバシー権」を前提として語られることになる。

プライバシー権は，アメリカにおいて「1人にしておいてもらう権利（a right to be let alone）」として登場したが，これがわが国においても裁判所によって認められ，また，従来のプライバシー権よりも積極的な権利として「自己情報コントロール権」が主張されている。

自己情報コントロール権は，憲法13条幸福追求権から派生する新しい人権としてのプライバシー権に包摂されるものとの理解が主流であるが[3]，ここで，自己情報コントロール権には，自己の情報の開示・不開示の請求権，自己の情報の取消請求権（取消さないことを求めることも認められる）が含まれるとされる。情報主体である「自己」が，本来的な情報管理権を有するという前提で，自己の情報に関してコントロールすることを求めるものである。

---

(3)　佐藤幸治『憲法〔第3版〕』（青林書院，1995年）453頁以下。自己情報コントロール権についての最新の研究として，曽我部真裕「自己情報コントロール権は基本権か？」憲法研究3号（2018年）71頁以下も参照。

2　個人情報保護法制の整備

　プライバシー権を前提として保護される個人情報ではあるが，わが国において，個人情報保護ついての法制度が確立されるのは比較的近時のことである。

　社会の情報化の進展に対応し，行政機関が個人情報を取り扱う際のルールや，行政機関が保有する個人情報の保護に関する法制度は，必要なものとされるが，これについては，2003 年に個人情報の保護に関する法律（個人情報保護法），行政機関の保有する個人情報の保護に関する法律（行政機関個人情報保護法），独立行政法人の保有する個人情報の保護に関する法律（独立行政法人等個人情報保護法）等の一連の法整備によって，統一的ルールが定められた。

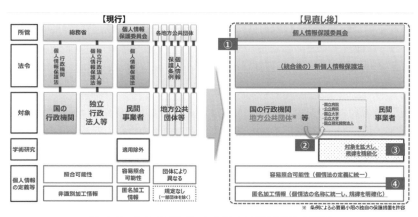

図 4-1　各法の改正による個人情報保護法の現状

出典：総務省資料（https://www.soumu.go.jp/main_content/000790352.pdf）

　ここで，個人情報保護法は，民間事業者等を対象としたルールであり，行政機関個人情報保護法は，行政機関を対象としたもの，独立行政法人等個人情報保護法は，独立行政法人等を対象とするものであった。これらについては，2021 年の法改正によって，これまで，個別の法律に基づいて規定されていたものを統一することとなり，2023 年 4 月 1 日より全面施行されている。

　この改正では，①個人情報保護法，行政機関個人情報保護法，独立行政法人等個人情報保護法の 3 本の法律を 1 本の法律に統合するとともに，地方公

共団体の個人情報保護制度についても統合後の法律において全国的な共通ルールを規定し，全体の所管を個人情報保護委員会に一元化すること，②医療分野・学術分野の規制を統一するため，国公立の病院，大学等には原則として民間の病院，大学等と同等の規律を適用すること，③学術研究分野を含めた GDPR の十分性認定への対応を目指し，学術研究に係る適用除外規定について，一律の適用除外ではなく，統合後の法律を適用し，義務ごとの例外規定として精緻化すること，④個人情報の定義等を国・民間・地方で統一するとともに，行政機関等での匿名加工情報の取扱いに関する規律を明確化することなどとされた。

3　番号法の制定

　2013 年には，行政手続において個人番号，法人番号の有する識別機能を活用することにより，行政運営の効率化と国民の負担軽減，利便性向上を図ることを趣旨とする，番号法（「行政手続における特定の個人を識別するための番号の利用等に関する法律」），いわゆるマイナンバー法・マイナンバー制度が成立した。

　ここでは，個人番号および法人番号を活用した効率的な情報の管理，利用及び迅速な情報の授受，手続の簡素化による国民の負担の軽減，現行個人情報保護法制の特例を定め，個人番号その他の特定個人情報の適正な取扱いの確保を目的としている（番号法1条）。

　個人番号（マイナンバー）とは，住民コードを変換して得られる番号であり，住民票に記載された者すべてに対して，他者と重複することなく与えられる。個人番号は，国民の全員に，1 人につき 1 つ，目に見える数字として附番されるものであり，高い個人識別機能を有するものとされている。

　番号法は，行政手続において個人番号を利活用する仕組みを整える一方で，個人番号および特定個人情報について厳格な保護措置を講じている。

　また，法人番号とは，国税庁長官が，特定の法人その他の団体を識別するための番号として，法人等に指定する番号である。個人番号と異なり，広く一般に流通し利用されることが想定されており，基本的にはオープンな情報とされるものである。

　近時，マイナンバー・マイナンバーカードの利用拡大が推進されており，健康保険証や運転免許証に代わってマイナンバーカードが用いられることが

予定されている。

4　行政機関に関する個人情報保護法の規定

　個人情報保護法は，その１条で，「この法律は，デジタル社会の進展に伴い個人情報の利用が著しく拡大していることに鑑み，個人情報の適正な取扱いに関し，基本理念及び政府による基本方針の作成その他の個人情報の保護に関する施策の基本となる事項を定め，国及び地方公共団体の責務等を明らかにし，個人情報を取り扱う事業者及び行政機関等についてこれらの特性に応じて遵守すべき義務等を定めるとともに，個人情報保護委員会を設置することにより，行政機関等の事務及び事業の適正かつ円滑な運営を図り，並びに個人情報の適正かつ効果的な活用が新たな産業の創出並びに活力ある経済社会及び豊かな国民生活の実現に資するものであることその他の個人情報の有用性に配慮しつつ，個人の権利利益を保護することを目的とする。」としての目的規定を定めており，民間事業者のみならず，行政機関において個人情報の利用が拡大していることにかんがみ，個人情報の取扱いに関する基本的事項を定め，行政の適正かつ円滑な運営を図りつつ，個人の権利利益を保護することを目的としている。

　個人情報保護法では，国や地方の機関をはじめ，独立行政法人等においても，個人情報保護を図ることが求められている。

　ここで，行政機関による個人情報の取扱いについては，①利用の目的の観点からの保有制限（個人情報保護法61条），②取得の際の利用目的の明示（同法62条），③正確性の確保（同法65条），④漏洩等の防止等安全確保の措置（同法66条），⑤利用，提供の制限（同法69条），を定めているほか，個人情報の取扱いに関わる職員の義務（同法67条）や，行政機関から保有個人情報の提供を受ける者に対する措置要求（同法70条）も定められる。

個人情報保護法（一部抜粋）
（個人情報の保有の制限等）
　第61条　行政機関等は，個人情報を保有するに当たっては，法令（条例を含む。第66条第2項第3号及び第4号，第69条第2項第2号及び第3号並びに第4節において同じ。）の定める所掌事務又は業務を遂行するため必要な場合に限り，かつ，その利用目的をできる限り特定しなければならない。

2　行政機関等は，前項の規定により特定された利用目的の達成に必要な範囲を超えて，個人情報を保有してはならない。

3　行政機関等は，利用目的を変更する場合には，変更前の利用目的と相当の関連性を有すると合理的に認められる範囲を超えて行ってはならない。

（利用目的の明示）

第62条　行政機関等は，本人から直接書面（電磁的記録を含む。）に記録された当該本人の個人情報を取得するときは，次に掲げる場合を除き，あらかじめ，本人に対し，その利用目的を明示しなければならない。

一　人の生命，身体又は財産の保護のために緊急に必要があるとき。

二　利用目的を本人に明示することにより，本人又は第三者の生命，身体，財産その他の権利利益を害するおそれがあるとき。

三　利用目的を本人に明示することにより，国の機関，独立行政法人等，地方公共団体又は地方独立行政法人が行う事務又は事業の適正な遂行に支障を及ぼすおそれがあるとき。

四　取得の状況からみて利用目的が明らかであると認められるとき。

（不適正な利用の禁止）

第63条　行政機関の長（第2条第8項第4号及び第5号の政令で定める機関にあっては，その機関ごとに政令で定める者をいう。以下この章及び第174条において同じ。），地方公共団体の機関，独立行政法人等及び地方独立行政法人（以下この章及び次章において「行政機関の長等」という。）は，違法又は不当な行為を助長し，又は誘発するおそれがある方法により個人情報を利用してはならない。

（適正な取得）

第64条　行政機関の長等は，偽りその他不正の手段により個人情報を取得してはならない。

（正確性の確保）

第65条　行政機関の長等は，利用目的の達成に必要な範囲内で，保有個人情報が過去又は現在の事実と合致するよう努めなければならない。

（安全管理措置）

第66条　行政機関の長等は，保有個人情報の漏えい，滅失又は毀損の防止その他の保有個人情報の安全管理のために必要かつ適切な措置を講じなければならない。

2　前項の規定は，次の各号に掲げる者が当該各号に定める業務を行う場合における個人情報の取扱いについて準用する。

一　行政機関等から個人情報の取扱いの委託を受けた者　当該委託を受けた業務

二　指定管理者（地方自治法（昭和22年法律第67号）第244条の2第3項に規定する指定管理者をいう。）　公の施設（同法第244条第1項に規定する

公の施設をいう。）の管理の業務

三　第58条第1項各号に掲げる者　法令に基づき行う業務であって政令で定めるもの

四　第58条第2項各号に掲げる者　同項各号に定める業務のうち法令に基づき行う業務であって政令で定めるもの

五　前各号に掲げる者から当該各号に定める業務の委託（2以上の段階にわたる委託を含む。）を受けた者　当該委託を受けた業務

（従事者の義務）

第67条　個人情報の取扱いに従事する行政機関等の職員若しくは職員であった者，前条第二項各号に定める業務に従事している者若しくは従事していた者又は行政機関等において個人情報の取扱いに従事している派遣労働者（労働者派遣事業の適正な運営の確保及び派遣労働者の保護等に関する法律（昭和60年法律第88号）第2条第2号に規定する派遣労働者をいう。以下この章及び第176条において同じ。）若しくは従事していた派遣労働者は，その業務に関して知り得た個人情報の内容をみだりに他人に知らせ，又は不当な目的に利用してはならない。

（漏えい等の報告等）

第68条　行政機関の長等は，保有個人情報の漏えい，滅失，毀損その他の保有個人情報の安全の確保に係る事態であって個人の権利利益を害するおそれが大きいものとして個人情報保護委員会規則で定めるものが生じたときは，個人情報保護委員会規則で定めるところにより，当該事態が生じた旨を個人情報保護委員会に報告しなければならない。

2　前項に規定する場合には，行政機関の長等は，本人に対し，個人情報保護委員会規則で定めるところにより，当該事態が生じた旨を通知しなければならない。ただし，次の各号のいずれかに該当するときは，この限りでない。

一　本人への通知が困難な場合であって，本人の権利利益を保護するため必要なこれに代わるべき措置をとるとき。

二　当該保有個人情報に第七十八条第一項各号に掲げる情報のいずれかが含まれるとき。

（利用及び提供の制限）

第69条　行政機関の長等は，法令に基づく場合を除き，利用目的以外の目的のために保有個人情報を自ら利用し，又は提供してはならない。

2　前項の規定にかかわらず，行政機関の長等は，次の各号のいずれかに該当すると認めるときは，利用目的以外の目的のために保有個人情報を自ら利用し，又は提供することができる。ただし，保有個人情報を利用目的以外の目的のために自ら利用し，又は提供することによって，本人又は第三者の権利利益を不当に侵害するおそれがあると認められるときは，この限りでない。

一　本人の同意があるとき，又は本人に提供するとき。

二　行政機関等が法令の定める所掌事務又は業務の遂行に必要な限度で保有個人情報を内部で利用する場合であって，当該保有個人情報を利用することについて相当の理由があるとき。

三　他の行政機関，独立行政法人等，地方公共団体の機関又は地方独立行政法人に保有個人情報を提供する場合において，保有個人情報の提供を受ける者が，法令の定める事務又は業務の遂行に必要な限度で提供に係る個人情報を利用し，かつ，当該個人情報を利用することについて相当の理由があるとき。

四　前三号に掲げる場合のほか，専ら統計の作成又は学術研究の目的のために保有個人情報を提供するとき，本人以外の者に提供することが明らかに本人の利益になるとき，その他保有個人情報を提供することについて特別の理由があるとき。

3　前項の規定は，保有個人情報の利用又は提供を制限する他の法令の規定の適用を妨げるものではない。

4　行政機関の長等は，個人の権利利益を保護するため特に必要があると認めるときは，保有個人情報の利用目的以外の目的のための行政機関等の内部における利用を特定の部局若しくは機関又は職員に限るものとする。

（保有個人情報の提供を受ける者に対する措置要求）

第70条　行政機関の長等は，利用目的のために又は前条第2項第3号若しくは第四号の規定に基づき，保有個人情報を提供する場合において，必要があると認めるときは，保有個人情報の提供を受ける者に対し，提供に係る個人情報について，その利用の目的若しくは方法の制限その他必要な制限を付し，又はその漏えいの防止その他の個人情報の適切な管理のために必要な措置を講ずることを求めるものとする。

個人情報保護法は，本人の関与の権利として，①開示請求権（同法76条），②訂正請求権（同法90条），③利用停止請求権（同法98条）を法定している。これは，憲法13条における権利としての，自己情報コントロール権に相当するものと考えられる。

開示請求権制度は，行政機関の保有個人情報に関する本人への開示義務を定めるものである。何人も，行政機関の長等に対し，当該行政機関の長等の属する行政機関等の保有する自己を本人とする保有個人情報の開示を請求することができるとするものである。

訂正請求権制度は，何人も内容が事実と相違すると思料するときは，自己を本人とする保有個人情報の訂正を請求することができ，その訂正請求に理由があれば，行政機関の長には利用目的の達成に必要な範囲で訂正義務があ

る。

　利用停止請求権制度は，自己に関する個人情報につき，利用目的の達成に必要な範囲を超えて保有されているとき，違法もしくは不当な行為を助長し，若しくは誘発するおそれがある方法により利用されているとき，偽りその他不正の手段により取得されているとき，または所定の事由に該当しないにもかかわらず利用目的以外の目的のために利用され，もしくは提供されていると思料する場合に，その利用停止を求めるものである。行政機関の長は，利用停止請求に理由があると認める場合，当該行政機関における個人情報の適正な取扱いを確保するために必要な限度で利用停止の義務を負う。ただし，事務の適正な遂行に著しい支障を及ぼすおそれがあると認められるときには，利用停止義務を負わないこととなる。

個人情報保護法（一部抜粋）

（開示請求権）

第76条　何人も，この法律の定めるところにより，行政機関の長等に対し，当該行政機関の長等の属する行政機関等の保有する自己を本人とする保有個人情報の開示を請求することができる。

2　未成年者若しくは成年被後見人の法定代理人又は本人の委任による代理人（以下この節において「代理人」と総称する。）は，本人に代わって前項の規定による開示の請求（以下この節及び第127条において「開示請求」という。）をすることができる。

（開示請求の手続）

第77条　開示請求は，次に掲げる事項を記載した書面（第3項において「開示請求書」という。）を行政機関の長等に提出してしなければならない。

一　開示請求をする者の氏名及び住所又は居所

二　開示請求に係る保有個人情報が記録されている行政文書等の名称その他の開示請求に係る保有個人情報を特定するに足りる事項

2　前項の場合において，開示請求をする者は，政令で定めるところにより，開示請求に係る保有個人情報の本人であること（前条第2項の規定による開示請求にあっては，開示請求に係る保有個人情報の本人の代理人であること）を示す書類を提示し，又は提出しなければならない。

3　行政機関の長等は，開示請求書に形式上の不備があると認めるときは，開示請求をした者（以下この節において「開示請求者」という。）に対し，相当の期間を定めて，その補正を求めることができる。この場合において，行政機関の長等は，開示請求者に対し，補正の参考となる情報を提供するよう努めなければならない。

（保有個人情報の開示義務）

第78条　行政機関の長等は，開示請求があったときは，開示請求に係る保有個人情報に次の各号に掲げる情報（以下この節において「不開示情報」という。）のいずれかが含まれている場合を除き，開示請求者に対し，当該保有個人情報を開示しなければならない。

一　開示請求者（第76条第2項の規定により代理人が本人に代わって開示請求をする場合にあっては，当該本人をいう。次号及び第3号，次条第2項並びに第86条第1項において同じ。）の生命，健康，生活又は財産を害するおそれがある情報

二　開示請求者以外の個人に関する情報（事業を営む個人の当該事業に関する情報を除く。）であって，当該情報に含まれる氏名，生年月日その他の記述等により開示請求者以外の特定の個人を識別することができるもの（他の情報と照合することにより，開示請求者以外の特定の個人を識別することができることとなるものを含む。）若しくは個人識別符号が含まれるもの又は開示請求者以外の特定の個人を識別することはできないが，開示することにより，なお開示請求者以外の個人の権利利益を害するおそれがあるもの。ただし，次に掲げる情報を除く。

イ　法令の規定により又は慣行として開示請求者が知ることができ，又は知ることが予定されている情報

ロ　人の生命，健康，生活又は財産を保護するため，開示することが必要であると認められる情報

ハ　当該個人が公務員等（国家公務員法（昭和22年法律第120号）第2条第1項に規定する国家公務員（独立行政法人通則法第2条第4項に規定する行政執行法人の職員を除く。），独立行政法人等の職員，地方公務員法（昭和25年法律第261号）第2条に規定する地方公務員及び地方独立行政法人の職員をいう。）である場合において，当該情報がその職務の遂行に係る情報であるときは，当該情報のうち，当該公務員等の職及び当該職務遂行の内容に係る部分

三　法人その他の団体（国，独立行政法人等，地方公共団体及び地方独立行政法人を除く。以下この号において「法人等」という。）に関する情報又は開示請求者以外の事業を営む個人の当該事業に関する情報であって，次に掲げるもの。ただし，人の生命，健康，生活又は財産を保護するため，開示することが必要であると認められる情報を除く。

イ　開示することにより，当該法人等又は当該個人の権利，競争上の地位その他正当な利益を害するおそれがあるもの

ロ　行政機関等の要請を受けて，開示しないとの条件で任意に提供されたものであって，法人等又は個人における通例として開示しないこととされているものその他の当該条件を付することが当該情報の性質，当時の状況等に照

らして合理的であると認められるもの

四 行政機関の長が第82条各項の決定（以下この節において「開示決定等」という。）をする場合において，開示することにより，国の安全が害されるおそれ，他国若しくは国際機関との信頼関係が損なわれるおそれ又は他国若しくは国際機関との交渉上不利益を被るおそれがあると当該行政機関の長が認めることにつき相当の理由がある情報

五 行政機関の長又は地方公共団体の機関（都道府県の機関に限る。）が開示決定等をする場合において，開示することにより，犯罪の予防，鎮圧又は捜査，公訴の維持，刑の執行その他の公共の安全と秩序の維持に支障を及ぼすおそれがあると当該行政機関の長又は地方公共団体の機関が認めることにつき相当の理由がある情報

六 国の機関，独立行政法人等，地方公共団体及び地方独立行政法人の内部又は相互間における審議，検討又は協議に関する情報であって，開示することにより，率直な意見の交換若しくは意思決定の中立性が不当に損なわれるおそれ，不当に国民の間に混乱を生じさせるおそれ又は特定の者に不当に利益を与え若しくは不利益を及ぼすおそれがあるもの

七 国の機関，独立行政法人等，地方公共団体又は地方独立行政法人が行う事務又は事業に関する情報であって，開示することにより，次に掲げるおそれその他当該事務又は事業の性質上，当該事務又は事業の適正な遂行に支障を及ぼすおそれがあるもの

イ 独立行政法人等，地方公共団体の機関又は地方独立行政法人が開示決定等をする場合において，国の安全が害されるおそれ，他国若しくは国際機関との信頼関係が損なわれるおそれ又は他国若しくは国際機関との交渉上不利益を被るおそれ

ロ 独立行政法人等，地方公共団体の機関（都道府県の機関を除く。）又は地方独立行政法人が開示決定等をする場合において，犯罪の予防，鎮圧又は捜査その他の公共の安全と秩序の維持に支障を及ぼすおそれ

ハ 監査，検査，取締り，試験又は租税の賦課若しくは徴収に係る事務に関し，正確な事実の把握を困難にするおそれ又は違法若しくは不当な行為を容易にし，若しくはその発見を困難にするおそれ

ニ 契約，交渉又は争訟に係る事務に関し，国，独立行政法人等，地方公共団体又は地方独立行政法人の財産上の利益又は当事者としての地位を不当に害するおそれ

ホ 調査研究に係る事務に関し，その公正かつ能率的な遂行を不当に阻害するおそれ

ヘ 人事管理に係る事務に関し，公正かつ円滑な人事の確保に支障を及ぼすおそれ

ト 独立行政法人等，地方公共団体が経営する企業又は地方独立行政法人に

係る事業に関し，その企業経営上の正当な利益を害するおそれ

2　地方公共団体の機関又は地方独立行政法人についての前項の規定の適用については，同項中「掲げる情報)」とあるのは，「掲げる情報（情報公開条例の規定により開示することとされている情報として条例で定めるものを除く。）又は行政機関情報公開法第5条に規定する不開示情報に準ずる情報であって情報公開条例において開示しないこととされているもののうち当該情報公開条例との整合性を確保するために不開示とする必要があるものとして条例で定めるもの)」とする。

（部分開示）

第79条　行政機関の長等は，開示請求に係る保有個人情報に不開示情報が含まれている場合において，不開示情報に該当する部分を容易に区分して除くことができるときは，開示請求者に対し，当該部分を除いた部分につき開示しなければならない。

2　開示請求に係る保有個人情報に前条第1項第2号の情報（開示請求者以外の特定の個人を識別することができるものに限る。）が含まれている場合において，当該情報のうち，氏名，生年月日その他の開示請求者以外の特定の個人を識別することができることとなる記述等及び個人識別符号の部分を除くことにより，開示しても，開示請求者以外の個人の権利利益が害されるおそれがないと認められるときは，当該部分を除いた部分は，同号の情報に含まれないものとみなして，前項の規定を適用する。

（裁量的開示）

第80条　行政機関の長等は，開示請求に係る保有個人情報に不開示情報が含まれている場合であっても，個人の権利利益を保護するため特に必要があると認めるときは，開示請求者に対し，当該保有個人情報を開示することができる。

（保有個人情報の存否に関する情報）

第81条　開示請求に対し，当該開示請求に係る保有個人情報が存在しているか否かを答えるだけで，不開示情報を開示することとなるときは，行政機関の長等は，当該保有個人情報の存否を明らかにしないで，当該開示請求を拒否することができる。

（開示請求に対する措置）

第82条　行政機関の長等は，開示請求に係る保有個人情報の全部又は一部を開示するときは，その旨の決定をし，開示請求者に対し，その旨，開示する保有個人情報の利用目的及び開示の実施に関し政令で定める事項を書面により通知しなければならない。ただし，第62条第2号又は第3号に該当する場合における当該利用目的については，この限りでない。

2　行政機関の長等は，開示請求に係る保有個人情報の全部を開示しないとき（前条の規定により開示請求を拒否するとき，及び開示請求に係る保有個人情

報を保有していないときを含む。）は，開示をしない旨の決定をし，開示請求者に対し，その旨を書面により通知しなければならない。

（開示決定等の期限）

第83条　開示決定等は，開示請求があった日から30日以内にしなければならない。ただし，第77条第3項の規定により補正を求めた場合にあっては，当該補正に要した日数は，当該期間に算入しない。

2　前項の規定にかかわらず，行政機関の長等は，事務処理上の困難その他正当な理由があるときは，同項に規定する期間を30日以内に限り延長することができる。この場合において，行政機関の長等は，開示請求者に対し，遅滞なく，延長後の期間及び延長の理由を書面により通知しなければならない。

（開示決定等の期限の特例）

第84条　開示請求に係る保有個人情報が著しく大量であるため，開示請求があった日から60日以内にその全てについて開示決定等をすることにより事務の遂行に著しい支障が生ずるおそれがある場合には，前条の規定にかかわらず，行政機関の長等は，開示請求に係る保有個人情報のうちの相当の部分につき当該期間内に開示決定等をし，残りの保有個人情報については相当の期間内に開示決定等をすれば足りる。この場合において，行政機関の長等は，同条第1項に規定する期間内に，開示請求者に対し，次に掲げる事項を書面により通知しなければならない。

一　この条の規定を適用する旨及びその理由

二　残りの保有個人情報について開示決定等をする期限

（中略）

第二款　訂正

（訂正請求権）

第90条　何人も，自己を本人とする保有個人情報（次に掲げるものに限る。第98条第1項において同じ。）の内容が事実でないと思料するときは，この法律の定めるところにより，当該保有個人情報を保有する行政機関の長等に対し，当該保有個人情報の訂正（追加又は削除を含む。以下この節において同じ。）を請求することができる。ただし，当該保有個人情報の訂正に関して他の法令の規定により特別の手続が定められているときは，この限りでない。

一　開示決定に基づき開示を受けた保有個人情報

二　開示決定に係る保有個人情報であって，第88条第1項の他の法令の規定により開示を受けたもの

2　代理人は，本人に代わって前項の規定による訂正の請求（以下この節及び第127条において「訂正請求」という。）をすることができる。

3　訂正請求は，保有個人情報の開示を受けた日から90日以内にしなければ

ならない。

（訂正請求の手続）

第91条　訂正請求は，次に掲げる事項を記載した書面（第3項において「訂正請求書」という。）を行政機関の長等に提出してしなければならない。

一　訂正請求をする者の氏名及び住所又は居所

二　訂正請求に係る保有個人情報の開示を受けた日その他当該保有個人情報を特定するに足りる事項

三　訂正請求の趣旨及び理由

2　前項の場合において，訂正請求をする者は，政令で定めるところにより，訂正請求に係る保有個人情報の本人であること（前条第2項の規定による訂正請求にあっては，訂正請求に係る保有個人情報の本人の代理人であること）を示す書類を提示し，又は提出しなければならない。

3　行政機関の長等は，訂正請求書に形式上の不備があると認めるときは，訂正請求をした者（以下この節において「訂正請求者」という。）に対し，相当の期間を定めて，その補正を求めることができる。

（保有個人情報の訂正義務）

第92条　行政機関の長等は，訂正請求があった場合において，当該訂正請求に理由があると認めるときは，当該訂正請求に係る保有個人情報の利用目的の達成に必要な範囲内で，当該保有個人情報の訂正をしなければならない。

（中略）

第三款　利用停止

（利用停止請求権）

第98条　何人も，自己を本人とする保有個人情報が次の各号のいずれかに該当すると思料するときは，この法律の定めるところにより，当該保有個人情報を保有する行政機関の長等に対し，当該各号に定める措置を請求することができる。ただし，当該保有個人情報の利用の停止，消去又は提供の停止（以下この節において「利用停止」という。）に関して他の法令の規定により特別の手続が定められているときは，この限りでない。

一　第61条第2項の規定に違反して保有されているとき，第63条の規定に違反して取り扱われているとき，第64条の規定に違反して取得されたものであるとき，又は第69条第1項及び第2項の規定に違反して利用されているとき　当該保有個人情報の利用の停止又は消去

二　第69条第1項及び第2項又は第71条第1項の規定に違反して提供されているとき　当該保有個人情報の提供の停止

2　代理人は，本人に代わって前項の規定による利用停止の請求（以下この節及び第127条において「利用停止請求」という。）をすることができる。

3　利用停止請求は，保有個人情報の開示を受けた日から 90 日以内にしなければならない。

（利用停止請求の手続）

第 99 条　利用停止請求は，次に掲げる事項を記載した書面（第 3 項において「利用停止請求書」という。）を行政機関の長等に提出してしなければならない。

一　利用停止請求をする者の氏名及び住所又は居所

二　利用停止請求に係る保有個人情報の開示を受けた日その他当該保有個人情報を特定するに足りる事項

三　利用停止請求の趣旨及び理由

2　前項の場合において，利用停止請求をする者は，政令で定めるところにより，利用停止請求に係る保有個人情報の本人であること（前条第 2 項の規定による利用停止請求にあっては，利用停止請求に係る保有個人情報の本人の代理人であること）を示す書類を提示し，又は提出しなければならない。

3　行政機関の長等は，利用停止請求書に形式上の不備があると認めるときは，利用停止請求をした者（以下この節において「利用停止請求者」という。）に対し，相当の期間を定めて，その補正を求めることができる。

（保有個人情報の利用停止義務）

第 100 条　行政機関の長等は，利用停止請求があった場合において，当該利用停止請求に理由があると認めるときは，当該行政機関の長等の属する行政機関等における個人情報の適正な取扱いを確保するために必要な限度で，当該利用停止請求に係る保有個人情報の利用停止をしなければならない。ただし，当該保有個人情報の利用停止をすることにより，当該保有個人情報の利用目的に係る事務又は事業の性質上，当該事務又は事業の適正な遂行に著しい支障を及ぼすおそれがあると認められるときは，この限りでない。

参考文献

宇賀克也『新・情報公開法の逐条解説〔第 8 版〕』（有斐閣，2018 年）

友岡史仁編『情報公開・個人情報保護』（信山社，2022 年）

宇賀克也『新・個人情報保護法の逐条解説』（有斐閣，2021 年）

宇賀克也編『自治体職員のための 2021 年改正個人情報保護法解説』（第一法規，2021 年）

第**5**章
行政訴訟の沿革と行政訴訟の概要

I 行政訴訟法制の沿革

　1890 年に行政裁判所法が制定され，行政事件を司法裁判所ではなく，行政裁判所に扱わせる体制が整備された。しかし，戦後制定された日本国憲法76 条 1 項（「すべて司法権は，最高裁判所及び法律の定めるところにより設置する下級裁判所に属する。」）は，司法権を最高裁判所および下級裁判所に属するものとし，特別裁判所の設置を禁止した（憲法 76 条 2 項「特別裁判所は，これを設置することができない。行政機関は，終審として裁判を行ふことができない。」）。このため，戦前の行政裁判所法は，廃止されることとなった。

　1947 年 5 月 3 日，「日本国憲法の施行に伴う民事訴訟法の応急的措置に関する法律」が施行された。この法律の 8 条で，行政処分の取消しまたは変更を求める訴えは処分があったことを知った日から 6 か月以内に提起しなければならないと規定していた。そして，1948 年に民事訴訟法の特別法としての性格を有するものの，行政事件に対する行政訴訟の独自性を強めた法律として行政事件訴訟特例法が制定された。

　行政事件訴訟特例法が様々な問題を指摘されていたため，1962 年に行政事件訴訟法が制定された。行政事件訴訟法は，行政事件に関する一般法として位置づけられ，これまでの民事訴訟の特別法としての性格とは異なるものとされた。しかし，行政事件訴訟法に定めのない事項については，民事訴訟の例によるとされ（7 条），自己完結の法典とはいえないという特色がある[1]。

---

(1)　行政訴訟制度の沿革については，宇賀概説 II・98-104 頁，神橋一彦『行政救済法〔第 3 版〕』（信山社，2023 年）37-38 頁，櫻井＝橋本・247-248 頁を参照。

Ⅱ　行政事件と司法審査の対象

1　法律上の争訟

　憲法32条は，裁判を受ける権利を保障している。しかし，裁判所法3条は，「法律上の争訟」を裁判することを定めており，「法律上の争訟」のみを原則として司法審査の対象としている。

　行政事件についても，「法律上の争訟」である限り，司法審査の対象となることになり，行政事件訴訟法の定める主観訴訟は，法律上の争訟の存在を前提としているということができる。

　ここで，法律上の争訟とは，①当事者間に具体的な権利義務についての紛争があること，②それが法令の適用によって解決することのできる紛争であることの2つの要件を充足するものであるとされる（最一小判昭和29年2月11日民集8巻2号419頁）。

　①の具体的事件性について，最大判昭和27年10月8日民集6巻9号783頁【行政Ⅱ-137，憲法Ⅱ-187】（警察予備隊訴訟）においても，「我が裁判所は具体的な争訟事件が提起されないのに将来を予想して憲法及びその他の法律命令等の解釈に対し存在する疑義論争に関し抽象的な判断を下すごとき権限を行い得るものではない。けだし最高裁判所は法律命令等に関し違憲審査権を有するが，この権限は司法権の範囲内において行使されるものであり，この点においては最高裁判所と下級裁判所との間に異るところはないのである」として，具体的争訟性を求めている。

　他方で，②については，法令の適用によって解決できる問題であるかどうかについては，板まんだら事件（最三小判昭和56年4月7日民集35巻3号443頁【憲法Ⅱ-184】）などにみられるように，政治上，学術上，芸術上，宗教上の争いなどは，法律上の争訟としてはなじまないとされている。

最三小判昭和56年4月7日民集35巻3号443頁【憲法Ⅱ-184】
〈判旨〉
「裁判所がその固有の権限に基づいて審判することのできる対象は，裁判所法3条にいう「法律上の争訟」，すなわち当事者間の具体的な権利義務ないし法律関係の存否に関する紛争であつて，かつ，それが法令の適用により終局的に解決することができるものに限られる（最高裁昭和39年（行ツ）第61号同41年2月8日第三小法廷判決・民集20巻2号196頁参照）。したがつて，

具体的な権利義務ないし法律関係に関する紛争であつても，法令の適用により解決するのに適しないものは裁判所の審判の対象となりえない，というべきである。」

「……本件訴訟は，具体的な権利義務ないし法律関係に関する紛争の形式をとつており，その結果信仰の対象の価値又は宗教上の教義に関する判断は請求の当否を決するについての前提問題であるにとどまるものとされてはいるが，本件訴訟の帰すうを左右する必要不可欠のものと認められ，また，記録にあらわれた本件訴訟の経過に徴すると，本件訴訟の争点及び当事者の主張立証も右の判断に関するものがその核心となつていると認められることからすれば，結局本件訴訟は，その実質において法令の適用による終局的な解決の不可能なものであつて，裁判所法３条にいう法律上の争訟にあたらないものといわなければならない。」

2　国または地方公共団体の提起する訴訟

宝塚市パチンコ規制条例事件（最三小判平成14年7月9日民集56巻6号1134頁【行政Ⅰ-106】【地方-50】）では，国または地方公共団体が提起する訴訟については，財産権の主体として提起する場合と，行政権の主体として提起する場合とで，法律上の争訟たるかの判断を異にすると判示した。

すなわち，自己の財産上の権利利益の保護救済を求める場合には，「法律上の争訟」に該当するが，もっぱら行政権の主体として国民に対して行政上の義務の履行を求める訴訟は，法規の適用の適正ないし一般公益の保護を目的とするものであって，自己の権利利益の保護救済を目的にするものとはいえないから，法律上の争訟とはいえず，法律に特別の規定がない限り出訴できないとした。これについては，裁判所が審査するのに適したものであるとの指摘もある[2]。

最三小判平成14年7月9日民集56巻6号1134頁【行政Ⅰ-106】【地方-50】

〈判旨〉

「行政事件を含む民事事件において裁判所がその固有の権限に基づいて審判することのできる対象は，裁判所法3条1項にいう「法律上の争訟」，すなわち当事者間の具体的な権利義務ないし法律関係の存否に関する紛争であって，かつ，それが法令の適用により終局的に解決することができるものに限られる」。

---

(2)　宇賀概説Ⅱ・110-111頁。

「国又は地方公共団体が提起した訴訟であって，財産権の主体として自己の財産上の権利利益の保護救済を求めるような場合には，法律上の争訟に当たるというべきであるが，国又は地方公共団体が専ら行政権の主体として国民に対して行政上の義務の履行を求める訴訟は，法規の適用の適正ないし一般公益の保護を目的とするものであって，自己の権利利益の保護救済を目的とするものということはできないから，法律上の争訟として当然に裁判所の審判の対象となるものではなく，法律に特別の規定がある場合に限り，提起することが許されるものと解される。そして，行政代執行法は，行政上の義務の履行確保に関しては，別に法律で定めるものを除いては，同法の定めるところによるものと規定して（1条），同法が行政上の義務の履行に関する一般法であることを明らかにした上で，その具体的な方法としては，同法2条の規定による代執行のみを認めている。また，行政事件訴訟法その他の法律にも，一般に国又は地方公共団体が国民に対して行政上の義務の履行を求める訴訟を提起することを認める特別の規定は存在しない。したがって，国又は地方公共団体が専ら行政権の主体として国民に対して行政上の義務の履行を求める訴訟は，裁判所法3条1項にいう法律上の争訟に当たらず，これを認める特別の規定もないから，不適法というべきである。」

3　統治行為論

　国家統治に関するような高度に政治的な問題については，そのことを理由として，ここに法的判断が可能であったとしても，司法審査の対象としないとする場合があり，これを「統治行為論」という。統治行為として認められるのは，立法権の帰属する国会もしくはその一院，または行政権の帰属する内閣もしくはその首長たる内閣総理大臣の行為であると一般に考えられている。

　安保問題，米軍基地問題，条約の承認に関わる事例などがその典型的な問題として論じられる。

最大判昭和34年12月16日刑集13巻13号3225頁【憲法Ⅱ-163】
〈判旨〉
「本件安全保障条約は，前述のごとく，主権国としてのわが国の存立の基礎に極めて重大な関係をもつ高度の政治性を有するものというべきであつて，その内容が違憲なりや否やの法的判断は，その条約を締結した内閣およびこれを承認した国会の高度の政治的ないし自由裁量的判断と表裏をなす点がすくなくない。それ故，右違憲なりや否やの法的判断は，純司法的機能をその使命とする司法裁判所の審査には，原則としてなじまない性質のものであり，従つて，一見極めて明白に違憲無効であると認められない限りは，裁判所の

司法審査権の範囲外のものであつて，それは第一次的には，右条約の締結権を有する内閣およびこれに対して承認権を有する国会の判断に従うべく，終局的には，主権を有する国民の政治的批判に委ねられるべきものであると解するを相当とする。そして，このことは，本件安全保障条約またはこれに基く政府の行為の違憲なりや否やが，本件のように前提問題となつている場合であると否とにかかわらないのである。」

4 部分社会論

　自律的法規範を有する部分社会内部の問題については，司法審査の対象とならないとする判例がある。こうした団体内部の問題について司法審査が及ばないとする考えを，部分社会論，部分社会の法理という。

　こうした団体には，一般の市民社会の秩序とは直接関連しない団体として，地方議会，政党，大学などがこれに含まれることになる。

最三小判昭和 52 年 3 月 15 日民集 31 巻 2 号 234 頁【行政Ⅱ-141】【憲法
　　Ⅱ-182】
〈判旨〉
「裁判所は，憲法に特別の定めがある場合を除いて，一切の法律上の争訟を裁判する権限を有するのであるが（裁判所法 3 条 1 項），ここにいう一切の法律上の争訟とはあらゆる法律上の係争を意味するものではない。すなわち，ひと口に法律上の係争といつても，その範囲は広汎であり，その中には事柄の特質上裁判所の司法審査の対象外におくのを適当とするものもあるのであつて，例えば，一般市民社会の中にあつてこれとは別個に自律的な法規範を有する特殊な部分社会における法律上の係争のごときは，それが一般市民法秩序と直接の関係を有しない内部的な問題にとどまる限り，その自主的，自律的な解決に委ねるのを適当とし，裁判所の司法審査の対象にはならないものと解するのが，相当である」。
「大学は，国公立であると私立であるとを問わず，学生の教育と学術の研究とを目的とする教育研究施設であつて，その設置目的を達成するために必要な諸事項については，法令に格別の規定がない場合でも，学則等によりこれを規定し，実施することのできる自律的，包括的な権能を有し，一般市民社会とは異なる特殊な部分社会を形成しているのであるから，このような特殊な部分社会である大学における法律上の係争のすべてが当然に裁判所の司法審査の対象になるものではなく，一般市民法秩序と直接の関係を有しない内部的な問題は右司法審査の対象から除かれるべきものであることは，叙上説示の点に照らし，明らかというべきである。」

III　行政事件訴訟の類型

　民事訴訟では，給付訴訟，確認訴訟，形成訴訟の 3 分類が一般的に行われている。給付訴訟とは，被告に特定の給付を求める訴えを指し，売買代金の支払いを求める訴えや騒音を出さないように求める訴えなどがこれにあたる。確認訴訟は，特定の権利・義務または法律関係の有無を争い，その確認を求める訴えを指し，売買代金支払い義務の存在の確認や親子関係不存在の確認などがこれにあたる。形成訴訟は，既存の法律関係の変動（発生・変更・消滅）をもたらす法律要件（形成要件）が満たされることを主張し，その変動を宣言する判決を求める訴えを指し，離婚判決を求める訴えや株主総会決議の取消しを求める訴えなどがこれにあたる。

　行政事件訴訟は，抗告訴訟，当事者訴訟，民衆訴訟，機関訴訟に分類され，抗告訴訟，当事者訴訟は，主観訴訟であり，民衆訴訟，機関訴訟は客観訴訟である。客観訴訟は，「法律上の争訟」にはあたらず，法律に特別の定めがあるときにのみ提起することができるとされる。

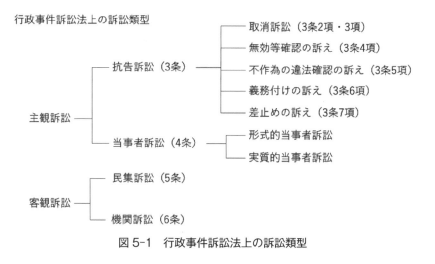

行政事件訴訟法上の訴訟類型

図 5-1　行政事件訴訟法上の訴訟類型

1　主 観 訴 訟

(1)　抗 告 訴 訟

抗告訴訟とは，行政庁の公権力の行使に関する不服の訴訟をいう（行政事

件訴訟法3条1項)。

　行政庁の公権力行使に関する不服の訴えの典型的な類型としては，①処分の取消しの訴え（行政庁の処分その他公権力行使に当たる行為の取消しを求める訴訟），②裁決の取消しの訴え（審査請求その他不服申し立てに対する行政庁の裁決，決定その他の行為の取消しを求める訴訟），③無効等確認の訴え（処分もしくは裁決の存否またはその効力の有無の確認を求める訴訟），④不作為の違法確認の訴え（行政庁が法令に基づく申請に対し，相当の期間内に何等かの裁決をすべきであるにかかわらず，これをしないことについての違法の確認を求める訴訟），⑤義務付けの訴え（行政庁がその処分または裁決をすべき旨を命ずることを求める訴訟），⑥差止めの訴え（行政庁が一定の処分または裁決をすべきでないにかかわらずこれがされようとしている場合において，行政庁がその処分または裁決をしてはならない旨を命ずることを求める訴訟）がある[3]。

(2)　法定外抗告訴訟（無名抗告訴訟）

　典型的な抗告訴訟以外にも，抗告訴訟が認められる余地があり，こうしたものを法定外抗告訴訟または無名抗告訴訟という。

　抗告訴訟のうち，典型的なものは法定されているが（有名抗告訴訟，典型抗告訴訟，法定抗告訴訟），行政庁の公権力の行使に関する不服の訴え（抗告訴訟）はこれら以外にもありうるもので，列挙されたものに限定せず，法定外抗告訴訟が認められる余地があるとするものである。

　従来法定されていなかった，義務付けの訴え（行政事件訴訟法3条6項），差止めの訴え（同条7項）は，裁判上例外的に認められる余地があるとされてきており，これが2004年の法改正によって法定されたという経緯がある。

(3)　当事者訴訟

①　形式的当事者訴訟

　当事者訴訟には2つの類型があり，その1つが，形式的当事者訴訟と呼ばれるものであり，これは，当事者間の法律関係を確認しまたは形成する処分または裁決に関する訴訟で法令の規定によりその法律関係の当事者の一方を被告とするものである。

②　実質的当事者訴訟

　当事者訴訟のもう1つの類型が，実質的当事者訴訟と呼ばれるものであ

---

(3)　宇賀概説Ⅱ・120頁。

り，これは，公法上の法律関係に関する訴訟である。

　公法私法二元論の下で，当事者訴訟については民事訴訟を前提とするものの，公法関係については，民事訴訟と区別して位置づけるという立場である。

2 客観訴訟

　客観訴訟には，民衆訴訟，機関訴訟があるが，そもそも客観訴訟とは，法規の適用の客観的な適正の確保や，一般公共の利益の保護を目的とした個人の具体的な利益とは関わりのない訴訟のことをいう。

　個人の具体的な利益とはかかわりのない訴訟のため，法律上の争訟（裁判所法3条）にあたらず，原則として司法審査の対象とならない。この例外が，客観訴訟である。

(1) 民衆訴訟

　民衆訴訟とは，国または公共団体の機関の法規に適合しない公の是正を求める訴訟で，選挙人たる資格そのた自己の法律上の利益に関わらない資格で提起するものをいうとされる（行政事件訴訟法5条）。

　民衆訴訟は，原告の個人的権利利益の救済を直接の目的としておらず，行政活動の客観的な適法性維持を目的とした訴訟類型である。ただし，誰でも自由に訴えを提起できるものではなく，法律に特別の定めのある場合に限って法律に定められた者のみが訴えを提起することができる。具体例としては選挙に関する訴訟（公職選挙法203条など）や住民訴訟（地方自治法242条の2）がある。

(2) 機 関 訴 訟

　機関訴訟とは，国または公共団体の機関相互間における権限の存否またはその行使に関する紛争についての訴訟をいう。

　行政権内部の権限に関する紛争は，本来行政組織法の仕組みにより内部的に解決されるべきであるとされるが，特別な定めにより，機関訴訟が認められる場合がある。

　具体例としては，地方公共団体の長と議会の紛争（地方自治法176条7項），代執行訴訟（同法245条），国の関与に関する訴訟（同法251条の5），国等による違法確認訴訟（同法251条の7）がある。

3　各抗告訴訟の存在意義

(1)　取 消 訴 訟

　行政事件訴訟法の中心に据えられている抗告訴訟が，取消訴訟であり，取消訴訟は，行政庁の処分を取消すために用いられる。行政処分は，仮に違法なものであったとしても，処分がされた場合には，いったんは有効なものとして扱われ公定力を有する。このため，国民がこの違法な状態から解放されるためには，処分の拘束力を排除する必要があり，これを目的として提起されるのが取消訴訟である。

(2)　裁決の取消しの訴え

　審査請求に対する行政庁の判断を「裁決」と呼び，これに不満がある者が提起するのが，裁決の取消しの訴えである。

　行政庁の処分に対して，審査請求をした場合に，かかる請求が棄却された（棄却裁決）とき，不満がある被処分者は，棄却裁決に対して取消訴訟を提起すべきか（行政事件訴訟法 3 条 3 項），原処分に対して取消訴訟を提起すべきか（同条 2 項），という問題が生じる。行政事件訴訟法は，この問題に対して，裁決の取消しの訴えにおいては，裁決の手続上の違法など裁決固有の違法しか主張できないとし，原処分の違法を主張するためには，原処分の取消しの訴えによらなければならないものとしている（行政事件訴訟法 10 条 2 項）。

(3)　無効等確認の訴え

　無効等確認の訴えは，処分の無効を確認するための訴えであるが，その実質は処分の取消訴訟と変わらないように思える。では，どのような場合に取消訴訟を選択し，反対にどのような場合に無効等確認の訴えを選択すべきであろうか。

　取消訴訟を提起できる出訴期間（行政事件訴訟法 14 条）を過ぎているかいないかで判断することができる。取消訴訟には訴訟要件としての，出訴期間の定めがあるが，無効等確認の訴えにおいては，この適用がなく，出訴期間を過ぎている場合であっても，処分の有効性を争うために用いることができるのが無効等確認の訴えである。大阪地判平成 20 年 5 月 16 日判時 2027 号 7 頁は，取消訴訟が適法ならば，併合提起された無効等確認の訴えは，訴えの利益を欠き不適法であるとしている。

(4)　不作為の違法確認の訴え

　私人が法令に基づき申請をした場合に，行政庁が何も応答をしない場合がある。その場合，行政庁は何らの行為も行っていないため（不作為），取消訴訟や無効等確認訴訟を提起する対象が存在しない。そこで，そのような場合の救済手段として用いられるのが，不作為の違法確認の訴えである。

(5)　義務付けの訴え

　義務付けの訴えとは，行政庁に対し，一定の処分をすべき旨を命ずることを求める訴訟である。義務付けの訴えには，行政事件訴訟法3条6項1号によるものと，同2号によるものがある。これらの使い分けは，「私人が行政庁に対して求めている処分が，法令上の申請権に基づくものか，そうでないか」で分けることができる。法令上の申請権に基づかない処分であれば，3条6項1号（非申請型義務付け訴訟），法令上の申請権に基づくものであれば，3条6項2号（申請型義務付け訴訟）を用いることになる。

(6)　差止めの訴え

　行政庁が一定の処分をすべきでないにもかかわらず，これがされようとしている場合に，行政庁に対しその処分をしないように（事前に）差し止める旨を求める訴訟のことをいう。訴訟提起時点では処分はされていないため，取消訴訟や無効等確認の訴えは使えず，義務付けの訴え等も使えない。このような場合に用いるのが，差止めの訴えである。

参考文献

南博方原編・高橋滋＝市村陽典＝山本隆司編『条解行政事件訴訟法〔第5版〕』（弘文堂，2023年）

斎藤浩『行政訴訟の実務と理論〔第2版〕』（三省堂，2019年）

宇賀克也『行政法概説Ⅱ　行政救済法〔第7版〕』（有斐閣，2021年）

第6章
取消訴訟

I　取消訴訟の意義

　抗告訴訟とは，行政庁の公権力の行使に関する不服の訴訟をいう（行政事件訴訟法3条1項）が，この行政庁の公権力行使に関する不服の訴えの中核をなすのが，取消訴訟である。

　取消訴訟は，行政庁の処分等について取消しを求める訴訟のことをいい，行政事件訴訟の中の中心的な訴訟といえる。

　この取消訴訟は，一般に形成訴訟とされる[(1)]。すなわち，行政処分によって生じた原告にとって不利益な法律効果が，取消判決によって失われることになり，ここで，法関係を形成することになるとされることにある。

　訴訟において，審判の対象となる事項を訴訟物というが，取消訴訟の訴訟物は，行政訴訟の違法性一般とされる[(2)]。

II　客観的訴訟要件

　訴訟要件とは，訴訟における実質的な審理（本案審理）に入るための要件のことである。この要件が揃っていなければ，本案審理に入ることができず，訴えは却下される。訴訟要件が揃っていれば，本案審理に入ることとなり，その結果として，大別すれば請求を認容する判決，請求を棄却する判決のいずれかが下される。

　取消訴訟の訴訟要件は，処分性，原告適格，狭義の訴えの利益（客観的訴えの利益ともいう），被告適格，出訴期間からなる。

　この中で，一般的形式的に決められているものを客観的訴訟要件，本案である請求内容との関係で個別具体的な判断が必要となるものを主観的訴訟要

---

(1)　宇賀概説II・133頁。
(2)　宇賀概説II・134頁。

件という。

1 出 訴 期 間

(1) 主観的出訴期間

　取消訴訟の出訴期間は，私人の権利利益の救済の要請と行政法関係の早期の安定性確保の調和の観点から定められている。ここでは立法裁量が認められているが，憲法の保障する裁判を受ける権利を侵害するような短期の出訴期間は違憲とされる（最大判昭和24年5月18日民集3巻6号199頁）。

　主観的出訴期間として，行政事件訴訟法14条1項は，「取消訴訟は，処分又は裁決があつたことを知つた日から6箇月を経過したときは，提起することができない。ただし，正当な理由があるときは，この限りでない。」と定めている。

　「処分または裁決のあったことを知った日」というためには，処分または裁決が効力を発生させていることが必要となり，原則として，当該処分または裁決が名宛人に到達していることが必要になる。ここで，到達とは，相手方が現実に了知した場合に限らず，相手方が知りうべき状態に置かれる場合も含むこととなる。

最一小判昭和27年11月20日民集6巻10号1038頁【行政Ⅱ-188】
〈判旨〉
「「処分のあつたことを知つた日」とは，当事者が書類の交付，口頭の告知その他の方法により処分の存在を現実に知つた日を指すものであつて，抽象的な知り得べかりし日を意味するものでないと解するを相当とする。尤も処分を記載した書類が当事者の住所に送達される等のことであつて，社会通念上処分のあつたことを当事者の知り得べき状態に置かれたときは，反証のない限り，その処分のあつたことを知つたものと推定することはできる。」

---

(2) 客観的出訴期間

　行政事件訴訟法14条2項は，「取消訴訟は，処分又は裁決の日から1年を経過したときは，提起することができない。ただし，正当な理由があるときは，この限りでない。」と定めている。

　主観的出訴期間は，処分の名宛人が「知った日」から起算することとなる。しかし，名宛人が知らない限り出訴期間が進行しないこととなると行政法関係の安定が実現されないおそれがあるため，名宛人が知っているか知ら

ないかに関わらない出訴期間の定めが必要とされ，客観的出訴期間が定められている。

(3) 審査請求後の訴訟提起と出訴期間

　個別の法律で，取消訴訟提起前に審査請求を行い，裁決を経る事を義務づける審査請求前置主義が採用されている場合には，審査請求を行い，その裁決を経るまでは出訴できないのが原則であるから，審査請求の対象となる処分があったことを知った日から6か月または処分の日から1年を経過したときは原処分にかかる取消訴訟を提起できなくすることは不合理といえる。

　このため，行政事件訴訟法は，審査請求と同時に取消訴訟を提起しなくても，処分にかかる取消訴訟の出訴期間が過ぎることのないよう，まず審査請求を行い，その裁決を待って当該処分の取消訴訟を提起するか否かの判断できるようにしている。

> **行政事件訴訟法 14 条 3 項**
> 処分又は裁決につき審査請求をすることができる場合又は行政庁が誤つて審査請求をすることができる旨を教示した場合において，審査請求があつたときは，処分又は裁決に係る取消訴訟は，その審査請求をした者については，前2項の規定にかかわらず，これに対する裁決があつたことを知つた日から6箇月を経過したとき又は当該裁決の日から1年を経過したときは，提起することができない。ただし，正当な理由があるときは，この限りでない。

2　例外的不服申立前置

　行政事件訴訟法では，原則として，行政上の不服申立てをせずに直ちに取消訴訟を提起するか，行政上の不服申立てをまず行い，それに対する裁決等になお不服がある場合に取消訴訟を提起するか，両者を同時並行して行うかは自由とされる。これを自由選択主義という。

　ただし，行政過程において専門的判断を行うことが望ましい場合や，裁判所の負担軽減の観点から行政過程において可及的に紛争を解決する要請が高いものもあるため，個別法で例外的に不服申立前置主義を採用することが認められている（行政事件訴訟法8条1項ただし書）。

(1) 不服申立前置のある場合

　行政事件訴訟法の立法段階では，例外的に不服申立前置主義を認める類型の法定化が議論されたものの実現しなかった。しかし，法制審議会行政訴訟

部会では，不服申立前置主義を認める場合として，①大量的行われる処分であって，不服申立てに対する裁決等により行政の統一を図る必要があるもの，②専門技術的性質を有するもの，③不服申立てに対する裁決等が第三者機関によって，または第三者機関に諮問してなされるものになっているものに限定することが想定されていた[3]。

改正行政不服審査法と同時に制定された整備法による不服申立前置の見直しにあたっては，不服申立前置が認められるのは，①大量に不服申立てが行われるため，裁判所の負担の軽減という観点から不服申立前置によるスクリーニングが必要な処分，②第三者機関により専門技術的な審理が行われる処分，③不服申立前置があることにより裁判によって審級省略が行われている処分等の場合とされた[4]。

(2)　不服申立前置の意味

不服申立てについての判断を経ていても，不服申立てを不適法として却下する裁決が出された場合には，不服申立前置主義の要件を満たしているとはされない（最二小判昭和30年1月28日民集9巻1号60頁）。この場合，不服申立期間内に改めて適法な不服申立てを行い，これに対する裁決を経なければ，原則として取消訴訟を提起できないことになる[5]。

他方で，適法な不服申立てがなされたときに，誤って却下された場合には，不服申立ての実態審理は行われていないものの，その責めは不服申立ての審理を行う行政庁が負うべきであって，当該行政庁に実態審理を行わせるべき特段の事情がない限りは，不服申立前置の要件を満たしたものとして，取消訴訟の提起が認められる（最二小判昭和36年7月21日民集15巻7号1966頁【行政Ⅱ-177】）。

(3)　不服申立前置義務の免除

個別法により，不服申立前置を厳格に適用することが，国民の権利利益の救済の不合理な障害となる場合がある。このため，行政事件訴訟法は，3つの場合に不服申立前置義務を免除している。

①　裁決の遅延

行政事件訴訟法8条2項1号は，「審査請求があった日から3か月を経過

---

(3)　宇賀概説Ⅱ・154頁。
(4)　宇賀概説Ⅱ・155頁。
(5)　宇賀概説Ⅱ・155頁。

しても裁決がないとき」を規定している。不服申立前置主義を厳格に適用すると，不服申立てに対する裁決等が遅延すれば，その間の出訴も不可能となり，適時に司法審査を得ることができなくなるため，不服申立てがあった日から3か月を経過しても裁決等がなされていないときには出訴を認めている。

②　緊急の必要

行政事件訴訟法8条2項2号は，「処分，処分の執行または手続の続行により生ずる著しい損害を避けるため緊急の必要があるとき」を規定している。不服申立前置主義が採用されているときに，裁決等が遅延すれば，本案訴訟の提起ができず，処分，処分の手続の続行によって損害が発生する可能性がある。このため，緊急の必要がある場合には，不服申立てを経ずに訴訟を提起することができるとする。

③　その他の正当な理由

行政事件訴訟法8条2項3号は，「その他裁決を経ないことにつき正当な理由があるとき」を規定している。①②にあたらないが救済が必要な場合として，規定されているものである。

横浜地判昭和40年8月16日行集16巻8号1451頁
〈判旨〉
「法所定の審査請求手続をふむにおいては，裁決期間内に右建物が事実上完成することが予想されたのみならず，……横浜市建築局関係者は本訴提起前においても，またその後においても……本件確認処分には原告ら主張のような違法は存在しないとの見解を堅持しているものであることが認められるので，原告らは本件確認処分について建築審査会に対し審査請求をしても自己に有利な裁決を期待することができない事情にあつたものと認めるを相当とするので，これらの点を考え合せると，原告らは後記認定のように本件建築物敷地に隣接する土地を所有し，かつこれに居住する者であるから，本件確認処分により生ずる著しい損害を避けるため裁決を経ないで本訴を提起する緊急の必要があり，かつまた裁決を経ないことにつき正当な理由があるものというべく，従つて，行政事件訴訟法第8条第2項第2号及び第3号の事由があることとなる。」

3　被告適格

取消訴訟では，処分をした行政庁の所属する国または公共団体が被告となる（行政主体主義）。指定定期検査機関が定期検査を行う場合（計量法20条）

など，国または公共団体に属さない者が処分庁になる場合には，処分庁が被告となる（行政事件訴訟法11条2項）。

4 教　　示

2004年の行政事件訴訟法改正によって，客観的訴訟要件のうち重要なものについての教示規定が設けられた。

ここでは，行政庁は，取消訴訟を提起することができる処分または裁決をする場合には，当該処分または裁決の相手方に対し，①被告とすべきもの，②出訴期間，③不服申立前置主義が採られているときはその旨について教示をしなければならないとされた（行政事件訴訟法46条1項）。

行政事件訴訟法には，教示の懈怠や誤った教示についての救済規定は置かれていない。しかし，被告についての誤った教示や教示の懈怠がなされた場合には，行政事件訴訟法15条1項の解釈から，被告を誤っても重過失がないとして被告の変更を認めるべきとされる[6]。

Ⅲ　主観的訴訟要件

1 処　分　性

> **行政事件訴訟法**
> 3条　この法律において「抗告訴訟」とは，行政庁の公権力の行使に関する不服の訴訟をいう。
> 2　この法律において「処分の取消しの訴え」とは，行政庁の処分その他公権力の行使に当たる行為（次項に規定する裁決，決定その他の行為を除く。以下単に「処分」という。）の取消しを求める訴訟をいう。

「行政庁の処分その他公権力の行使にあたる行為」が取消訴訟の対象とされるわけであるが，これを一般に行政処分という。

行政行為のうち「処分性」を有するものが，取消訴訟の対象となるとされる。最一小判昭和39年10月29日民集18巻8号1809頁【行政Ⅱ-143】では，行政庁の処分とは，その行為によって，直接国民の権利義務を形成し，またはその範囲を確定する事が法律上認められているものをいうと示してい

---

(6)　宇賀概説Ⅱ・161頁。

る。

　行政処分に該当するためには，「直接国民の権利義務を形成しまたはその範囲を確定する」（上記昭和 39 年最判）とか，「法的地位に直接的な影響を及ぼす」（最一小判平成 4 年 11 月 26 日民集 46 巻 8 号 2658 頁，最大判平成 20 年 9 月 10 日民集 62 巻 8 号 2029 頁【行政Ⅱ-147】）ものであることが必要とされながら，その効力が事実上のものである場合にまで拡大されてきているとされる[7]。

最一小判昭和 39 年 10 月 29 日民集 18 巻 8 号 1809 頁【行政Ⅱ-143】

〈判旨〉

「行政事件訴訟特例法 1 条にいう行政庁の処分とは，所論のごとく行政庁の法令に基づく行為のすべてを意味するものではなく，公権力の主体たる国または公共団体が行う行為のうち，その行為によって，直接国民の権利義務を形成しまたはその範囲を確定することが法律上認められているものをいうものであることは，当裁判所の判例とするところである（昭和 28 年（オ）第 1362 号，同 30 年）2 月 24 日第一小法廷判決，民集 9 巻 2 号 217 頁）。そして，かかる行政庁の行為は，公共の福祉の維持，増進のために，法の内容を実現することを目的とし，正当の権限ある行政庁により，法に準拠してなされるもので，社会公共の福祉に極めて関係の深い事柄であるから，法律は，行政庁の右のような行為の特殊性に鑑み，一方このような行政目的を可及的速かに達成せしめる必要性と，他方これによつて権利，利益を侵害された者の法律上の救済を図ることの必要性とを勘案して，行政庁の右のような行為は仮りに違法なものであつても，それが正当な権限を有する機関により取り消されるまでは，一応適法性の推定を受け有効として取り扱われるものであることを認め，これによつて権利，利益を侵害された者の救済については，通常の民事訴訟の方法によることなく，特別の規定によるべきこととしたのである。従つてまた，行政庁の行為によつて権利，利益を侵害された者が，右行為を当然無効と主張し，行政事件訴訟特例法によつて救済を求め得るには，当該行為が前叙のごとき性質を有し，その無効が正当な権限のある機関により確認されるまでは事実上有効なものとして取り扱われている場合でなければならない。」

　許可制，認可制における許可，認可，下命制，禁止制のうち，行政機関が個別具体的に行うものは，処分性が認められる典型とされる[8]。また，給付

（7）　橋本勇「訴訟で学ぶ行政法(5)――行政処分の意味（その 2 ）」自治実務セミナー 2016 年 8 月号 50 頁。

行政においても，受給資格の取得の確認，給付決定を行政処分により行う例がある。

こうした典型例のほかにも処分性について争いのある，次のような例がある。

(1)　内部的行為

行政機関相互の内部的行為は処分性を有さないと解されている。

最二小判昭和53年12月8日民集32巻9号1617頁【行政 I -2】
〈判旨〉
「本件認可は，いわば上級行政機関としての運輸大臣が下級行政機関としての日本鉄道建設公団に対しその作成した本件工事実施計画の整備計画との整合性等を審査してなす監督手段としての承認の性質を有するもので，行政機関相互の行為と同視すべきものであり，行政行為として外部に対する効力を有するものではなく，また，これによつて直接国民の権利義務を形成し，又はその範囲を確定する効果を伴うものではないから，抗告訴訟の対象となる行政処分にあたらないとした原審の判断は，正当として是認することができ，原判決に所論の違法はない。」

※通達

通達は，上級行政機関が下級行政機関に対して示達するものであり，行政組織内部における命令に過ぎず国民に対する法的拘束力は有さないから処分性は否定される（最三小判昭和43年12月24日民集22巻13号3147頁【行政 I -52】）。

しかし，一般論としてはこのことを前提としつつも，例外的に通達の処分性を肯定した裁判例もある（東京地判昭和46年11月8日行集22巻11・12号1785頁）。

最三小判昭和43年12月24日民集22巻13号3147頁【行政 I -52】
〈判旨〉
「通達は，原則として，法規の性質をもつものではなく，上級行政機関が関係下級行政機関および職員に対してその職務権限の行使を指揮し，職務に関して命令するために発するものであり，このような通達は右機関および職員に対する行政組織内部における命令にすぎないから，これらのものがその通達に拘束されることはあつても，一般の国民は直接これに拘束されるものではなく，このことは，通達の内容が，法令の解釈や取扱いに関するもので，国

---

(8)　塩野宏『行政法 II 〔第6版〕』（有斐閣，2019年）107頁。

民の権利義務に重大なかかわりをもつようなものである場合においても別段異なるところはない。このように，通達は，元来，法規の性質をもつものではないから，行政機関が通達の趣旨に反する処分をした場合においても，そのことを理由として，その処分の効力が左右されるものではない。また，裁判所がこれらの通達に拘束されることのないことはもちろんで，裁判所は，法令の解釈適用にあたつては，通達に示された法令の解釈とは異なる独自の解釈をすることができ，通達に定める取扱いが法の趣旨に反するときは独自にその違法を判定することもできる筋合である。」

(2)　行政処分と行政契約

行政契約という手法を用いることが可能な場合であっても，立法裁量によって行政処分とされる行為があり，この場合は処分性を有することになる。

他方で，行政が様々な「契約」を行うにあたって，「許可」等の行政行為の形式を採る場合があったとしても，その内容が私法上の「契約」としての性質を有する場合などには，処分性を有さない行政の行為として認定されることになる。

最大判昭和 46 年 1 月 20 日民集 25 巻 1 号 1 頁【行政Ⅰ-44】
〈判旨〉
「法 80 条に基づく農林大臣の認定，あるいは同条に基づく農林大臣の売払いを行政処分とみる見解があるが，右認定は，その申立て，審査等対外的な手続につき特別の定めはなく，同条の定める要件を充足する事実が生じたときにはかならず行なうべく覊束された内部的な行為にとどまるのであるから，これを独立の行政処分とみる余地はないし，また，昭和 37 年法律第 161 号による改正前の法 85 条が法 39 条 1 項所定の農地等の売渡通知書の交付に関しては，訴願による不服申立方法を認めていたのにかかわらず，法 80 条の土地売払いに関してはそのような不服申立方法を認めていなかつたこと，および法 39 条 1 項の売渡通知書による売渡しの対価の徴収には農地対価徴収令の定めがあり，その不払いには国税徴収の例による処分がされるが（法 43 条），右売払いの対価にはそのような定めのないことから考えても，売払いを行政処分とみることはできない。」

(3)　行　政　計　画

行政計画の中でも非拘束的計画といわれる国民に対する権利利益の制限にないものは，処分性が否定されるが，国民に対する権利利益の制限を行う拘

束的計画であれば，処分性が認められる余地がありそうである。しかしながら，最高裁は，処分性を否定してきた。

最大判昭和41年2月23日民集20巻2号271頁
〈判旨〉
「一，土地区画整理事業計画（その変更計画をも含む。以下同じ。）は，もともと，土地区画整理事業に関する一連の手続の一環をなすものであつて，事業計画そのものとしては，単に，その施行地区（又は施行工区）を特定し，それに含まれる宅地の地積，保留地の予定地積，公共施設等の設置場所，事業施行前後における宅地合計面積の比率等，当該土地区画整理事業の基礎的事項（土地区画整理法6条，68条，同法施行規則5条，6条参照）について，土地区画整理法および同法施行規則の定めるところに基づき，長期的見通しのもとに，健全な市街地の造成を目的とする高度の行政的・技術的裁量によつて，一般的・抽象的に決定するものである。従つて，事業計画は，その計画書に添付される設計図面に各宅地の地番，形状等が表示されることになつているとはいえ，特定個人に向けられた具体的な処分とは著しく趣きを異にし，事業計画自体ではその遂行によつて利害関係者の権利にどのような変動を及ぼすかが，必ずしも具体的に確定されているわけではなく，いわば当該土地区画整理事業の青写真たる性質を有するにすぎないと解すべきである。土地区画整理法が，本件のような都道府県知事によつて行なわれる土地区画整理事業について，事業計画を定めるには，事業計画を2週間公衆の縦覧に供することを要するものとし，利害関係者から意見書の提出があつた場合には，都道府県知事は，都市計画審議会に付議したうえで，事業計画に必要な修正を加えるべきものとしている（法69条参照）のも，利害関係者の意見を反映させて事業計画そのものをより適切妥当なものとしようとする配慮に出たものにほかならない。
事業計画が右に説示したような性質のものであることは，それが公告された後においても，何ら変るところはない。もつとも，当該事業計画が法律の定めるところにより公告されると，爾後，施行地区内において宅地，建物等を所有する者は，土地の形質の変更，建物等の新築，改築，増築等につき一定の制限を受け（法76条1項参照），また，施行地区内の宅地の所有権以外の権利で登記のないものを有し，又は有することになつた者も，所定の権利申告をしなければ不利益な取扱いを受ける（法85条参照）ことになつている。しかし，これは，当該事業計画の円滑な遂行に対する障害を除去するための必要に基づき，法律が特に付与した公告に伴う附随的な効果にとどまるものであつて，事業計画の決定ないし公告そのものの効果として発生する権利制限とはいえない。それ故，事業計画は，それが公告された段階においても，直接，特定個人に向けられた具体的な処分ではなく，また，宅地・建物の所

有者又は賃借人等の有する権利に対し，具体的な変動を与える行政処分では
ない，といわなければならない。

二，もつとも，事業計画は，一連の土地区画整理事業手続の根幹をなすもの
であり，その後の手続の進展に伴つて，仮換地の指定処分，建物の移転・除
却命令等の具体的処分が行なわれ，これらの処分によつて具体的な権利侵害
を生ずることはありうる。しかし，事業計画そのものとしては，さきに説示
したように，特定個人に向けられた具体的な処分ではなく，いわば当該土地
区画整理事業の青写真たるにすぎない一般的・抽象的な単なる計画にとどま
るものであつて，土地区画整理事業の進展に伴い，やがては利害関係者の権
利に直接変動を与える具体的な処分が行なわれることがあるとか，また，計
画の決定ないし公告がなされたままで，相当の期間放置されることがあると
しても，右事業計画の決定ないし公告の段階で，その取消又は無効確認を求
める訴えの提起を許さなければ，利害関係者の権利保護に欠けるところがあ
るとはいい難く，そのような訴えは，抗告訴訟を中心とするわが国の行政訴
訟制度のもとにおいては，争訟の成熟性ないし具体的事件性を欠くものとい
わなければならない。更に，この点を詳説すれば，そもそも，土地区画整理
事業のように，一連の手続を経て行なわれる行政作用について，どの段階で，
これに対する訴えの提起を認めるべきかは，立法政策の問題ともいいうるの
であつて，一連の手続のあらゆる段階で訴えの提起を認めなければ，裁判を
受ける権利を奪うことになるものとはいえない。右に説示したように，事業
計画の決定ないし公告の段階で訴えの提起が許されないからといつて，土地
区画整理事業によつて生じた権利侵害に対する救済手段が一切閉ざされてし
まうわけではない。すなわち，土地区画整理事業の施行に対する障害を排除
するため，当該行政庁が，当該土地の所有者等に対し，原状回復を命じ，又
は当該建築物等の移転若しくは除却を命じた場合において，それらの違法を
主張する者は，その取消（又は無効確認）を訴求することができ，また，当
該行政庁が換地計画の実施の一環として，仮換地の指定又は換地処分を行な
つた場合において，その違法を主張する者は，これらの具体的処分の取消（又
は無効確認）を訴求することができる。これらの救済手段によつて，具体的
な権利侵害に対する救済の目的は，十分に達成することができるのである。
土地区画整理法の趣旨とするところも，このような具体的な処分の行なわれ
た段階で，前叙のような救済手段を認めるだけで足り，直接それに基づく具
体的な権利変動の生じない事業計画の決定ないし公告の段階では，理論上か
らいつても，訴訟事件としてとりあげるに足るだけの事件の成熟性を欠くの
みならず，実際上からいつても，その段階で，訴えの提起を認めることは妥
当でなく，また，その必要もないとしたものと解するのが相当である。

されば，土地区画整理事業計画の決定は，それが公告された後においても，
無効確認訴訟の対象とはなし得ないものであつて，これと同趣旨に出た原審

の所論判断は，相当であり，論旨は，排斥を免れない。」

しかし，最高裁は判例変更をし，計画に対する処分性を認めた（3章Ⅵ4.(3)も参照）。

最大判平成20年9月10日民集62巻8号2029頁【行政Ⅱ-147】
〈判旨〉
「市町村の施行に係る土地区画整理事業の事業計画の決定は，施行地区内の宅地所有者等の法的地位に変動をもたらすものであって，抗告訴訟の対象とするに足りる法的効果を有するものということができ，実効的な権利救済を図るという観点から見ても，これを対象とした抗告訴訟の提起を認めるのが合理的である。したがって，上記事業計画の決定は，行政事件訴訟法3条2項にいう「行政庁の処分その他公権力の行使に当たる行為」に当たると解するのが相当である。これと異なる趣旨をいう最高裁昭和37年（オ）第122号同41年2月23日大法廷判決・民集20巻2号271頁及び最高裁平成3年（行ツ）第208号同4年10月6日第三小法廷判決・裁判集民事166号41頁は，いずれも変更すべきである。」

(4)　立　法　行　為

立法行為つまり，法律それ自体や条例それ自体などについては，処分性はなく，行政訴訟の提起はできないと考えられている。

立法行為は，国民に対して法律などのルールを策定するもので，実際に国民の権利利益に影響が出る場面は，法律や条令が定められたことによるものではなく，これが適用され実際に運用されることで罰則等によって影響が出ることとなる。このことから，基本的には，罰則等が与えられたタイミングで，罰則等を与えた（行政）行為に処分性を認めその当否について争わせれば国民の権利救済としては十分であるといえる。

しかし，一定の場面では立法行為について処分性を認めるものもある。

最一小判平成21年11月26日民集63巻9号2124頁【行政Ⅱ-197】【地方-38】
〈判旨〉
「市町村は，保護者の労働又は疾病等の事由により，児童の保育に欠けるところがある場合において，その児童の保護者から入所を希望する保育所等を記載した申込書を提出しての申込みがあったときは，希望児童のすべてが入所すると適切な保育の実施が困難になるなどのやむを得ない事由がある場合に入所児童を選考することができること等を除けば，その児童を当該保育所に

おいて保育しなければならないとされている（児童福祉法24条1項〜3項）。平成9年法律第74号による児童福祉法の改正がこうした仕組みを採用したのは，女性の社会進出や就労形態の多様化に伴って，乳児保育や保育時間の延長を始めとする多様なサービスの提供が必要となった状況を踏まえ，その保育所の受入れ能力がある限り，希望どおりの入所を図らなければならないこととして，保護者の選択を制度上保障したものと解される。そして，前記のとおり，被上告人においては，保育所への入所承諾の際に，保育の実施期間が指定されることになっている。このように，被上告人における保育所の利用関係は，保護者の選択に基づき，保育所及び保育の実施期間を定めて設定されるものであり，保育の実施の解除がされない限り（同法33条の4参照），保育の実施期間が満了するまで継続するものである。そうすると，特定の保育所で現に保育を受けている児童及びその保護者は，保育の実施期間が満了するまでの間は当該保育所における保育を受けることを期待し得る法的地位を有するものということができる。

　ところで，公の施設である保育所を廃止するのは，市町村長の担任事務であるが（地方自治法149条7号），これについては条例をもって定めることが必要とされている（同法244条の2）。条例の制定は，普通地方公共団体の議会が行う立法作用に属するから，一般的には，抗告訴訟の対象となる行政処分に当たるものでないことはいうまでもないが，本件改正条例は，本件各保育所の廃止のみを内容とするものであって，他に行政庁の処分を待つことなく，その施行により各保育所廃止の効果を発生させ，当該保育所に現に入所中の児童及びその保護者という限られた特定の者らに対して，直接，当該保育所において保育を受けることを期待し得る上記の法的地位を奪う結果を生じさせるものであるから，その制定行為は，行政庁の処分と実質的に同視し得るものということができる。

　また，市町村の設置する保育所で保育を受けている児童又はその保護者が，当該保育所を廃止する条例の効力を争って，当該市町村を相手に当事者訴訟ないし民事訴訟を提起し，勝訴判決や保全命令を得たとしても，これらは訴訟の当事者である当該児童又はその保護者と当該市町村との間でのみ効力を生ずるにすぎないから，これらを受けた市町村としては当該保育所を存続させるかどうかについての実際の対応に困難を来すことにもなり，処分の取消判決や執行停止の決定に第三者効（行政事件訴訟法32条）が認められている取消訴訟において当該条例の制定行為の適法性を争い得るとすることには合理性がある。

　以上によれば，本件改正条例の制定行為は，抗告訴訟の対象となる行政処分に当たると解するのが相当である。」

(5)　公権力性

処分性の有無の判断においては，公権力性が必要となる。公権力性とは，国又は公共団体が法令を根拠とする優越的地位に基づいて一方的に行う公権力の行使をいう（最一小判平成 15 年 9 月 4 日集民 210 号 385 頁）。公権力性は，行政庁の行為が一方的優越的地位からなされているかで判断することとなるが，行政庁が単なる契約を締結したにすぎないと評価できる場合，公権力性は原則として否定される（最一小判昭和 39 年 10 月 29 日民集 18 巻 8 号 1809 頁【行政Ⅱ-143】）。

> **最一小判平成 15 年 9 月 4 日集民 210 号 385 頁**
> 〈判旨〉
> 「法を根拠とする優越的地位に基づいて一方的に行う公権力の行使であり，被災労働者又はその遺族の上記権利に直接影響を及ぼす法的効果を有するものであるから，抗告訴訟の対象となる行政処分に当たるものと解するのが相当である。」

給付行政の分野では，行政庁の行為は，原則として契約上の行為（贈与契約の申込みに対する承諾等）と解されるため，補助金等の不支給決定は公権力性が否定されうる。しかし，立法政策によって，給付行政の分野における行政庁の決定についても，処分性が付与されることがありうる。

公権力性を肯定して「行政行為」として扱うか，否定して「私人間の契約」と扱うかの区別の判断要素としては，行政行為を「社会全体において財を公正に分配する観点を強く要する決定や，多種の法律関係を派生させる基礎になる決定」と位置づけ，契約を「受給者の個別の事情に柔軟に対応する必要が強い場合」と位置づけるものがある[9]。

2　原告適格

原告適格とは，当該行政訴訟を提起できる資格をいう。行政訴訟はあくまで主観訴訟であるため，当該行政訴訟によって自己の権利利益の保護を図る者のみが訴訟を提起することができる。

原告適格は，「法律上の利益を有する者」に限って認められるが，その意義は明らかではないため，解釈等によって原告適格の有無を判断する必要が

---

[9]　山本隆司『判例から探究する行政法』（有斐閣，2012 年）324 頁。

ある。

行政事件訴訟法
9条　処分の取消しの訴え及び裁決の取消しの訴え（以下「取消訴訟」という。）は，当該処分又は裁決の取消しを求めるにつき法律上の利益を有する者（処分又は裁決の効果が期間の経過その他の理由によりなくなつた後においてもなお処分又は裁決の取消しによつて回復すべき法律上の利益を有する者を含む。）に限り，提起することができる。
2　裁判所は，処分又は裁決の相手方以外の者について前項に規定する法律上の利益の有無を判断するに当たつては，当該処分又は裁決の根拠となる法令の規定の文言のみによることなく，当該法令の趣旨及び目的並びに当該処分において考慮されるべき利益の内容及び性質を考慮するものとする。この場合において，当該法令の趣旨及び目的を考慮するに当たつては，当該法令と目的を共通にする関係法令があるときはその趣旨及び目的をも参酌するものとし，当該利益の内容及び性質を考慮するに当たつては，当該処分又は裁決がその根拠となる法令に違反してされた場合に害されることとなる利益の内容及び性質並びにこれが害される態様及び程度をも勘案するものとする。

　ここで，「法律上の利益」の意味は，主として「法律上保護された利益説」と「裁判上保護に値する利益説」の対立が存在する。
　「法律上保護された利益説」は，当該行政処分の根拠となる法規が，私人の個別的利益を保護することを目的として行政権の行使に制約を課していることにより保護される利益である。
　「裁判上保護に値する利益説」とは，原告の被侵害利益が，処分の根拠法規によって保護されていない利益であっても，それが裁判上保護に値するものであれば，原告適格を基礎づけるというものである。

3　原告適格の判断

　ある人物に原告適格が認められるか否かを判断するにあたっては，その人物が，「処分又は裁決の相手方」（9条2項前段）なのか，それ以外の第三者なのかを区別する必要がある。「処分又は裁決の相手方」は，「処分の名宛人」と呼ばれることもある。

(1)　処分の名宛人の原告適格

　処分の名宛人については，当然に「法律上の利益を有する者」にあたり，原告適格が認められる。行政庁の行為が「処分」である（＝処分性が認めら

れる）ということは，処分を受けた者の権利義務が直接形成されることを意味するから，それを争うにつき当然に「法律上の利益」があるといえるからである。

(2)　処分の名宛人以外の第三者の原告適格

　処分の名宛人以外の第三者が訴訟を提起しようとする場合に，原告適格が認められるか否かが問題になる。名宛人と異なり，当然に行政処分によって当該第三者の権利義務に影響が生じるとは限らないからである。

最大判平成 17 年 12 月 7 日民集 59 巻 10 号 2645 頁【行政Ⅱ-159】
〈判旨〉
「行政事件訴訟法9条は，取消訴訟の原告適格について規定するが，同条1項にいう当該処分の取消しを求めるにつき「法律上の利益を有する者」とは，当該処分により自己の権利若しくは法律上保護された利益を侵害され，又は必然的に侵害されるおそれのある者をいうのであり，当該処分を定めた行政法規が，不特定多数者の具体的利益を専ら一般的公益の中に吸収解消させるにとどめず，それが帰属する個々人の個別的利益としてもこれを保護すべきものとする趣旨を含むと解される場合には，このような利益もここにいう法律上保護された利益に当たり，当該処分によりこれを侵害され又は必然的に侵害されるおそれのある者は，当該処分の取消訴訟における原告適格を有するものというべきである。」
「ア　都市計画法は，同法の定めるところにより同法59条の規定による認可等を受けて行われる都市計画施設の整備に関する事業等を都市計画事業と規定し（4条15項），その事業の内容が都市計画に適合することを認可の基準の一つとしている（61条1号）。
都市計画に関する都市計画法の規定をみると，同法は，都市の健全な発展と秩序ある整備を図り，もって国土の均衡ある発展と公共の福祉の増進に寄与することを目的とし（1条），都市計画の基本理念の一つとして，健康で文化的な都市生活を確保すべきことを定めており（2条），都市計画の基準に関して，当該都市について公害防止計画が定められているときは都市計画がこれに適合したものでなければならないとし（13条1項柱書き），都市施設は良好な都市環境を保持するように定めることとしている（同項5号）。また，同法は，都市計画の案を作成しようとする場合において必要があると認められるときは，公聴会の開催等，住民の意見を反映させるために必要な措置を講ずるものとし（16条1項），都市計画を決定しようとする旨の公告があったときは，関係市町村の住民及び利害関係人は，縦覧に供された都市計画の案について意見書を提出することができるものとしている（17条1項，2項）。
イ　また，上記の公害防止計画の根拠となる法令である公害対策基本法は，

国民の健康を保護するとともに，生活環境を保全することを目的とし（1
条），事業活動その他の人の活動に伴って生ずる相当範囲にわたる大気の汚
染，水質の汚濁，土壌の汚染，騒音，振動等によって人の健康又は生活環境
に係る被害が生ずることを公害と定義した上で（2条），国及び地方公共団体
が公害の防止に関する施策を策定し，実施する責務を有するとし（4条，5
条），内閣総理大臣が，現に公害が著しく，かつ，公害の防止に関する施策を
総合的に講じなければ公害の防止を図ることが著しく困難であると認められ
る地域等について，公害防止計画の基本方針を示して関係都道府県知事にそ
の策定を指示し，これを受けた関係都道府県知事が公害防止計画を作成して
内閣総理大臣の承認を受けるものとしている（19条）（なお，同法は，環境
基本法の施行に伴い平成5年11月19日に廃止されたが，新たに制定された
環境基本法は，内閣総理大臣が上記と同様の地域について関係都道府県知事
に公害防止計画の策定を指示し，これを受けた関係都道府県知事が公害防止
計画を作成して内閣総理大臣の承認を受けなければならないとしている（17
条）。さらに，同条の規定は，平成11年法律第87号及び第160号により改正
され，現在は，環境大臣が同様の指示を行い，これを受けた関係都道府県知
事が公害防止計画を作成し，環境大臣に協議し，その同意を得なければなら
ないとしている。）。

公害防止計画に関するこれらの規定は，相当範囲にわたる騒音，振動等によ
り健康又は生活環境に係る著しい被害が発生するおそれのある地域について，
その発生を防止するために総合的な施策を講ずることを趣旨及び目的とする
ものと解される。そして，都市計画法13条1項柱書きが，都市計画は公害防
止計画に適合しなければならない旨を規定していることからすれば，都市計
画の決定又は変更に当たっては，上記のような公害防止計画に関する公害対
策基本法の規定の趣旨及び目的を踏まえて行われることが求められるものと
いうべきである。

さらに，東京都においては，環境に著しい影響を及ぼすおそれのある事業の
実施が環境に及ぼす影響について事前に調査，予測及び評価を行い，これら
の結果について公表すること等の手続に関し必要な事項を定めることにより，
事業の実施に際し公害の防止等に適正な配慮がされることを期し，都民の健
康で快適な生活の確保に資することを目的として，本件条例が制定されてい
る。本件条例は，被上告参加人が，良好な環境を保全し，都民の健康で快適
な生活を確保するため，本件条例に定める手続が適正かつ円滑に行われるよ
う努めなければならない基本的責務を負うものとした上で（3条），事業者か
ら提出された環境影響評価書及びその概要の写しを対象事業に係る許認可権
者（都市計画の決定又は変更の権限を有する者を含む。2条8号）に送付し
て（24条2項），許認可等を行う際に評価書の内容に十分配慮するよう要請
しなければならないとし（25条），対象事業が都市計画法の規定により都市

計画に定められる場合においては，本件条例による手続を都市計画の決定の手続に合わせて行うよう努めるものとしている（45条）。これらの規定は，都市計画の決定又は変更に際し，環境影響評価等の手続を通じて公害の防止等に適正な配慮が図られるようにすることも，その趣旨及び目的とするものということができる。

ウ　そして，都市計画事業の認可は，都市計画に事業の内容が適合することを基準としてされるものであるところ，前記アのような都市計画に関する都市計画法の規定に加えて，前記イの公害対策基本法等の規定の趣旨及び目的をも参酌し，併せて，都市計画法66条が，認可の告示があったときは，施行者が，事業の概要について事業地及びその付近地の住民に説明し，意見を聴取する等の措置を講ずることにより，事業の施行についてこれらの者の協力が得られるように努めなければならないと規定していることも考慮すれば，都市計画事業の認可に関する同法の規定は，事業に伴う騒音，振動等によって，事業地の周辺地域に居住する住民に健康又は生活環境の被害が発生することを防止し，もって健康で文化的な都市生活を確保し，良好な生活環境を保全することも，その趣旨及び目的とするものと解される。

エ　都市計画法又はその関係法令に違反した違法な都市計画の決定又は変更を基礎として都市計画事業の認可がされた場合に，そのような事業に起因する騒音，振動等による被害を直接的に受けるのは，事業地の周辺の一定範囲の地域に居住する住民に限られ，その被害の程度は，居住地が事業地に接近するにつれて増大するものと考えられる。また，このような事業に係る事業地の周辺地域に居住する住民が，当該地域に居住し続けることにより上記の被害を反復，継続して受けた場合，その被害は，これらの住民の健康や生活環境に係る著しい被害にも至りかねないものである。そして，都市計画事業の認可に関する同法の規定は，その趣旨及び目的にかんがみれば，事業地の周辺地域に居住する住民に対し，違法な事業に起因する騒音，振動等によってこのような健康又は生活環境に係る著しい被害を受けないという具体的利益を保護しようとするものと解されるところ，前記のような被害の内容，性質，程度等に照らせば，この具体的利益は，一般的公益の中に吸収解消させることが困難なものといわざるを得ない。

オ　以上のような都市計画事業の認可に関する都市計画法の規定の趣旨及び目的，これらの規定が都市計画事業の認可の制度を通して保護しようとしている利益の内容及び性質等を考慮すれば，同法は，これらの規定を通じて，都市の健全な発展と秩序ある整備を図るなどの公益的見地から都市計画施設の整備に関する事業を規制するとともに，騒音，振動等によって健康又は生活環境に係る著しい被害を直接的に受けるおそれのある個々の住民に対して，そのような被害を受けないという利益を個々人の個別的利益としても保護すべきものとする趣旨を含むと解するのが相当である。したがって，都市計画

事業の事業地の周辺に居住する住民のうち当該事業が実施されることにより騒音，振動等による健康又は生活環境に係る著しい被害を直接的に受けるおそれのある者は，当該事業の認可の取消しを求めるにつき法律上の利益を有する者として，その取消訴訟における原告適格を有するものといわなければならない。最高裁平成8年（行ツ）第76号同11年11月25日第一小法廷判決・裁判集民事195号387頁は，以上と抵触する限度において，これを変更すべきである。」

　原告適格については，営業的利益や文化的利益，生命身体の利益，住環境上の利益など，利益の性質によって，分類し，原告適格が認められるかどうか，その範囲をどのように判断するかが事例ごとに判断することになる。

最一小判平成元年4月13日集民156号499頁【行政II-162】
〈判旨〉
「地方鉄道法（大正8年法律第52号）21条は，地方鉄道における運賃，料金の定め，変更につき監督官庁の認可を受けさせることとしているが，同条に基づく認可処分そのものは，本来，当該地方鉄道利用者の契約上の地位に直接影響を及ぼすものではなく，このことは，その利用形態のいかんにより差異を生ずるものではない。また，同条の趣旨は，もっぱら公共の利益を確保することにあるのであって，当該地方鉄道の利用者の個別的な権利利益を保護することにあるのではなく，他に同条が当該地方鉄道の利用者の個別的な権利利益を保護することを目的として認可権の行使に制約を課していると解すべき根拠はない。そうすると，たとえ上告人らが近畿日本鉄道株式会社の路線の周辺に居住する者であって通勤定期券を購入するなどしたうえ，日常同社が運行している特別急行旅客列車を利用しているとしても，上告人らは，本件特別急行料金の改定（変更）の認可処分によって自己の権利利益を侵害され又は必然的に侵害されるおそれのある者に当たるということができず，右認可処分の取消しを求める原告適格を有しないというべきである」

最三小判平成4年9月22日民集46巻6号571頁【行政II-156】・同1090頁【行政II-174】
〈判旨〉
「行政事件訴訟法9条は，取消訴訟の原告適格について規定するが，同条にいう当該処分の取消しを求めるにつき「法律上の利益を有する者」とは，当該処分により自己の権利若しくは法律上保護された利益を侵害され又は必然的に侵害されるおそれのある者をいうのであり，当該処分を定めた行政法規が，不特定多数者の具体的利益を専ら一般的公益の中に吸収解消させるにとどめず，それが帰属する個々人の個別的利益としてもこれを保護すべきものとす

る趣旨を含むと解される場合には，かかる利益も右にいう法律上保護された
利益に当たり，当該処分によりこれを侵害され又は必然的に侵害されるおそ
れのある者は，当該処分の取消訴訟における原告適格を有するものというべ
きである」

「そして，当該行政法規が，不特定多数者の具体的利益をそれが帰属する個々
人の個別的利益としても保護すべきものとする趣旨を含むか否かは，当該行
政法規の趣旨・目的，当該行政法規が当該処分を通して保護しようとしてい
る利益の内容・性質等を考慮して判断すべきである」

「……右の 3 号（技術的能力に係る部分に限る。）及び 4 号の設けられた趣旨，
右各号が考慮している被害の性質等にかんがみると，右各号は，単に公衆の
生命，身体の安全，環境上の利益を一般的公益として保護しようとするにと
どまらず，原子炉施設周辺に居住し，右事故等がもたらす災害により直接的
かつ重大な被害を受けることが想定される範囲の住民の生命，身体の安全等
を個々人の個別的利益としても保護すべきものとする趣旨を含むと解するの
が相当である。

　そして，当該住民の居住する地域が，前記の原子炉事故等による災害によ
り直接的かつ重大な被害を受けるものと想定される地域であるか否かについ
ては，当該原子炉の種類，構造，規模等の当該原子炉に関する具体的な諸条
件を考慮に入れた上で，当該住民の居住する地域と原子炉の位置との距離関
係を中心として，社会通念に照らし，合理的に判断すべきものである。」

「以上説示した見地に立って本件をみるのに，上告人らは本件原子炉から約
29 キロメートルないし約 58 キロメートルの範囲内の地域に居住しているこ
と，本件原子炉は研究開発段階にある原子炉である高速増殖炉であり……，
上告人らは，いずれも本件原子炉の設置許可の際に行われる規制法 24 条 1 項
3 号所定の技術的能力の有無及び 4 号所定の安全性に関する各審査に過誤，
欠落がある場合に起こり得る事故等による災害により直接的かつ重大な被害
を受けるものと想定される地域内に居住する者というべきであるから，本件
設置許可処分の無効確認を求める本訴請求において，行政事件訴訟法 36 条所
定の「法律上の利益を有する者」に該当するものと認めるのが相当である。」

最三小判平成元年 6 月 20 日集民 157 号 163 頁【行政Ⅱ-163】
〈判旨〉
「本件史跡指定解除処分の根拠である静岡県文化財保護条例（昭和 36 年静岡
県条例第 23 号。以下「本件条例」という。）は，文化財保護法（以下「法」
という。）98 条 2 項の規定に基づくものであるが，法により指定された文化
財以外の静岡県内の重要な文化財について，保存及び活用のため必要な措置
を講じ，もって県民の文化的向上に資するとともに，我が国文化の進歩に貢
献することを目的としている（1 条）。本件条例において，静岡県教育委員会

は，県内の重要な記念物を県指定史跡等に指定することができ（29条1項），県指定史跡等がその価値を失った場合その他特殊の理由があるときは，その指定を解除することができる（30条1項）こととされている。これらの規定並びに本件条例及び法の他の規定中に，県民あるいは国民が史跡等の文化財の保存・活用から受ける利益をそれら個々人の個別的利益として保護すべきものとする趣旨を明記しているものはなく，また，右各規定の合理的解釈によっても，そのような趣旨を導くことはできない。そうすると，本件条例及び法は，文化財の保存・活用から個々の県民あるいは国民が受ける利益については，本来本件条例及び法がその目的としている公益の中に吸収解消させ，その保護は，もっぱら右公益の実現を通じて図ることとしているものと解される。そして，本件条例及び法において，文化財の学術研究者の学問研究上の利益の保護について特段の配慮をしていると解しうる規定を見出すことはできないから，そこに，学術研究者の右利益について，一般の県民あるいは国民が文化財の保存・活用から受ける利益を超えてその保護を図ろうとする趣旨を認めることはできない。文化財の価値は学術研究者の調査研究によって明らかにされるものであり，その保存・活用のためには学術研究者の協力を得ることが不可欠であるという実情があるとしても，そのことによって右の解釈が左右されるものではない。また，所論が掲げる各法条は，右の解釈に反する趣旨を有するものではない。」

「したがって，上告人らは，本件遺跡を研究の対象としてきた学術研究者であるとしても，本件史跡指定解除処分の取消しを求めるにつき法律上の利益を有せず，本件訴訟における原告適格を有しないといわざるをえない。」

最一小判平成10年12月17日民集52巻9号1821頁【行政Ⅱ-160】

〈判旨〉

風俗営業「法は，善良の風俗と清浄な風俗環境を保持し，及び少年の健全な育成に障害を及ぼす行為を防止するため，風俗営業及び風俗関連営業等について，営業時間，営業区域等を制限し，及び年少者をこれらの営業所に立ち入らせること等を規制するとともに，風俗営業の健全化に資するため，その業務の適正化を促進する等の措置を講ずることを目的とする（法1条）。右の目的規定から，法の風俗営業の許可に関する規定が一般的公益の保護に加えて個々人の個別的利益をも保護すべきものとする趣旨を含むことを読み取ることは，困難である。

　また，風俗営業の許可の基準を定める法4条2項2号は，良好な風俗環境を保全するため特にその設置を制限する必要があるものとして政令で定める基準に従い都道府県の条例で定める地域内に営業所があるときは，風俗営業の許可をしてはならないと規定している。右の規定は，具体的地域指定を条例に，その基準の決定を政令にゆだねており，それらが公益に加えて個々人

の個別的利益をも保護するものとすることを禁じているとまでは解されないものの，良好な風俗環境の保全という公益的な見地から風俗営業の制限地域の指定を行うことを予定しているものと解されるのであって，同号自体が当該営業制限地域の居住者個々人の個別的利益をも保護することを目的としているものとは解し難い。」

4 訴えの利益

　訴えの利益は，広くは処分性，原告適格なども含む総称として用いられるが(10)，狭義の意味としては，当該処分を取消す実際上の必要性とされる(11)。処分が原告によって不利益なものでなければ，その取り消しを求める法律上の利益が無く，訴えの利益が認められないことになる。

最二小判昭和59年10月26日民集38巻10号1169頁【行政Ⅱ-170】
〈判旨〉
「建築確認は，建築基準法6条1項の建築物の建築等の工事が着手される前に，当該建築物の計画が建築関係規定に適合していることを公権的に判断する行為であつて，それを受けなければ右工事をすることができないという法的効果が付与されており，建築関係規定に違反する建築物の出現を未然に防止することを目的としたものということができる。しかしながら，右工事が完了した後における建築主事等の検査は，当該建築物及びその敷地が建築関係規定に適合しているかどうかを基準とし，同じく特定行政庁の違反是正命令は，当該建築物及びその敷地が建築基準法並びにこれに基づく命令及び条例の規定に適合しているかどうかを基準とし，いずれも当該建築物及びその敷地が建築確認に係る計画どおりのものであるかどうかを基準とするものでない上，違反是正命令を発するかどうかは，特定行政庁の裁量にゆだねられているから，建築確認の存在は，検査済証の交付を拒否し又は違反是正命令を発する上において法的障害となるものではなく，また，たとえ建築確認が違法であるとして判決で取り消されたとしても，検査済証の交付を拒否し又は違反是正命令を発すべき法的拘束力が生ずるものではない。したがつて，建築確認は，それを受けなければ右工事をすることができないという法的効果を付与されているにすぎないものというべきであるから，当該工事が完了した場合においては，建築確認の取消しを求める訴えの利益は失われるものといわざるを得ない。」

---

(10)　塩野宏『行政法Ⅱ〔第6版〕』（有斐閣，2019年）218頁。
(11)　宇賀概説Ⅱ・218頁。

最三小判平成27年3月3日民集69巻2号143頁【行政Ⅱ-167】
〈判旨〉
行政手続き「法12条1項に基づいて定められ公にされている処分基準は，単に行政庁の行政運営上の便宜のためにとどまらず，不利益処分に係る判断過程の公正と透明性を確保し，その相手方の権利利益の保護に資するために定められ公にされるものというべきである。したがって，行政庁が同項の規定により定めて公にしている処分基準において，先行の処分を受けたことを理由として後行の処分に係る量定を加重する旨の不利益な取扱いの定めがある場合に，当該行政庁が後行の処分につき当該処分基準の定めと異なる取扱いをするならば，裁量権の行使における公正かつ平等な取扱いの要請や基準の内容に係る相手方の信頼の保護等の観点から，当該処分基準の定めと異なる取扱いをすることを相当と認めるべき特段の事情がない限り，そのような取扱いは裁量権の範囲の逸脱又はその濫用に当たることとなるものと解され，この意味において，当該行政庁の後行の処分における裁量権は当該処分基準に従って行使されるべきことがき束されており，先行の処分を受けた者が後行の処分の対象となるときは，上記特段の事情がない限り当該処分基準の定めにより所定の量定の加重がされることになるものということができる。」
「以上に鑑みると，行政手続法12条1項の規定により定められ公にされている処分基準において，先行の処分を受けたことを理由として後行の処分に係る量定を加重する旨の不利益な取扱いの定めがある場合には，上記先行の処分に当たる処分を受けた者は，将来において上記後行の処分に当たる処分の対象となり得るときは，上記先行の処分に当たる処分の効果が期間の経過によりなくなった後においても，当該処分基準の定めにより上記の不利益な取扱いを受けるべき期間内はなお当該処分の取消しによって回復すべき法律上の利益を有するものと解するのが相当である。
　そうすると，本件において，上告人は，行政手続法12条1項の規定により定められ公にされている処分基準である本件規程の定めにより将来の営業停止命令における停止期間の量定が加重されるべき本件処分後3年の期間内は，なお本件処分の取消しによって回復すべき法律上の利益を有するものというべきである。」

Ⅳ 取消訴訟の審理

1 当事者主義と職権主義

　民事訴訟においては，基本的に紛争自体が私的なものであるので，真実の発見よりも当事者間の紛争の解決が重要であり，紛争解決についても私的自治を尊重し，当事者のイニシアティブを尊重する当事者主義が原則とされて

いる。この当事者主義の対概念が，訴訟における裁判所のイニシアティブを尊重する職権主義である[12]。

　訴訟を提起するか否か，提起するとして何につき裁判所の判断を求めるのか，和解，請求の放棄，認諾，訴訟の取り下げをするのか等の決定を当事者にゆだねる原則を処分権主義といい，民事訴訟の基本原則とされる。取消訴訟についても，その開始や終了については処分権主義が妥当しているとされる[13]。

　和解等について，被告である国や公共団体が自由にできるかという問題がある。私人が被告であれば，実体法上の権利の処分権があることを前提として，和解等ができるが，行政主体が被告の場合，法律による行政の原則に由来する制約があるとも考えられる。

　行政主体は，法律に従って行政を行う義務があるので，処分が適法であると信じているにもかかわらず，長期間訴訟で争われるのが煩わしいという理由で，請求の認諾をしたり和解したりすることは許されないと考えられている[14]。

2　弁　論　主　義

　訴訟において，いかなる事実の主張を行い，主張された事実についていかなる証拠を収集するのかが当事者の責任に任され，裁判所は当事者の主張しない事実を調べたり，当時者の主張した事実について自ら証拠を収集することが認められず，当事者の提出した主張と資料のみに基づいて判断をするのが弁論主義である。

　これは，民事訴訟のみならず，取消訴訟においても基本的には妥当する。

　他方で，当事者の申立てを待たずに裁判所が証人喚問，物証の提出を求めたり現場検証を行ったりする職権証拠調べが認められている。

　職権証拠調べは，取消訴訟は行政処分が取り消されるかが争点になり，公益とかかわるものであって，訴訟における勝敗を当事者の主張・証拠の提出によってのみ判断するのは適切ではなく，また，行政主体と私人間の立証能力の差異を前提とすれば，当事者間の実質的公平を確保するために，当事者

---

(12)　宇賀概説Ⅱ・230-231頁。
(13)　宇賀概説Ⅱ・231頁。
(14)　宇賀概説Ⅱ・232頁。

の申立てを前提とせずに裁判所が，証人喚問，物証の提出を求めること，現
場検証をすることといった職権証拠調べが認められている（行政事件訴訟法
24 条）。

> **行政事件訴訟法 24 条**
> 裁判所は，必要があると認めるときは，職権で，証拠調べをすることができ
> る。ただし，その証拠調べの結果について，当事者の意見をきかなければな
> らない。

この職権証拠調べは，裁判所の権限ではあるが，義務ではないとされる
（最一小判昭和 28 年 12 月 24 日民集 7 巻 13 号 1604 頁【行政Ⅱ-185】）。

> **最一小判昭和 28 年 12 月 24 日民集 7 巻 13 号 1604 頁【行政Ⅱ-185】**
> 「行政事件訴訟特例法 9 条は，証拠につき充分の心証を得られない場合，職権
> で，証拠を調べることのできる旨を規定したものであつて，原審が証拠につ
> き十分の心証を得られる以上，職権によつて更に証拠を調べる必要はない」

3　主張立証責任

　弁論主義の下で，ある事実が弁論に現れない結果，不利益な判断を下され
る側の当事者の危険・不利益を主張責任という。

　事実の存否を確定できない場合が生じうる場合，裁判所が判決を下すこと
を拒否すれば，紛争の終局的解決が図られなくなるので，当該事実があった
もの，またはなかったものと仮定して判断せざるを得ない。当該事実を立証
できなかったときに，かかる仮定により，一方の当事者が受ける不利益を立
証責任という。

　取消訴訟における主張立証責任については，①法律要件分類説，②調査義
務反映説，③権利性質説，④個別具体的判断説，⑤法律による行政の原理説
などの諸説が存在するものの，定説は存在していないとされる[15]。

　国または公共団体と比較して，私人は専門知識や保有している情報の面
で，不利な立場にあるということが少なくなく，取消訴訟において，原告の
主張・立証の負担を軽減しないと不合理な結果をもたらすおそれがある。そ
うしたことから，裁判例において，原告の主張立証責任を軽減する例があ
る。

---

(15)　宇賀概説Ⅱ・249-252 頁。

最二小判平成 26 年 7 月 14 日訟月 61 巻 5 号 1037 頁【行政Ⅱ-187】
〈判旨〉

「情報公開法において，行政文書とは，行政機関の職員が職務上作成し，又は取得した文書，図画及び電磁的記録であって，当該行政機関の職員が組織的に用いるものとして，当該行政機関が保有しているものをいうところ（2 条 2 項本文），行政文書の開示を請求する権利の内容は同法によって具体的に定められたものであり，行政機関の長に対する開示請求は当該行政機関が保有する行政文書をその対象とするものとされ（3 条），当該行政機関が当該行政文書を保有していることがその開示請求権の成立要件とされていることからすれば，開示請求の対象とされた行政文書を行政機関が保有していないことを理由とする不開示決定の取消訴訟においては，その取消しを求める者が，当該不開示決定時に当該行政機関が当該行政文書を保有していたことについて主張立証責任を負うものと解するのが相当である。

そして，ある時点において当該行政機関の職員が当該行政文書を作成し，又は取得したことが立証された場合において，不開示決定時においても当該行政機関が当該行政文書を保有していたことを直接立証することができないときに，これを推認することができるか否かについては，当該行政文書の内容や性質，その作成又は取得の経緯や上記決定時までの期間，その保管の体制や状況等に応じて，その可否を個別具体的に検討すべきものであり，特に，他国との外交交渉の過程で作成される行政文書に関しては，公にすることにより他国との信頼関係が損なわれるおそれ又は他国との交渉上不利益を被るおそれがあるもの（情報公開法 5 条 3 号参照）等につき，その保管の体制や状況等が通常と異なる場合も想定されることを踏まえて，その可否の検討をすべきものというべきである。」

「これを本件についてみるに，……開示請求において本件交渉の過程で作成されたとされる本件各文書に関しては，その開示請求の内容からうかがわれる本件各文書の内容や性質及びその作成の経緯や本件各決定時までに経過した年数に加え，外務省及び財務省（中央省庁等改革前の大蔵省を含む。）におけるその保管の体制や状況等に関する調査の結果など，原審の適法に確定した諸事情の下においては，本件交渉の過程で上記各省の職員によって本件各文書が作成されたとしても，なお本件各決定時においても上記各省によって本件各文書が保有されていたことを推認するには足りないものといわざるを得ず，その他これを認めるに足りる事情もうかがわれない。」

原原判決（東京地判平成 22 年 4 月 9 日判時 2076 号 19 頁）

「取消訴訟の原告である開示請求者は，不開示決定において行政機関が保有していないとされた行政文書に係る当該行政機関の管理状況を直接確認する権限を有するものではないから，前記 a で説示した主張立証責任を果たすため，基本的には，①過去のある時点において，当該行政機関の職員が当該行政文

書を職務上作成し，又は取得し，当該行政機関がそれを保有するに至り，②その状態がその後も継続していることを主張立証するほかないことになる。そして，当該行政文書が，当該行政機関の職員が組織的に用いるものとして一定水準以上の管理体制下に置かれることを考慮すれば，原告である開示請求者において上記①を主張立証した場合には，上記②が事実上推認され，被告において，当該行政文書が上記不開示決定の時点までに廃棄，移管等されたことによってその保有が失われたことを主張立証しない限り，当該行政機関は上記不開示決定の時点においても当該行政文書を保有していたと推認されるものというべきである。」

原判決（東京高判平成23年9月29日判時2142号3頁）

「……開示請求者は，不開示決定において行政機関が保有していないとされた行政文書に係る当該行政機関の管理状況を直接確認する権限を有するものではないから，上記の主張立証責任を果たすため，基本的には，①過去のある時点において，当該行政機関の職員が当該行政文書を職務上作成し，又は取得し，当該行政機関がそれを保有するに至り，②その状態がその後も継続していることを主張立証すべきことになる。もっとも，被控訴人らも主張するように開示請求者は当該行政文書の管理状況を直接確認・調査することが困難であるのに対し，当該行政文書を保有するものとして開示請求を受けた当該行政機関はこれを調査し得る立場にあることや，行政機関が行政文書を保有するに至った場合，当該行政文書が，通常であれば，当該行政機関の職員が組織的に用いるものとして一定水準以上の管理体制下に置かれることなどの点を考慮すると，開示請求者の側において上記①を主張立証した場合には，上記のような管理体制下に置かれたことを前提として，上記②が事実上推認され，特段の事情がない限り，当該行政機関は上記不開示決定の時点においても当該行政文書を保有していたと推認されるものというべきである。これは，事実上の推認であるから，控訴人において，当該行政機関が不開示決定の時点においても当該行政文書を保有していたと推認することを妨げる特段の事情を主張立証し，保有が失われた疑いがあるとの反証を挙げた場合には，その推認が破られることになることはいうまでもない。」

最一小判平成4年10月29日民集46巻7号1174頁【行政Ⅰ-74】

〈判旨〉（主張立証責任関連部分）

「右の原子炉施設の安全性に関する判断の適否が争われる原子炉設置許可処分の取消訴訟における裁判所の審理，判断は，原子力委員会若しくは原子炉安全専門審査会の専門技術的な調査審議及び判断を基にしてされた被告行政庁の判断に不合理な点があるか否かという観点から行われるべきであって，現在の科学技術水準に照らし，右調査審議において用いられた具体的審査基準に不合理な点があり，あるいは当該原子炉施設が右の具体的審査基準に適合

するとした原子力委員会若しくは原子炉安全専門審査会の調査審議及び判断
の過程に看過し難い過誤，欠落があり，被告行政庁の判断がこれに依拠して
されたと認められる場合には，被告行政庁の右判断に不合理な点があるもの
として，右判断に基づく原子炉設置許可処分は違法と解すべきである。
原子炉設置許可処分についての右取消訴訟においては，右処分が前記のよう
な性質を有することにかんがみると，被告行政庁がした右判断に不合理な点
があることの主張，立証責任は，本来，原告が負うべきものと解されるが，
当該原子炉施設の安全審査に関する資料をすべて被告行政庁の側が保持して
いることなどの点を考慮すると，被告行政庁の側において，まず，その依拠
した前記の具体的審査基準並びに調査審議及び判断の過程等，被告行政庁の
判断に不合理な点のないことを相当の根拠，資料に基づき主張，立証する必
要があり，被告行政庁が右主張，立証を尽くさない場合には，被告行政庁が
した右判断に不合理な点があることが事実上推認されるものというべきであ
る。」

4　訴訟参加

　係属中の訴訟に当事者以外の第三者が自己の権利利益を擁護するために参
加することを訴訟参加という。民事訴訟法は，補助参加（同法42条），独立
当事者参加（同法47条），共同訴訟参加（同法52条）等について規定してい
るが，行政事件訴訟法は，第三者の訴訟参加（同法22条）と行政庁の訴訟参
加（同法23条）について規定している。
　第三者の訴訟参加は，訴訟の結果によっては権利を害される第三者が，そ
の申立てまたは裁判所の職権で訴訟に参加することが認められるものであ
る。
行政庁の訴訟参加は，「処分又は裁決をした行政庁以外の行政庁」（監督権を
有する上級行政庁など）の参加のことであり，裁判所が他の行政庁の参加を
必要としていることもあるため認められている。

5　理由の追加・差し替え

　処分時に処分の理由となったものについて，その取消訴訟において異なる
理由を被告（行政庁）が追加主張しうるか，もしくは，異なる理由に差し替
えて主張しうるかという問題がある。
　一般的には，理由の差し替えまたは追加については全面的に禁止されてい
ないとされる。

最二小判平成 11 年 11 月 19 日民集 53 巻 8 号 1862 頁【行政 II -180】
〈判旨〉
「本件条例 9 条 4 項前段が，前記のように非公開決定の通知に併せてその理由
を通知すべきものとしているのは，本件条例二条が，逗子市の保有する情報
は公開することを原則とし，非公開とすることができる情報は必要最小限に
とどめられること，市民にとって分かりやすく利用しやすい情報公開制度と
なるよう努めること，情報の公開が拒否されたときは公正かつ迅速な救済が
保障されることなどを解釈，運用の基本原則とする旨規定していること等に
かんがみ，非公開の理由の有無について実施機関の判断の慎重と公正妥当と
を担保してそのし意を抑制するとともに，非公開の理由を公開請求者に知ら
せることによって，その不服申立てに便宜を与えることを目的としていると
解すべきである。そして，そのような目的は非公開の理由を具体的に記載し
て通知させること（実際には，非公開決定の通知書にその理由を付記する形
で行われる。）自体をもってひとまず実現されるところ，本件条例の規定をみ
ても，右の理由通知の定めが，右の趣旨を超えて，一たび通知書に理由を付
記した以上，実施機関が当該理由以外の理由を非公開決定処分の取消訴訟に
おいて主張することを許さないものとする趣旨をも含むと解すべき根拠はな
いとみるのが相当である。したがって，上告人が本件処分の通知書に付記し
なかった非公開事由を本件訴訟において主張することは許されず，本件各文
書が本件条例 5 条（2）アに該当するとの上告人の主張はそれ自体失当である
とした原審の判断は，本件条例の解釈適用を誤るものであるといわざるを得
ない。」

　取消訴訟の終了

1　訴訟判決と本案判決

民事訴訟と同様に，取消訴訟においても，訴えが不適法であるときになさ
れる訴訟判決，訴えが適法であるときになされる本案判決がある。

訴訟判決としては，却下判決があり，これは，原告適格や処分性などの訴
訟要件を満たしていない場合に出される。

本案判決では，本案審理を行い，その内容について判断をし，棄却または
認容の判決を出す。

行政事件訴訟法
32 条　処分又は裁決を取り消す判決は，第三者に対しても効力を有する。
2　前項の規定は，執行停止の決定又はこれを取り消す決定に準用する。
33 条　処分又は裁決を取り消す判決は，その事件について，処分又は裁決を

した行政庁その他の関係行政庁を拘束する。

2 申請を却下し若しくは棄却した処分又は審査請求を却下し若しくは棄却した裁決が判決により取り消されたときは，その処分又は裁決をした行政庁は，判決の趣旨に従い，改めて申請に対する処分又は審査請求に対する裁決をしなければならない。

このほか，行政事件訴訟法では，事情判決が認められている。

これは，取消しにより公の利益に著しい障害が生ずる場合において，原告の受ける損害の程度，その損害の賠償または防止の程度および方法その他一切の事情を考慮したうえで，取消しが公共の福祉に適合しないと認めるときは，裁判所は例外的に請求を棄却することができることとするものである。

要するに，本来であれば法的問題の解決のために裁判所が「判決」を出すべきであり，その要件を満たしているものの，行政処分の取消しなどを行うことによって，公の利益が著しい損害を被る場合には，裁判所は，違法等の宣言をするにとどめ，取消しなどの法的効果を生じさせないこととすることができるものである。

選挙訴訟などでは，しばしば事情判決が用いられることがある（最大判昭和51年4月14日民集30巻3号223頁【行政II-206】【憲法II-148】など）。

最大判昭和51年4月14日民集30巻3号223頁【行政II-206】【憲法II-148】

〈判旨〉（事情判決にかかる部分）

「行政処分の適否を争う訴訟についての一般法である行政事件訴訟法は，31条1項前段において，当該処分が違法であつても，これを取り消すことにより公の利益に著しい障害を生ずる場合においては，諸般の事情に照らして右処分を取り消すことが公共の福祉に適合しないと認められる限り，裁判所においてこれを取り消さないことができることを定めている。この規定は法政策的考慮に基づいて定められたものではあるが，しかしそこには，行政処分の取消の場合に限られない一般的な法の基本原則に基づくものとして理解すべき要素も含まれていると考えられるのである。もつとも，行政事件訴訟法の右規定は，公選法の選挙の効力に関する訴訟についてはその準用を排除されているが（公選法219条），これは，同法の規定に違反する選挙はこれを無効とすることが常に公共の利益に適合するとの立法府の判断に基づくものであるから，選挙が同法の規定に違反する場合に関する限りは，右の立法府の判断が拘束力を有し，選挙無効の原因が存在するにもかかわらず諸般の事情を考慮して選挙を無効としない旨の判決をする余地はない。しかしながら，

本件のように，選挙が憲法に違反する公選法に基づいて行われたという一般
性をもつ瑕疵を帯び，その是正が法律の改正なくしては不可能である場合に
ついては，単なる公選法違反の個別的瑕疵を帯びるにすぎず，かつ，直ちに
再選挙を行うことが可能な場合についてされた前記の立法府の判断は，必ず
しも拘束力を有するものとすべきではなく，前記行政事件訴訟法の規定に含
まれる法の基本原則の適用により，選挙を無効とすることによる不当な結果
を回避する裁判をする余地もありうるものと解するのが，相当である。もと
より，明文の規定がないのに安易にこのような法理を適用することは許され
ず，殊に憲法違反という重大な瑕疵を有する行為については，憲法 98 条 1 項
の法意に照らしても，一般にその効力を維持すべきものではないが，しかし，
このような行為についても，高次の法的見地から，右の法理を適用すべき場
合がないとはいいきれないのである。

　そこで本件について考えてみるのに，本件選挙が憲法に違反する議員定数
配分規定に基づいて行われたものであることは上記のとおりであるが，その
ことを理由としてこれを無効とする判決をしても，これによつて直ちに違憲
状態が是正されるわけではなく，かえつて憲法の所期するところに必ずしも
適合しない結果を生ずることは，さきに述べたとおりである。これらの事情
等を考慮するときは，本件においては，前記の法理にしたがい，本件選挙は
憲法に違反する議員定数配分規定に基づいて行われた点において違法である
旨を判示するにとどめ，選挙自体はこれを無効としないこととするのが，相
当であり，そしてまた，このような場合においては，選挙を無効とする旨の
判決を求める請求を棄却するとともに，当該選挙が違法である旨を主文で宣
言するのが，相当である。」

2　形 成 力

　取消訴訟の効力について，通説（形成訴訟説）の立場を採れば，請求認容
判決は，行政庁の処分の取消しを必要とはせず，処分をそれがなされた時点
に遡って失効させる形成力を有することとなる。形成力は，取消訴訟の原状
回復機能を担うこととなる。

3　第三者効（対世効）

　行政事件訴訟法 32 条は，取消判決の効力が第三者に及ぶ旨を規定してお
り，処分または裁決を取消す判決が第三者に対しても効力を及ぼす場合，第
三者効があるという。

東京地決昭和40年4月22日行集16巻4号708頁
〈決定要旨〉
行政事件訴訟「法第32条第1項は，取消判決の効力は第三者に及ぶ旨規定している が，その趣旨は，原告に対する関係で行政庁の行為が取り消されたという効果を第三者も争い得なくなること，換言すれば，原告は何人に対する関係においても以後当該行政庁の行為の適用ないし拘束を受けないことを意味するにとどまり，（行為の性質上不可分の場合および実際上の効果は別として），それ以上に取消判決の効果を第三者も享受し，当該行政庁の行為がすべての人に対する関係で取り消されたことになること，すなわち，何人も以後当該行政庁の行為の適用ないし拘束を受けなくなることを意味するものでないというべきである……」

4　既判力

　裁判が確定した場合，同一事項がその後の訴訟で問題になっても，当事者はこれに反する主張をすることができず，裁判所もこれに抵触する裁判ができないという効力を既判力という。行政事件訴訟法には，既判力に関する規定はなく，民事訴訟法114条1項（「確定判決は，主文に包含するものに限り，既判力を有する。」）の規定するところによる。

最三小判昭和48年3月27日集民108号529頁
〈判旨〉
「本件土地……に対する換地処分につき，上告人が，本件において主張する違法と，所論換地処分取消請求訴訟において主張した違法とは，その内容において異なるものではないことが記録上認められるから，右行政訴訟において上告人が請求棄却の確定判決を受け，本件換地処分につき取消原因となる違法の存在が否定された以上，その既判力により，本件においても，右換地処分が違法であるとの判断はできないものというべきである。」

5　拘束力

　行政事件訴訟法33条1項は，「処分または裁決を取消す判決は，その事件について，処分または裁決をした行政庁その他の関係行政庁を拘束する。」として拘束力の規定を設けている。
　拘束力は，行政庁が判決の趣旨に従って行動する実体法上の義務を定めたものである。拘束力が生ずるのは，主文に含まれる判断を導くために不可欠な理由中の判断であり，法的判断のみならず事実認定にも及ぶが，判決の結

論と直接に関係しない傍論や要件事実を認定する過程における間接事実についての認定には拘束力は生じない。

Ⅵ　執行停止

　民事訴訟では仮の救済制度として，民事保全の制度が設けられている。

　判決までに時間を要して，原告が大きな損害を受ける可能性があるため，民事保全によって，仮の救済を求めることができるというものである。例えば，生命・健康への被害がある場合や労働問題（解雇通告を受けた場合の地位の確認訴訟）などにおいて，判決までに長期の期間を要するため，「仮」に司法判断を示すという救済の手段が設けられている。

　取消訴訟においても，判決までに時間を要することとなると，不利益状態が継続したり，現状が不利益な状態に変更されることを防止する必要があるため，仮の救済制度がある。

　特に，行政行為は，相手方に到達することによって即時に効力を発生させるのが原則であり，判決によって取消しが認められたとしても，判決までは自己に不利益な状況を甘受しなければならないことになる[16]。

　行政庁の処分その他公権力の行使にあたる行為については，民事保全法に規定する仮処分をすることができないため，それに代わる措置として，執行停止制度が設けられている。

> **行政事件訴訟法 25 条 2 項**
> 処分の取消しの訴えの提起があつた場合において，処分，処分の執行又は手続の続行により生ずる重大な損害を避けるため緊急の必要があるときは，裁判所は，申立てにより，決定をもつて，処分の効力，処分の執行又は手続の続行の全部又は一部の停止（以下「執行停止」という。）をすることができる。ただし，処分の効力の停止は，処分の執行又は手続の続行の停止によつて目的を達することができる場合には，することができない。

1　執行不停止原則

⑴　執行不停止原則の意義

行政事件訴訟法 25 条 1 項は，「処分の取消しの訴えの提起は，処分の効

---

(16)　宇賀概説Ⅱ・300 頁。

力，処分の執行又は手続の続行を妨げない。」として，執行不停止原則を採用している。

かつては，公定力の関係から必然的に執行不停止原則が導かれるとされたが，今日では，立法政策上の問題とされている[17]。

(2) 行政処分即時発効原則

行政処分が相手方に到達しても直ちに効力を発生させない法的仕組みなっていれば，執行不停止原則が採られても，私人の権利救済への支障を軽減することができる。

わが国では，一般に行政処分が相手方に到達すると直ちに発行する行政処分即時発効原則が採られている上に，執行不停止原則が採られているため，両者相まって，事後救済を困難にしている[18]。

しかし，個別法において行政処分即時発効原則や執行不停止原則の例外が設けられる例がある。

2 執行停止制度

(1) 執行停止の要件

執行停止の申立ての管轄裁判所は，本案の係属する裁判所である（行政事件訴訟法28条）。執行停止の申立ては，本案訴訟が継続してない限り不適法となるため，本案訴訟係属前の執行停止の申立ては認められないこととなる。

この手続的要件に加えて，「処分，処分の執行または手続の続行により生ずる重大な損害を避けるために緊急の必要があるとき」であることが積極的要件とされている（同法25条2項）。

他方で，消極的要件として，「公共の福祉に重大な影響を及ぼすおそれがあるとき」または「本案について理由が無いとみえるとき」に該当しないことが求められる（同法25条4項）。

(2) 執行停止の決定

① 執行停止義務

行政事件訴訟法は，手続要件，実体法上の積極要件を満たし，実体法上の

---

(17)　宇賀概説II・300-301頁。

(18)　宇賀概説II・301頁。

消極要件に該当しない場合は，執行停止をすることができると規定し，「執行停止をしなければならない」とは規定していない。しかし，執行停止の要件が満たされた場合には，裁判所に執行停止義務が生じるとする説が有力とされる[19]。

②　執行停止の内容

行政事件訴訟法は，執行停止の内容として①処分の効力の停止，②処分の執行停止，③手続の続行の停止の3種類を定めている。

①は，処分の効力を暫定的に停止し，将来に向かって処分が無かった状態を復元するものである。②は，処分により課された義務の履行を確保するために強制手段をとることの停止である。③は，処分の存在を前提としてなされる後続処分の停止である。①は，もっとも強力な執行停止であり，②③によって仮の救済の目的を達することができる場合には行うことができないとされる[20]。

③　執行停止の効果

執行停止の効果は，処分時に遡らず，将来に向かってのみ生ずると解するのが通説・判例である。これを将来効という。

懲戒免職処分の効力が執行停止されても，処分時に遡って効力が停止されるわけではないので，処分時から執行停止までの間の俸給請求権が回復することはない。

また，執行停止またはこれを取り消す決定にも取消判決と同じく第三者効を認める必要があるため，取消判決の第三者効の規定が準用される。

名古屋地判昭和43年5月25日行集19巻5号935頁
〈判旨〉
「行政処分の執行停止 —— ここではその処分の効力の停止 —— は，行政事件訴訟法第25条第2項によれば，「処分により生ずる回復の困難な損害を避けるため緊急の必要がある」ときに限つて，該処分の効力の全部又は一部の停止をすることができるのであつて，ここに「効力の停止」とは処分の効力それ自体が存続しない状態に置くこと，換言すれば，右以上に行政庁に処分を命じあるいは仮の地位を定める等ある積極的な状態をつくり出すものではなく，それは本案判決確定に至るまでの暫定的措置として単に将来に向かつて該処分の効力がない状態に置くことを意味するにすぎないものと解すべきと

---

(19)　宇賀概説Ⅱ・307頁。
(20)　宇賀概説Ⅱ・307-308頁。

ころ，仮に本件通学校指定処分の効力を停止したとしても被申請人に申請人らの希望する田原町立中部小学校にその児童らを通学させるべき旨の通学校指定処分を命じあるいは右処分があつたと同様な状態をつくり出すことにはならず，それは単に将来に向かつて本件通学校指定処分がなかつたと同じ状態をつくり出す（従つて，右児童らはその通学すべき学校がない状態になる。）にすぎず，そうだとすれば本件申立は本件通学校指定処分により生ずる回復の困難な損害を避けるために何ら有効な手段たりえないものと言うべきである。」

(3)　執行停止の取消し

　行政事件訴訟法26条1項は，「執行停止の決定が確定した後に，その理由が消滅し，その他事情が変更したときは，裁判所は，相手方の申立てにより，決定をもって，執行停止の決定を取り消すことが出来る」と規定しており，本案訴訟の取下げによる手続的要件の不充足，積極要件の消滅，消極要件の発生等で執行停止の効力を維持する必要がなくなる場合にその取消しの制度を設けておく必要があるためこのような規定が設けられている。

①　内閣総理大臣の異議

　行政事件訴訟法は，執行停止の申立てがあったとき，または執行停止の決定があったとき，内閣総理大臣が異議を述べると，執行停止はできなくなり，すでになされた執行停止決定を取り消さなければならないとして（同法27条4項），執行停止の最終決定権を内閣総理大臣に留保している。これが内閣総理大臣の異議の制度である。

　これについては，執行停止が司法救済を実行させるために不可欠の制度として司法権に属するから，内閣総理大臣の判断を裁判所の判断に優越させる制度は，裁判官の独立を害し，権力分立に反するとして，違憲であるとする見解，私人は「裁判を受ける権利」を保障されるべきであるが，内閣総理大臣が異議を事前に述べると裁判所は，執行停止ができなくなることになり，裁判を受ける権利を侵害するものとして違憲であるとする見解があり，学説においては，違憲論，違憲の疑いが濃厚であるとする立場が支配的であるとされる[21]。

②　内閣総理大臣の異議の行使

　行政事件訴訟法は，執行停止決定前，執行停止決定後のいずれにおいても

---

(21)　宇賀概説Ⅱ・315頁。

異議を述べることができることとしている（同法27条1項）。

　執行停止決定前に異議が述べられたときは，裁判所は執行停止をすることができないので，裁判所は執行停止の申立てを却下することになり，執行停止決定後に異議が述べられたときは，裁判所は執行停止決定を取り消さなければならない（同条4項）

　内閣総理大臣の異議では，理由を付さなければならず（同条2項），その理由で，処分の効力を存続し，処分を執行し，または手続きを続行しなければ，公共の福祉に重大な影響を及ぼすおそれのある事情を示す必要がある（同条3項）。また，内閣総理大臣は，やむを得ない場合でなければ，意義を述べられない（同条6項）。

　そして，内閣総理大臣が異議を述べたときは，次の通常国会で国会に報告しなければならないとされている（同条6項）。

参考文献
宇賀克也『行政法概説Ⅱ　行政救済法〔第7版〕』（有斐閣，2021年）
交告尚史『処分理由と取消訴訟』（勁草書房，2000年）
神橋一彦『行政救済法〔第3版〕』（信山社，2023年）

第7章
その他の行政訴訟

Ⅰ　無効等確認の訴え

1　無効等確認の訴えの意義

　無効等確認の訴えとは，処分，裁決の有効・無効または存在・不存在の確認を求める訴訟である。

　無効等の瑕疵のある行政処分については，処分の無効等を前提とする「現在の法律関係に関する訴え」によって争うことも認められている（行政事件訴訟法36条）。

　判決を行う前提として，先に決定することが必要な問題を先決問題というが，「現在の法律関係に関する訴え」では，行政処分が無効等であるか否かが先決問題となる[(1)]。

　「現在の法律関係に関する訴え」としての当事者訴訟（行政事件訴訟法4条）は実質的当事者訴訟，すなわち公法上の法律関係の訴えである。懲戒免職処分の無効を前提とする退職手当支払い請求がその例といえる（最一小判平成11年7月15日集民193号469頁【行政Ⅰ-55】）。

　これに対して争点訴訟は，「私法上の法律関係に関する訴訟において，処分もしくは裁決の存否又はその効力の有無が争われている場合」（行政事件訴訟法45条1項）のものである。

2　原　告　適　格

　無効等確認訴訟の原告適格については，「無効等確認の訴えは，当該処分又は裁決に続く処分により損害を受けるおそれのある者その他当該処分又は裁決の無効等の確認を求めるにつき法律上の利益を有する者で，当該処分若しくは裁決の存否又はその効力の有無を前提とする現在の法律関係に関する訴えによつて目的を達することができないものに限り，提起することができ

[(1)]　宇賀概説Ⅱ・321頁。

る。」（行政事件訴訟法36条）と定め，法律上の利益を有する者について原告
適格が認められる。

　無効確認訴訟の原告適格については，この点，一元説（制約説）と二元説
（無制約説）の議論がある。

　立法者は，二元説を採っているとされるが，ここでは，「当該処分または
裁決に続く処分により損害を受けるおそれのある者」（予防訴訟）と，「その
他当該処分または裁決の無効等の確認を求めるにつき法律上の利益を有する
者であって，当該処分もしくは裁決の存否またはその効力の有無を前提とす
る現在の法律関係に関する訴えによって目的を達することができないもの」
（補充訴訟）について原告適格を認めるものである。

　他方で，一元説は，「当該処分または裁決に続く処分により損害を受ける
おそれのある者，その他当該処分または裁決の無効等の確認を求めるにつき
法律上の利益を有する者」であり，かつ「当該処分もしくは裁決の存否また
はその効力の有無を前提とする現在の法律関係に関する訴えによって目的を
達することができないもの」について原告適格を認めるとするのである。た
だし，この説では無効等確認の訴えの原告適格がほとんど認められないとい
うことになる。

　ここで，予防訴訟とは，まだ処分されていないけれども，処分されると損
害を受ける恐れがある場合に行うものをいい，補充訴訟とは，すでに処分さ
れていて，現在の法律関係の確認を求める訴えでは目的達成ができない場合
に行うものをいう。

最三小判平成4年9月22日民集46巻6号1090頁【行政Ⅱ-174】
〈判旨〉
「処分の無効確認訴訟を提起し得るための要件の一つである，右の当該処分の
効力の有無を前提とする現在の法律関係に関する訴えによって目的を達する
ことができない場合とは，当該処分に基づいて生ずる法律関係に関し，処分
の無効を前提とする当事者訴訟又は民事訴訟によっては，その処分のため被っ
ている不利益を排除することができない場合はもとより，当該処分に起因す
る紛争を解決するための争訟形態として，当該処分の無効を前提とする当事
者訴訟又は民事訴訟との比較において，当該処分の無効確認を求める訴えの
ほうがより直截的で適切な争訟形態であるとみるべき場合をも意味するもの
と解するのが相当である。」（下線部引用者）

3　無効等確認判決の効力

　無効等確認判決にも既判力が認められるが，確認判決であるので，形成力は一般的に認められないと考えられている[2]。他方で，取消判決と同様の拘束力が必要なため，行政事件訴訟法33条の規定が準用される。

　確認判決には，形成力はなく，第三者効は形成力の効果であるので，無効等確認判決には第三者効の規定を準用していない。

　無効等確認訴訟は，あくまでも原告と行政庁との関係における「無効等の確認」という性質上，第三者にも判決の効力が及ぶものではないとされる。他方で，無効等確認訴訟が取消訴訟の補充的な意味を有していることからすると疑問もある[3]。

Ⅱ　不作為の違法確認の訴え

　不作為の違法確認の訴えは，処分または裁決についての申請がなされたにもかかわらず，相当の期間を過ぎても行政庁が不作為を続けている場合に，その不作為の違法性を確認することによって，申請権者の救済を図るというものである。

　ここでの原告適格は，処分または裁決についての申請をした者に限定されることになり，ここでの申請が適法であるか不適法であるかは問題ではない。

　不作為の違法確認の訴えは，「行政庁が法令に基づく申請に対し，相当の期間内に何らかの処分または裁決をするべきであるにかかわらず，これをしない場合に」申請者が提起することができる訴訟であり，ここで，不作為が違法となるのは，「相当の期間」の経過した場合であるが，この意義は，「相当の期間経過の有無は，その処分をなすのに通常必要とする機関を基準として判断し，通常の所要期間を経過した場合には原則として被告の不作為は違法となり，ただ右期間を経過したことを正当とするような特段の事情がある場合には違法たることを免れるものと解するのが相当」と示されている（東京地判昭和39年11月4日行集15巻11号2168頁）。

---

(2)　宇賀概説Ⅱ・332頁。

(3)　宇賀概説Ⅱ・333頁

ここで相当な期間とは，行政手続法6条の標準処理期間と当然に一致する
ものではない。

東京地判昭和52年9月21日行集28巻9号973頁
〈判旨〉
「……法6条3項，4項によれば，建築主事は確認申請を受理した場合におい
ては，その受理した日から21日……以内に，申請にかかる建築物の計画が関
係法令に適合するか否かを審理し，適合すると認めたときは確認の通知を，
また適合しないと認めたときは不適合の通知を申請者に対し行なわれなけれ
ばならないとされている。法が右のような期間制限を定めた趣旨は，建築主
事に対し確認申請についての応答を迅速になすべきことを求めているもので
あると解され，しかも，およそ建築については国民の日常生活あるいは営業
等の基盤をなすものとして，本来ならば建築自由の原則が支配しているので
あつて，この原則に対する法的規制としての建築確認の制度について明文に
より申請に対する応答期限が定められている以上は，この期間制限が行政庁
に対する単なる内部的な訓示規定と解することはできないのであり，この期
限を超える建築主事の不作為は原則として違法となるものと解すべきである。
しかし他方，法6条4項に，建築主事は申請者の記載によつては当該計画が
関係法令に適合するか否かを決定できない正当の理由があるときは，前記の
期限内にその理由をつけてその旨を通知（いわゆる中断通知）すべきことが
規定されていることなどからも窺えるように，確認あるいは不適合の通知を
すべき決定の期限も，あらゆる場合に例外を許さない建築主事に対する応答
義務についての絶対的な期限規定とまでは解することができないというべき
であつて，建築主事が法定の期限内に応答をなさないことについて，社会通
念上合理的に正当と認められるような事情が存する場合においては，その事
情が存続している間応答を留保することは，これを違法ということはできな
いものといわなければならない。」

熊本地判昭和51年12月15日判時835号3頁
〈判旨〉
「およそ不作為の違法確認の訴えは，申請者らの地位の不安定を早急に解消す
ることを目的とするものであり，右訴えにおける相当の期間とは，行政庁が
当該処分をなすにつき通常必要とする期間を基準として，既に右期間を徒過
した場合には特別の事情のない限り行政庁の不作為を違法とするものである
ことはいうまでもない。しかしながら，未だ必ずしも相当期間を経過してい
ない場合といえども，次の如き場合，即ち，（1）申請後ある程度の期間を経
過したにもかかわらず，行政庁が将来いかなる時期に処分をなすかが全く不
確定・不明であり，（2）かつ右処分に至るまでの期間が相当期間を経過する

ことが確実であり，（3）しかも以上の状態が解消される見込みがない場合に
おいても，申請者らの地位の不安定は，既に相当の期間を経過した場合と異
なることなく，このような場合には，行政庁の措置（不作為）を違法と解す
るのが相当である。」

Ⅲ　義務付けの訴え

1　義務付けの訴えの意義

　義務付けの訴えとは，行政庁に対して公権力の行使を求める訴訟であり，
行政事件訴訟法３条６項は，「行政庁が一定の処分をすべきであるにかかわ
らずこれがされないとき（次号に掲げる場合を除く。）」（同１号），または「行
政庁に対し一定の処分又は裁決を求める旨の法令に基づく申請又は審査請求
がされた場合において，当該行政庁がその処分又は裁決をすべきであるにか
かわらずこれがされないとき」（同２号）に「行政庁がその処分又は裁決を
すべき旨を命ずることを求める訴訟をいう」と定義されている。
　義務付けの訴えには２つの類型があり，１号に定められる義務付けの訴え
を非申請型義務付け訴訟といい，同２号に定められる義務付けの訴えを申請
型義務付け訴訟という。

2　非申請型義務付け訴訟

　これは，法令に基づく申請を前提としない義務付けの訴えであり，直接型
義務付け訴訟ともいう。申請権を有しない原告が，行政庁に一定の処分をす
ることを請求し，裁判所が判決でその処分をすることを義務付けるというも
のである。
　訴訟要件として，「一定の処分がなされないことにより重大な損害を生ず
るおそれがあ」ることが挙げられるが，ここでは，おそれがあるだけでは足
りず，「その損害を避けるため他に適当な方法がない」ことという補充性の
要件も必要であることが定められている（行政事件訴訟法37条の2）。
　補充性については，義務付けの訴えに代わりうる救済手続が特に法律で定
められている場合を指すものと解され，そうした救済手段がある場合には，
補充性要件が満たされないということになる。
　非申請型義務付け訴訟の原告適格は，「行政庁が一定の処分をすべき旨を

命ずることを求めるにつき法律上の利益を有する者」に認められる（同法37条の2第3項）。

3　申請型義務付け訴訟

　これは，法令に基づく申請を前提とする義務付けの訴えであり，申請権を有する原告が，行政庁に対し，申請を満足させる応答をすることを求め，裁判所が判決でその応答をすることを義務付けるというものである。

　行政事件訴訟法37条の3第3項は，申請型義務付け訴訟を単独で提起することはできず，必ず，他の抗告訴訟と併合して提起しなければならない旨を定めている（「第1項の義務付けの訴えを提起するときは，次の各号に掲げる区分に応じてそれぞれ当該各号に定める訴えをその義務付けの訴えに併合して提起しなければならない。」）。このことから，行政庁の不作為に対する申請型義務付け訴訟については不作為の違法確認訴訟と併合提起しなければならず（同1号），申請拒否処分または審査請求の却下もしくは棄却裁決に対する申請型義務付け訴訟については取消訴訟または無効等確認訴訟と併合提起しなければならない（同2号）。

4　仮の義務付け

　2004年の行政事件訴訟法改正で義務付けの訴えが導入された際に，仮の義務付け制度が設けられた。仮の義務付けとは，本案についての判断がなされる前に，暫定的に本案で求められている義務を行政庁に履行させることにより，私人の権利利益救済の実効性を確保しようとするものである。

　例えば，仮に許可等をしなければ回復困難な損害を及ぼすような場合には，救済のために，仮に許可等をすることで，就学など，後から認められることとなっても救済が困難な場合などに用いられることになる。

　仮の義務付けは，「義務付けの訴えの提起があった場合において」のみ認められ，申立てによってのみ認められる。

> **行政事件訴訟法37条の5第1項**
> 義務付けの訴えの提起があつた場合において，その義務付けの訴えに係る処分又は裁決がされないことにより生ずる償うことのできない損害を避けるため緊急の必要があり，かつ，本案について理由があるとみえるときは，裁判所は，申立てにより，決定をもつて，仮に行政庁がその処分又は裁決をすべ

き旨を命ずること（以下この条において「仮の義務付け」という。）ができる。

　仮の義務付けの積極要件は，「償うことのできない損害を避けるため緊急の必要があり，かつ，本案について理由があるとみえるとき」とされている。

　この，「償うことのできない損害を避けるため緊急の必要」がある場合としては，生活保護の申請許可を求める義務付けの訴えのように，本案判決を待っていては生活が困窮する場合などが考えられる。

Ⅳ　差止の訴え

1　差止の訴えの意義

　差止めの訴えとは，行政庁が何らかの処分または裁決をすべきでないにもかかわらず，これがなされようとしている場合に，行政庁にその処分または裁決をしてはならない旨を命ずることを裁判所に求める訴訟である（行政事件訴訟法3条7項）。

　行政処分の執行や手続の続行を防止するためには，当該処分の取り消し訴訟または無効確認訴訟を提起し，これを本案として執行停止を申し立てることによって目的を達することが可能となる。

　しかしながら，こうした段階的処分がなされるものだけではなく，先行処分なしに行政処分が行われ，その名宛人が回復困難な損害を受けることもある。このような場合には，事前に行政処分の発動を差し止める必要がある。

　こうしたことから，2004年の行政事件訴訟法改正で，抗告訴訟の一類型として，差止めの訴えが法定された。

2　訴訟要件

　差止めの訴えの訴訟要件としては，第1に，「行政庁が一定の処分又は裁決をすべきでないにかかわらずこれがされようとしている」こと（行政事件訴訟法3条4項），つまり，処分または裁決がなされる蓋然性が求められている。そのうえで，行政事件訴訟法37条の4の各項に定められる要件を充足する必要がある。

> **行政事件訴訟法**
> 37条の4　差止めの訴えは，一定の処分又は裁決がされることにより重大な損害を生ずるおそれがある場合に限り，提起することができる。ただし，その損害を避けるため他に適当な方法があるときは，この限りでない。
> 2　裁判所は，前項に規定する重大な損害を生ずるか否かを判断するに当たっては，損害の回復の困難の程度を考慮するものとし，損害の性質及び程度並びに処分又は裁決の内容及び性質をも勘案するものとする。
> 3　差止めの訴えは，行政庁が一定の処分又は裁決をしてはならない旨を命ずることを求めるにつき法律上の利益を有する者に限り，提起することができる。

　行政事件訴訟法37条の4第1項は，「一定の処分又は裁決がされることにより重大な損害を生ずるおそれがある」ことを挙げている。この「重大な損害」は，取消訴訟，またはその取消訴訟提起後の執行停止では救済が困難なほどのものと解される（最一小判平成24年2月9日民集66巻2号183頁【行政Ⅱ-200】）。また，同項ただし書きは「その損害を避けるため他に適当な方法が」ないことをあげており，これは，原則として，差止の訴えよりも処分が行われた後の取消訴訟が優先するという趣旨も含まれることを意味する。

　行政事件訴訟法37条の4第3項は，差止訴訟の原告適格が「行政庁が一定の処分又は裁決をしてはならない旨を命ずることを求めるにつき法律上の利益を有する者に限り」認められる旨を定めている。「法律上の利益」の解釈については，同法9条2項が準用される（同法37条の4第4項）。

> **最一小判平成24年2月9日民集66巻2号183頁【行政Ⅱ-200】**
> 〈判旨〉
> 「法定抗告訴訟たる差止めの訴えの訴訟要件については，まず，一定の処分がされようとしていること（行訴法3条7項），すなわち，行政庁によって一定の処分がされる蓋然性があることが，救済の必要性を基礎付ける前提として必要となる。
> 　本件差止めの訴えに係る請求は，本件職務命令の違反を理由とする懲戒処分の差止めを求めるものであり，具体的には，免職，停職，減給又は戒告の各処分の差止めを求める請求を内容とするものである。そして，本件では，第1の2（3）ウのとおり，本件通達の発出後，都立学校の教職員が本件職務命令に違反した場合の都教委の懲戒処分の内容は，おおむね，1回目は戒告，2回目及び3回目は減給，4回目以降は停職となっており，過去に他の懲戒処分歴のある教職員に対してはより重い処分量定がされているが，免職処分は

されていないというのであり，従来の処分の程度を超えて更に重い処分量定がされる可能性をうかがわせる事情は存しない以上，都立学校の教職員について本件通達を踏まえた本件職務命令の違反に対しては，免職処分以外の懲戒処分（停職，減給又は戒告の各処分）がされる蓋然性があると認められる一方で，免職処分がされる蓋然性があるとは認められない。そうすると，本件差止めの訴えのうち免職処分の差止めを求める訴えは，当該処分がされる蓋然性を欠き，不適法というべきである。」

「そこで，本件差止めの訴えのうち，免職処分以外の懲戒処分（停職，減給又は戒告の各処分）の差止めを求める訴えの適法性について検討するに，差止めの訴えの訴訟要件については，当該処分がされることにより「重大な損害を生ずるおそれ」があることが必要であり（行訴法37条の4第1項），その有無の判断に当たっては，損害の回復の困難の程度を考慮するものとし，損害の性質及び程度並びに処分の内容及び性質をも勘案するものとされている（同条2項）。

　行政庁が処分をする前に裁判所が事前にその適法性を判断して差止めを命ずるのは，国民の権利利益の実効的な救済及び司法と行政の権能の適切な均衡の双方の観点から，そのような判断と措置を事前に行わなければならないだけの救済の必要性がある場合であることを要するものと解される。したがって，差止めの訴えの訴訟要件としての上記「重大な損害を生ずるおそれ」があると認められるためには，処分がされることにより生ずるおそれのある損害が，処分がされた後に取消訴訟等を提起して執行停止の決定を受けることなどにより容易に救済を受けることができるものではなく，処分がされる前に差止めを命ずる方法によるのでなければ救済を受けることが困難なものであることを要すると解するのが相当である。」

「また，差止めの訴えの訴訟要件については，「その損害を避けるため他に適当な方法があるとき」ではないこと，すなわち補充性の要件を満たすことが必要であるとされている（行訴法37条の4第1項ただし書）。原審は，本件通達が行政処分に当たるとした上で，その取消訴訟等及び執行停止との関係で補充性の要件を欠くとして，本件差止めの訴えをいずれも却下したが，本件通達及び本件職務命令は前記1（2）のとおり行政処分に当たらないから，取消訴訟等及び執行停止の対象とはならないものであり，また，上記イにおいて説示したところによれば，本件では懲戒処分の取消訴訟等及び執行停止との関係でも補充性の要件を欠くものではないと解される。以上のほか，懲戒処分の予防を目的とする事前救済の争訟方法として他に適当な方法があるとは解されないから，本件差止めの訴えのうち免職処分以外の懲戒処分の差止めを求める訴えは，補充性の要件を満たすものということができる。」

広島地判平成 21 年 10 月 1 日判時 2060 号 3 頁
〈判旨〉

「行訴法 37 条の 4 第 1 項の「重大な損害を生ずるおそれ」の有無は，損害の回復の困難の程度を考慮し，損害の性質及び程度並びに処分又は裁決の内容及び性質をも勘案して決すべきである（同条 2 項）。ところで，同条の差止訴訟が，処分又は裁決がなされた後に当該処分等の取消しの訴えを提起し，当該処分等につき執行停止を受けたとしても，それだけでは十分な権利利益の救済が得られない場合において，事前の救済方法として，国民の権利利益の実効的な救済を図ることを目的とした訴訟類型であることからすれば，処分等の取消しの訴えを提起し，当該処分等につき執行停止を受けることで権利利益の救済が得られるような性質の損害であれば，そのような損害は同条 1 項の「重大な損害」とはいえないと解すべきである。」

「本件事業における中仕切護岸の本体コンクリート工は，本件公有水面を含む鞆港の景観を変化させ得るものといえるし……，中仕切護岸の本体コンクリート工の施工完成後は，その復旧は容易でないものと推認される。そして，本件埋立免許がなされたならば，事業者らは，遅くとも約 3 か月後には工事を開始すると予測され，第 1 工区における中仕切護岸の本体コンクリート工は，そのさらに約 5 か月後に完成するものと計画されている。他方，本件は争点が多岐にわたり，その判断は容易でないこと，第一審の口頭弁論が既に終結した段階であることなどからすれば，本件埋立免許がなされた後，取消しの訴えを提起した上で執行停止の申立てをしたとしても，直ちに執行停止の判断がなされるとは考え難い。以上の点からすれば，景観利益に関する損害については，処分の取消しの訴えを提起し，執行停止を受けることによっても，その救済を図ることが困難な損害であるといえる。

以上の点や，景観利益は，生命・身体等といった権利とはその性質を異にするものの，日々の生活に密接に関連した利益といえること，景観利益は，一度損なわれたならば，金銭賠償によって回復することは困難な性質のものであることなどを総合考慮すれば，景観利益については，本件埋立免許がされることにより重大な損害を生ずるおそれがあると認めるのが相当である。」

3　仮の差止め

　仮の差止めとは，原告の申立てにより裁判所が「仮に行政庁がその処分又は裁決をしてはならない旨を命ずること」である（37 条の 5 第 2 項）。義務付けの訴えにおける仮の義務付けを不作為命令に変更しただけであり，要件も仮の義務付けとほぼ同じである。

　ここでは，要件として，「償うことのできない損害を避けるため緊急の必要があり，かつ，本案について理由があるとみえるとき」という積極的要

件，公共の福祉に重大な影響を及ぼすおそれがあること，という消極的要件
がある。

 ## V　当事者訴訟

> **行政事件訴訟法（現行）**
> 4条　この法律において「当事者訴訟」とは，当事者間の法律関係を確認し
> 又は形成する処分又は裁決に関する訴訟で法令の規定によりその法律関係の
> 当事者の一方を被告とするもの及び公法上の法律関係に関する確認の訴えそ
> の他の公法上の法律関係に関する訴訟をいう。
>
> **行政事件訴訟法（2004年改正前）**
> 4条　この法律において「当事者訴訟」とは，当事者間の法律関係を確認し
> 又は形成する処分又は裁決に関する訴訟で法令の規定によりその法律関係の
> 当事者の一方を被告とするもの及び公法上の法律関係に関する訴訟をいう。

1　形式的当事者訴訟

　当事者訴訟には2つの類型があり，その1つが，形式的当事者訴訟と呼ば
れるものであり，これは，当事者間の法律関係を確認または形成する処分
または裁決に関する訴訟で法令の規定によりその法律関係の当事者の一方を
被告とするものである。

　収用委員会の金額の決定に不服がある場合に，起業者との間で金額につい
て，一方を被告として争うような場合がこれにあたる。ここでは，収用委員
会の決定自体には不服ではない（土地が収用されることは納得している）こと
が前提である。

> **土地収用法**
> 133条　収用委員会の裁決に関する訴え……は，裁決書の正本の送達を受け
> た日から3月の不変期間内に提起しなければならない。
> 2　収用委員会の裁決のうち損失の補償に関する訴えは，裁決書の正本の送達
> を受けた日から6月以内に提起しなければならない。
> 3　前項の規定による訴えは，これを提起した者が起業者であるときは土地所
> 有者又は関係人を，土地所有者又は関係人であるときは起業者を，それぞれ
> 被告としなければならない。

2　実質的当事者訴訟

　もう 1 つの類型が，実質的当事者訴訟と呼ばれるものであり，これは，公法上の法律関係に関する訴訟である。

　例えば，懲戒免職処分を受けた公務員と国との関係は，公法上の法律関係に当たるが，この時，処分が違法なものであることを前提として，地位の確認訴訟や未払い賃金の請求といった，本来は民事訴訟において，企業と従業員との間で行われる訴訟などが，実質的当事者訴訟の対象となる。

VI　客 観 訴 訟

　客観訴訟には，民衆訴訟，機関訴訟があるが，そもそも客観訴訟とは，法規の適用の客観的な適正の確保や，一般公共の利益の保護を目的とした個人の具体的な利益とは関わりのない訴訟のことをいう。

　個人の具体的な利益とはかかわりのない訴訟のため，法律上の争訟（裁判所法 3 条）にあたらず，原則として司法審査の対象とならない。この例外が，客観訴訟である。

行政事件訴訟法
（民衆訴訟）
5 条　この法律において「民衆訴訟」とは，国又は公共団体の機関の法規に適合しない行為の是正を求める訴訟で，選挙人たる資格その他自己の法律上の利益にかかわらない資格で提起するものをいう。
（機関訴訟）
6 条　この法律において「機関訴訟」とは，国又は公共団体の機関相互間における権限の存否又はその行使に関する紛争についての訴訟をいう。

1　民 衆 訴 訟

　民衆訴訟とは，国または公共団体の機関の法規に適合しない公の是正を求める訴訟で，選挙人たる資格その他自己の法律上の利益に関わらない資格で提起するものをいうとされる（行政事件訴訟法 5 条）。

　民衆訴訟は，原告の個人的権利利益の救済を直接の目的としておらず，行政活動の客観的な適法性維持を目的とした訴訟類型である。ただし，誰でも自由に訴えを提起できるものではなく，法律に特別の定めのある場合に限っ

て法律に定められた者のみが訴えを提起することができる。具体例としては選挙に関する訴訟（公職選挙法 203 条など）や住民訴訟（地方自治法 242 条の 2）がある。

　アメリカのクラスアクションや納税者訴訟が客観訴訟として有名であるが，そうした類型に近い訴訟である。

(1)　選挙訴訟

　民衆訴訟の代表例として，選挙訴訟がある。地方公共団体の議会の議員および長の選挙の効力に関して，当該選挙事務を管理する選挙管理委員会に対する異議の申し出もしくは都道府県選挙管理委員会に対する審査の申立てに対する都道府県選挙管理委員会の決定または裁決に不服があるものは，都道府県選挙管理委員会を被告として高等裁判所に出訴することができるとされている（公職選挙法 203 条 1 項）。

　また，衆議院議員および参議院議員の選挙の効力に関し意義のある選挙人または公職の候補者は，比例代表選出議員の選挙にあっては中央選挙管理員会を，それ以外については都道府県選挙管理委員会を被告として高等裁判所に出訴することができる（公職選挙法 204 条：いわゆる 1 票の較差問題での訴訟は，この形式である）。

最二小決平成 26 年 7 月 9 日集民 247 号 39 頁【憲法Ⅱ-188】
〈決定要旨〉
「公職選挙法 204 条の選挙無効訴訟は，同法において選挙権を有するものとされている選挙人らによる候補者に対する投票の結果としての選挙の効力を選挙人又は候補者が上記のような無効原因の存在を主張して争う争訟方法であり，同法の規定において一定の者につき選挙権を制限していることの憲法適合性については，当該者が自己の選挙権の侵害を理由にその救済を求めて提起する訴訟においてこれを争うことの可否はおくとしても，同条の選挙無効訴訟において選挙人らが他者の選挙権の制限に係る当該規定の違憲を主張してこれを争うことは法律上予定されていない。」

---

(2)　住民訴訟

　民衆訴訟のもう 1 つの代表例が，住民訴訟である。

　住民訴訟は，住民監査請求を行った請求人が，監査の結果等に不服があるとき，または監査委員が一定の期間内に監査を行わない等のときに，執行機関などの財務会計上の違法な行為または怠る事実について行為の差止め，取

消し，損害賠償請求，不当利得返還請求等について裁判所に請求する制度である（地方自治法 242 条の 2）。

　住民監査請求がなされた場合には，監査委員が勧告を出して，執行機関がそれに対応した措置をとることが予定されている。しかし，それが不十分であると考えたときには，監査請求を行った者は，監査結果または勧告内容の通知があった日から 30 日以内に，住民訴訟を提起することができるとされる（地方自治法 242 条の 2 第 1 項，2 項，3 項）。

　ここで訴訟提起ができるのは，住民監査請求を行った当該地方公共団体の住民とされ，1 人であっても，子どもであっても提起することはできる。

　住民訴訟で請求できるものは 4 種類があり（地方自治法 242 条の 2 第 1 項），それぞれ，①当該執行機関又は職員に対する当該行為の全部または一部の差止めの請求（1 号請求），②行政処分たる当該行為の取消しまたは無効確認の請求（2 号請求），③当該執行機関または職員に対する当該怠る事実の違法確認の請求（3 号請求），④当該職員または当該行為もしくは怠る事実に係る相手方に損害賠償または不当利得返還の請求をすることを当該地方公共団体の執行機関または職員（委任等がなされていない限り，地方公共団体の場合は長となる）に対して求める請求。ただし，当該職員または当該行為もしくは怠る事実に係る相手方が賠償命令の対象となる者である場合にあっては，当該賠償の命令を求める請求（4 号請求）である。

最二小判平成 20 年 1 月 18 日民集 62 巻 1 号 1 頁【行政 I -92】
〈判旨〉
「地方自治法 242 条の 2 第 1 項 4 号の規定に基づく代位請求に係る当該職員に対する損害賠償請求訴訟は，財務会計上の行為を行う権限を有する当該職員に対し，職務上の義務に違反する財務会計上の行為による当該職員の個人としての損害賠償義務の履行を求めるものであるから，当該職員の財務会計上の行為がこれに先行する原因行為を前提として行われた場合であっても，当該職員の行為が財務会計法規上の義務に違反する違法なものであるときは，上記の規定に基づく損害賠償責任を当該職員に問うことができると解するのが相当である（最高裁昭和 61 年（行ツ）第 133 号平成 4 年 12 月 15 日第三小法廷判決・民集 46 巻 9 号 2753 頁参照）。」
「土地開発公社が普通地方公共団体との間の委託契約に基づいて先行取得を行った土地について，当該普通地方公共団体が当該土地開発公社とその買取りのための売買契約を締結する場合において，当該委託契約が私法上無効であるときには，当該普通地方公共団体の契約締結権者は，無効な委託契約に

基づく義務の履行として買取りのための売買契約を締結してはならないという財務会計法規上の義務を負っていると解すべきであり，契約締結権者がその義務に違反して買取りのための売買契約を締結すれば，その締結は違法なものになるというべきである。

本件において，仮に，本件土地につき代金3858万9646円で先行取得を行うことを本件公社に委託した市の判断に裁量権の範囲の著しい逸脱又は濫用があり，本件委託契約を無効としなければ地方自治法2条14項，地方財政法4条1項の趣旨を没却する結果となる特段の事情が認められるという場合には，本件委託契約は私法上無効になるのであって……本件土地を取得する必要性及びその取得価格の相当性の有無にかかわらず本件委託契約が私法上無効になるものではないとして本件売買契約の締結が違法となることはないとすることはできない。」

「また，先行取得の委託契約が私法上無効ではないものの，これが違法に締結されたものであって，当該普通地方公共団体がその取消権又は解除権を有しているときや，当該委託契約が著しく合理性を欠きそのためその締結に予算執行の適正確保の見地から看過し得ない瑕疵が存し，かつ，客観的にみて当該普通地方公共団体が当該委託契約を解消することができる特殊な事情があるときにも，当該普通地方公共団体の契約締結権者は，これらの事情を考慮することなく，漫然と違法な委託契約に基づく義務の履行として買取りのための売買契約を締結してはならないという財務会計法規上の義務を負っていると解すべきであり，契約締結権者がその義務に違反して買取りのための売買契約を締結すれば，その締結は違法なものになるというべきである。

本件において，仮に本件委託契約が私法上無効ではなかったとしても，上記のような場合には，本件売買契約の締結は財務会計法規上の義務に違反する違法なものになり得るのであって……市が本件委託契約上本件土地を買い取るべき義務を負っていたことから直ちに本件売買契約の締結が違法となることはないとすることもできない。」

2 機関訴訟

機関訴訟とは，国または公共団体の機関相互間における権限の存否またはその行使に関する紛争についての訴訟をいう。

行政権内部の権限に関する紛争は，本来行政組織法の仕組みにより内部的に解決されるべきである。しかし，特別な定めにより，機関訴訟が認められる場合がある。

具体的には，地方公共団体の長と議会の紛争（地方自治法176条7項），代執行訴訟（同法245条），国の関与に関する訴訟（同法251条の5），国等によ

る違法確認訴訟（同法 251 条の 7）がある。

最一小判昭和 61 年 5 月 29 日民集 40 巻 4 号 603 頁【地方-10】

〈判旨〉

「町村の境界を確定するに当たつては，当該境界につきこれを変更又は確定する右の法定の措置が既にとられていない限り，まず，江戸時代における関係町村の当該係争地域に対する支配・管理・利用等の状況を調べ，そのおおよその区分線を知り得る場合には，これを基準として境界を確定すべきものと解するのが相当である。そして，右の区分線を知り得ない場合には，当該係争地域の歴史的沿革に加え，明治以降における関係町村の行政権行使の実状，国又は都道府県の行政機関の管轄，住民の社会・経済生活上の便益，地勢上の特性等の自然的条件，地積などを考慮の上，最も衡平妥当な線を見いだしてこれを境界と定めるのが相当である」。

参考文献

村上裕章『行政訴訟の解釈理論』（弘文堂，2019 年）

横田明美『義務付け訴訟の機能』（弘文堂，2017 年）

春日修『当事者訴訟の機能と展開』（晃洋書房，2017 年）

曽和俊文『住民訴訟の法理と改革』（第一法規，2023 年）

第8章
国 家 補 償

I　国家補償とは

　国家補償という用語は，戦後，実定法上，戦傷病者戦没者遺族等援護法1
条（「この法律は，軍人軍属等の公務上の負傷若しくは疾病又は死亡に関し，国家
補償の精神に基き，軍人軍属等であつた者又はこれらの者の遺族を援護すること
を目的とする。」），戦傷病者特別援護法1条（「この法律は，軍人軍属であつ
た者の公務上の傷病に関し，国家補償の精神に基づき，特に療養の給付等の援護
を行なうことを目的とする。」）で用いられている。これは，戦争被害について
社会保障の観点からの救済ではなく，国が「使用者」として危険な業務に従
事させたものに対する責任という観点から立法されたことを示すものとされ
る[1]。

　このように，国家補償という用語は，国の行為に起因して生じた損害（損
失）を，原因者である国が補填するという意味で用いられることとなる。

　この国家補償には，大きく分けて2つの内容が含まれている。

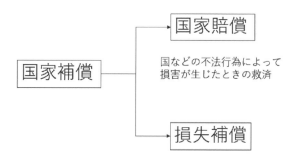

図 8-1　国家補償の内容

---

(1)　宇賀概説 II・428 頁。

1つは，国家賠償であり，もう1つが，損失補償である。

簡単にいえば，国家賠償は，公権力による不法な行為に対する救済を指し，損失補償は，公権力による正当な行為に対する救済を指す。

Ⅱ 国家賠償

1 国家賠償の意義

大日本帝国憲法下では，公権力の行使については，国が損害賠償責任を負わないとする国家無答責の法理が支配的であったとされる[2]。

しかし，日本国憲法17条は，「何人も，公務員の不法行為により，損害を受けたときは，法律の定めるところにより，国又は公共団体に，その賠償を求めることができる。」として，国民の権利として公務員の不法行為に対する損害については国に対する賠償を求めることができると規定し，国家無答責の法理を否定している。

今日では，日本国憲法17条の具体化としての国家賠償法による定めが置かれている。

2 国家賠償法1条

国家賠償法1条は，国（および地方公共団体）の公権力の行使に携わる公務員（行政主体そのものという場合もある）が違法な行為を行ったことが原因で私人に損害が生じた場合の規定である。これは民法709条または715条に対応するものであるが，これらの規定に対する特別法であるか否かについては議論がある。いずれにせよ，国家賠償法1条1項が適用される場合には，民法709条または715条の適用がなされないこととなる。

国家賠償法1条1項
国又は公共団体の公権力の行使に当る公務員が，その職務を行うについて，故意又は過失によつて違法に他人に損害を加えたときは，国又は公共団体が，これを賠償する責に任ずる。

国家賠償法1条1項は，公務員の不法行為に基づく，国や公共団体の責任を定めるものであるが，その責任の根拠については，代位責任説と自己責任

---

(2) 櫻井＝橋本・356頁。

説に分けられる。

　代位責任説は，不法行為責任は公務員個人に帰属するが，これを国等が代位するというものであり，自己責任説は，公務員は国等の手足として行動したもので，不法行為を行ったのは国等自身であるというものであるとするものである。

　今日においては，国家賠償請求の多くが組織的決定を争うものである以上は，自己責任説の方が実態に適合した理論構成であるとされている[3]。

(1) 公権力の行使

　公権力の行使については，狭義説では，公権力を命令，強制等の伝統的な権力作用に限定しようとするが，通説である広義説では，国等の作用のうち，純粋な私経済的作用と国家賠償法2条の対象である営造物責任を除くすべての作用が公権力に含まれるとする。

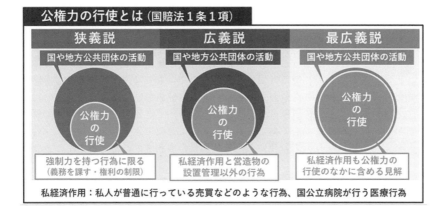

　最広義説は，純粋な私経済的作用も公権力の対象とするもので，主体に着目した捉え方である。

> 最二小判昭和62年2月6日集民150号75頁【行政Ⅱ-209】
> 〈判旨〉
> 「国家賠償法1条1項にいう「公権力の行使」には，公立学校における教師の教育活動も含まれるものと解するのが相当であ」る。

---

(3)　宇賀概説Ⅱ・438頁。

最一小判昭和57年4月1日民集36巻4号519頁【行政Ⅱ-224】
〈判旨〉
「国又は公共団体の公務員による一連の職務上の行為の過程において他人に被
害を生ぜしめた場合において，それが具体的にどの公務員のどのような違法
行為によるものであるかを特定することができなくても，右の一連の行為の
うちのいずれかに行為者の故意又は過失による違法行為があつたのでなけれ
ば右の被害が生ずることはなかつたであろうと認められ，かつ，それがどの
行為であるにせよこれによる被害につき行為者の属する国又は公共団体が法
律上賠償の責任を負うべき関係が存在するときは，国又は公共団体は，加害
行為不特定の故をもつて国家賠償法又は民法上の損害賠償責任を免れること
ができないと解するのが相当であ」る。「しかしながら，この法理が肯定され
るのは，それらの一連の行為を組成する各行為のいずれもが国又は同一の公
共団体の公務員の職務上の行為にあたる場合に限られ，一部にこれに該当し
ない行為が含まれている場合には，もとより右の法理は妥当しない」。
本件の場合は，「レントゲン写真による検診及びその結果の報告を除くその余
の行為が」税務署長などの職員の行為であって「それらがいずれも上告人国
の公権力の行使にあたる公務員の職務上の行為であることについては特段の
問題はな」いが，「右のレントゲン写真による検診及びその結果の報告は，医
師が専らその専門的技術及び知識経験を用いて行う行為であつて，医師の一
般的診断行為と異なるところはないから，特段の事由のない限り，それ自体
としては公権力の行使たる性質を有するものではな」く，本件の場合も「健
康診断の過程においてされたものとはいえ，右健康診断におけるその余の行
為と切り離してその性質を考察，決定することができるものであるから，前
記特段の事由のある場合にあたるものということはできず，したがつて，右
検診等の行為を公権力の行使にあたる公務員の職務上の行為と解することは
相当でない」。

(2) 公 務 員

　公務員の意味について，国家賠償法1条1項にいう公務員は，身分上の公
務員ではなく，公権力の行使を委ねられた者のことであるとされる。このた
め，身分上の公務員であっても公権力の行使としての行為をなさなければ，
同条の適用はない。身分上は公務員でなくとも公権力の行使を委ねられてい
る場合には，同条にいう公務員に該当することとなる。

最一小判平成19年1月25日民集61巻1号1頁【行政Ⅱ-226】【地方-70】
〈判旨〉
児童福祉「法の規定及び趣旨に照らせば，3号措置に基づき児童養護施設に
入所した児童に対する関係では，入所後の施設における養育監護は本来都道

府県が行うべき事務であり，このような児童の養育監護に当たる児童養護施設の長は，3号措置に伴い，本来都道府県が有する公的な権限を委譲されてこれを都道府県のために行使するものと解される。

　したがって，都道府県による3号措置に基づき社会福祉法人の設置運営する児童養護施設に入所した児童に対する当該施設の職員等による養育監護行為は，都道府県の公権力の行使に当たる公務員の職務行為と解するのが相当である。」

(3) 職務行為関連性

　公務員の加害行為により国家賠償責任が生じるためには，公務員による加害行為が「その職務を行うについて」なされたものであることが必要となる。このことを職務行為関連性という。ここでは，実際には職務として行われていなくとも，職務の外形を備えている場合に職務行為関連性を認めるという外形標準説が採られている。

　この点のリーディングケースである最二小判昭和31年11月30日民集10巻11号1502頁【行政Ⅱ-223】は，非番の日に警察官が制服制帽を着用し，拳銃も携帯しており，職務執行を装い現金を預かると称してこれを受け取り逃走しようとしたところ，声を上げられたために射殺した事案であり，外形的に公務員の職務と認識可能であることから職務行為関連性を認めている。

> 最二小判昭和31年11月30日民集10巻11号1502頁【行政Ⅱ-223】
> 〈判旨〉
> 国家賠償法1条は，「公務員が主観的に権限行使の意思をもつてする場合にかぎらず自己の利をはかる意図をもつてする場合でも，客観的に職務執行の外形をそなえる行為をしてこれによつて，他人に損害を加えた場合には，国又は公共団体に損害賠償の責を負わしめて，ひろく国民の権益を擁護することをもつて，その立法の趣旨とするものと解すべきであるからである。」

(4) 不 作 為

　公権力の行使と言えば，通常は作為を想起することになるであろうが，権限の不行使，すなわち不作為も，当然ながら私人の権利・利益を侵害しうるものである。

　ここでは，本来では行うべき公権力の行使を行わなかったことによる損害の発生に対する訴えである。例えば，避難勧告の発令を怠った（本来発令すべきタイミングで発令しなかった）などとして，避難が遅れて死亡するような

ケースは，この不作為による損害となる（神戸地姫路支判平成24年4月24日判自372号40頁）。また，スナックで酒に酔い，所持していたナイフを客に見せつけるなどの行為をした男が警察署に連れて行かれたが，警察官がナイフを持たせたまま帰宅させたため，男が再びスナックに入って傷害事件を起こした事例において，警察官が男にナイフを提出させて一時保管の措置をとるべきであったが，それを怠った（不作為）ことは職務上の義務に違背し違法であるとした（最三小判昭和57年1月19日民集36巻1号19頁）。

最三小判昭和57年1月19日民集36巻1号19頁
〈判旨〉

「Xの本件ナイフの携帯は銃砲刀剣類所持等取締法22条の規定により禁止されている行為であることが明らかであり，かつ，同人の前記の行為が脅迫罪にも該当するような危険なものであつたのであるから，淡路警察署の警察官としては，飲酒酩酊した綾部の前記弁解をうのみにすることなく，同人を警察に連れてきたAらに対し質問するなどして「スナックニユー阪急」の他での綾部の行動等について調べるべきであつたといわざるをえない。そして，警察官が，右のような措置をとつていたとすれば，Xが警察に連れてこられた経緯や同人の異常な挙動等を容易に知ることができたはずであり，これらの事情から合理的に判断すると，同人に本件ナイフを携帯したまま帰宅することを許せば，帰宅途中右ナイフで他人の生命又は身体に危害を及ぼすおそれが著しい状況にあつたというべきであるから，同人に帰宅を許す以上少なくとも同法24条の2第2項の規定により本件ナイフを提出させて一時保管の措置をとるべき義務があつたものと解するのが相当であつて，前記警察官が，かかる措置をとらなかつたことは，その職務上の義務に違背し違法であるというほかはない。」

---

(5) 違 法 性

客観的に違法性が存在しているとしても，故意または過失が認められなければ，国家賠償法1条1項によって違法と評価され，損害賠償責任が生じるというわけではない。

ここでは，違法性と故意・過失の2段階の審査をする場合が存在し，行政行為（行政処分）によって生じた損害について違法性の判断を行い，次に故意・過失の認定をすることとなる。この場合に，行政行為（行政処分）に対する取消請求は認められたとしても，国家賠償請求は認められないことがある。

　不法行為法においての違法性についての基本的学説としては，結果不法説（被侵害法益の観点から違法性を認定するもの），行為不法説（侵害行為の態様の観点から違法性を認定するもの），相関関係説（被侵害法益と侵害行為の態様の双方を違法性判断において勘案するもの）があるが，国家賠償法上の違法概念についても同様のものがある[4]。

最一小判昭和61年2月27日民集40巻1号124頁【行政Ⅱ-210】
〈判旨〉
パトカーの追跡行為が違法であるというためには「右追跡が当該職務目的を遂行する上で不必要であるか，または逃走車両の逃走の態様及び道路交通状況等から予測される被害発生の具体的危険性の有無及び内容に照らし，追跡の開始・継続若しくは追跡の方法が不相当であることを要するものと解すべきである」

最二小判昭和58年2月18日民集37巻1号101頁
〈判旨〉
「課外のクラブ活動であつても，それが学校の教育活動の一環として行われるものである以上，その実施について，顧問の教諭を始め学校側に，生徒を指導監督し事故の発生を未然に防止すべき一般的な注意義務のあることを否定することはできない」が，「課外のクラブ活動が本来生徒の自主性を尊重すべきものであることに鑑みれば，何らかの事故の発生する危険性を具体的に予見することが可能であるような特段の事情のある場合は格別，そうでない限り，顧問の教諭としては，個々の活動に常時立会い，監視指導すべき義務までを負うものではないと解するのが相当である」。

---

(6)　故 意 過 失

①　故　　意

　故意について，行政処分の場合，当然に結果発生の事実を認識して行われているわけであり，この結果発生の事実認識があれば，違法性の認識の有無にかかわらず故意があるとすると，裁判所により違法と判断された行政処分がすべて故意ということになり，故意過失の要件を違法性と独立して審査する意義が失われることになる。このため，故意による違法な処分といいうるためには，違法性の認識が必要と解されている[5]。

---

(4)　宇賀概説Ⅱ・449頁。
(5)　宇賀概説Ⅱ・474頁。

②　過　失

違法な行政処分についての過失は，その行政処分が違法であることを認識すべきであったのに，認識しなかったことを意味するものであり，ここでは，個々の公務員の主観を基準とはせず，兵員的公務員を基準として客観的に判断されるべきとされる[6]。

ここでは，行為者がなすべきことをしなかった行為（予見可能な結果に対する結果回避義務違反）を把握して，これに対応する内心の注意義務違反を想定することとなり，結果回避義務違反行為があれば，内心において注意義務違反があったと考えられることになる[7]。

(7)　公務員の個人責任

ここでいう公務員の個人責任とは，内部関係における責任問題ではなく，公務員と被害者との間での対外的責任のことを指す。

公務員の個人責任を認める肯定説，故意重過失がある場合に限って公務員に対する損害賠償請求権を認める制限的肯定説，公務員の個人責任を認めない否定説が存在する。

下級審では，故意または重過失を要件とするものがある（東京地判昭和40年3月24日判時409号14頁）など。しかし，裁判例の多くは，公務員の個人責任を否定しており，最高裁は，国家賠償法1条1項が適用される場合には，公務員個人は被害者に対して直接責任を負わないとして，公務員の個人責任を否定している。

最三小判昭和30年4月19日民集9巻5号534頁【行政Ⅱ-228】
〈判旨〉
上告人らの請求は「被上告人等の職務行為を理由とする国家賠償の請求と解すべきであるから，国または公共団体が賠償の責に任ずるのであつて，公務員が行政機関としての地位において賠償の責任を負うものではなく，また公務員個人もその責任を負うものではない。従つて県知事を相手方とする訴は不適法であり，また県知事個人，農地部長個人を相手方とする請求は理由がないことに帰する。のみならず，原審の認定するような事情の下においてとつた被上告人等の行為が，上告人等の名誉を毀損したと認めることはできない」。

---

(6)　宇賀概説Ⅱ・474頁。
(7)　櫻井＝橋本・363頁。

3　国家賠償法 2 条

国賠法 2 条 1 項は，「道路，河川その他の公の営造物の設置又は管理に瑕疵があつたために他人に損害を生じたときは，国又は公共団体は，これを賠償する責に任ずる。」と規定している。

ここでは，営造物責任を規定しており，公的施設等に欠陥があり，これによる損害が発生した場合には，国家賠償責任が認められるとするのである。

(1)　公の営造物

公の営造物とは，「公共の用に供されている有体物」のことで，「公物」とも呼ばれ，これは市役所や公民館，学校などの建物や道路，橋，堤防，空港といった不動産だけでなく，パトカーや警棒，拳銃などの動産も含まれる。そして，道路などのような人工公物の他にも，河川や海浜，湖沼などの「自然公物」も国家賠償法 2 条 1 項の対象となるが，公共の用に供するものに限られる。

(2)　設置管理の瑕疵

瑕疵とは，一般には「営造物が通常有すべき安全性を欠いていること」のように，設置物そのものについて問題がある場合などを指す用語である。設置または管理に瑕疵があるという状態は，たとえば，国道を通っていたら道路が陥没したためにできた穴に落下して怪我をしたり，役場の階段の手すりが壊れていたために怪我をしたり，十分な強度を備えていない擁壁であったために擁壁が崩れて土砂が家に流れ込んだという場合などがあり，こうした公の営造物が適切に設置管理されていない（通常有すべき安全性がない）場合に，国家賠償責任を負わせるとするものである。道を歩いていたら雷に打たれた，などの自然災害はこれに含まれないが，国や公共団体がきちんと管理していれば防げたような場合にはその賠償責任を負わなくてはならない[8]。

最高裁は，瑕疵の意義について「営造物が通常有すべき安全性を欠いている」という状態を指す（最一小判昭和 45 年 8 月 20 日民集 24 巻 9 号 1268 頁【行政Ⅱ-230】）としてきたが，通常有すべき安全性の有無については，「当該営造物の構造，用法，場所的環境及び利用状況等の諸般の事情を総合考慮して具体的個別的に判断」することとの判定方法が定着している（最三小判昭和

---

[8]　雷については，サッカー落雷事故の例がある（最二小判平成 18 年 3 月 13 日集民 219 号 703 頁）。

233

53年7月4日民集32巻5号809頁）。ここでは，道路の防護柵に乗ったり，腰かけたりして遊んでいた児童が転落した事故で，防護柵の通常の用法に即しない異常な用法として，瑕疵を否定している。

(3) 災害や河川の管理瑕疵

災害に対する訴訟の中で，営造物責任が問われる際には，どの程度の安全性を考慮するかや，通常の（使用）用法であったかが問われることがある。

例えば，伊勢湾台風訴訟においては，「堤防の設置または管理に瑕疵があるとは，堤防の築造およびその後の維持，修繕，保管作用に不完全な点があつて，堤防が通常備えるべき安全性を欠いている状態にあることを意味するが，……そもそも国または公共団体が堤防を設置してこれを管理する目的は，堤防によつて国土を保全し住民の生命財産等を保護するにあるのであるから，堤防は右目的を達成するに足るだけの安全性を保有する構造を持たなければならず，したがつて通常発生することが予想される高潮等の襲来に対してはこれに堪え得るものでなければならない」としている（名古屋地判昭和37年10月12日下民13巻10号2059頁）。

また，大東水害訴訟では，「我が国における治水事業の進展等により前示のような河川管理の特質に由来する財政的，技術的及び社会的諸制約が解消した段階においてはともかく，これらの諸制約によつていまだ通常予測される災害に対応する安全性を備えるに至つていない現段階においては，当該河川の管理についての瑕疵の有無は，過去に発生した水害の規模，発生の頻度，発生原因，被害の性質，降雨状況，流域の地形その他の自然的条件，土地の利用状況その他の社会的条件，改修を要する緊急性の有無及びその程度等諸般の事情を総合的に考慮し，前記諸制約のもとでの同種・同規模の河川の管理の一般水準及び社会通念に照らして是認しうる安全性を備えていると認められるかどうかを基準として判断すべきであると解するのが相当である」としている（最一小判昭和59年1月26日民集38巻2号53頁【行政Ⅱ-232】）。この事例については，河川水害における財政上の制約について論じられることもある。

最一小判平成2年12月13日民集44巻9号1186頁【行政Ⅱ-233】
〈判旨〉
「国家賠償法2条1項にいう営造物の設置又は管理の瑕疵とは，営造物が通常有すべき安全性を欠き，他人に危害を及ぼす危険性のある状態をいい，この

ような瑕疵の存在については，当該営造物の構造，用法，場所的環境及び利用状況等諸般の事情を総合考慮して具体的，個別的に判断すべきものである。ところで，河川は，当初から通常有すべき安全性を有するものとして管理が開始されるものではなく，治水事業を経て，逐次その安全性を高めてゆくことが予定されているものであるから，河川が通常予測し，かつ，回避し得る水害を未然に防止するに足りる安全性を備えるに至っていないとしても，直ちに河川管理に瑕疵があるとすることはできず，河川の備えるべき安全性としては，一般に施行されてきた治水事業の過程における河川の改修，整備の段階に対応する安全性をもって足りるものとせざるを得ない。そして，河川の管理についての瑕疵の有無は，過去に発生した水害の規模，発生の頻度，発生原因，被害の性質，降雨状況，流域の地形その他の自然的条件，土地の利用状況その他の社会的条件，改修を要する緊急性の有無及びその程度等諸般の事情を総合的に考慮し，河川管理における財政的，技術的及び社会的諸制約のもとでの同種・同規模の河川の管理の一般的水準及び社会通念に照らして是認し得る安全性を備えていると認められるかどうかを基準として判断すべきであると解するのが相当である」。

「本件河川部分については，基本計画が策定された後において，これに定める事項に照らして新規の改修，整備の必要がないものとされていたというのであるから，本件災害発生当時において想定された洪水の規模は，基本計画に定められた計画高水流量規模の洪水であるというべきことになる。また，本件における問題は，本件堰及びその取付部護岸の欠陥から本件河川部分において破堤が生じたことについて，本件堰を含む全体としての本件河川部分に河川管理の瑕疵があったかどうかにある。したがって，本件における河川管理の瑕疵の有無を検討するに当たっては，まず，本件災害時において，基本計画に定める計画高水流量規模の流水の通常の作用により本件堰及びその取付部護岸の欠陥から本件河川部分において破堤が生ずることの危険を予測することができたかどうかを検討し，これが肯定された場合には，右予測をすることが可能となった時点を確定した上で，右の時点から本件災害時までに前記判断基準に示された諸制約を考慮しても，なお，本件堰に関する監督処分権の行使又は本件堰に接続する河川管理施設の改修，整備等の各措置を適切に講じなかったことによって，本件河川部分が同種・同規模の河川の管理の一般的水準及び社会通念に照らして是認し得る安全性を欠いていたことになるかどうかを，本件事案に即して具体的に判断すべきものである」。

(4)　道路の管理瑕疵

道路に設置管理の瑕疵があり他人に被害が生じたときは，道路管理者は被害者に賠償する義務を負うこととなる。

設置の瑕疵とは，例えば道路法29条（「道路の構造は，当該道路の存する地

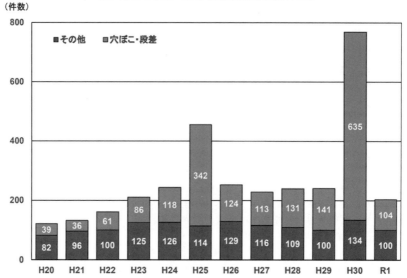

（管理の瑕疵に係る損害賠償支払件数）

※H25及びH30は融雪期に凍結融解作用により舗装損傷事案が多数発生

図 8-2　道路の管理瑕疵に係る損害賠償支払件数

出典　国土交通省資料「直轄国道における管理瑕疵件数の推移」

域の地形，地質，気象その他の状況及び当該道路の交通状況を考慮し，通常の衝撃に対して安全なものであるとともに，安全かつ円滑な交通を確保することができるものでなければならない。」）に反して不備な道路を作ってしまったときなどに，管理の瑕疵とは，例えば道路法 42 条 1 項（「道路管理者は，道路を常時良好な状態に保つように維持し，修繕し，もって一般交通に支障を及ぼさないように努めなければならない。」）の努めを果たさなかったときなどに考えられる。

　道路の管理瑕疵の判断については，道路が「通常有すべき安全性を欠いている」か否かで判断することとなる。

最三小判昭和 50 年 7 月 25 日民集 29 巻 6 号 1136 頁【行政 II -231】
〈判旨〉
「道路管理者は，道路を常時良好な状態に保つように維持し，修繕し，もって一般交通に支障を及ぼさないように努める義務を負うところ（道路法 42 条），
……同国道の本件事故現場付近は，幅員 7.5 メートルの道路中央線付近に故障

した大型貨物自動車が87時間にわたって放置され，道路の安全性を著しく欠如する状態であったにもかかわらず，当時その管理事務を担当する橋本土木出張所は，道路を常時巡視して応急の事態に対処しうる看視体制をとっていなかったために，本件事故が発生するまで右故障車が道路上に長時間放置されていることすら知らず，まして故障車のあることを知らせるためバリケードを設けるとか，道路の片側部分を一時通行止めにするなど，道路の安全性を保持するために必要とされる措置を全く講じていなかったことは明らかであるから，このような状況のもとにおいては，本件事故発生当時，同出張所の道路管理に瑕疵があったというのほかなく，してみると，本件道路の管理費用を負担すべき上告人は，国家賠償法2条及び3条の規定に基づき，本件事故によって被上告人らの被った損害を賠償する責に任ずべきであり，上告人は，道路交通法上，警察官が道路における危険を防止し，その他交通の安全と円滑を図り，道路の交通に起因する障害の防止に資するために，違法駐車に対して駐車の方法の変更・場所の移動などの規制を行うべきものとされていること（道路交通法1条，51条）を理由に，前記損害賠償責任を免れることはできないものと解するのが，相当である。」

道路等の設置管理の瑕疵については，次のような事例もある。

最一小判昭和50年6月26日民集29巻6号851頁
〈判旨〉
「本件事故発生当時，被上告人において設置した工事標識板，バリケード及び赤色灯標柱が道路上に倒れたまま放置されていたのであるから，道路の安全性に欠如があつたといわざるをえないが，それは夜間，しかも事故発生の直前に先行した他車によつて惹起されたものであり，時間的に被上告人において遅滞なくこれを原状に復し道路を安全良好な状態に保つことは不可能であつたというべく，このような状況のもとにおいては，被上告人の道路管理に瑕疵がなかつたと認めるのが相当である。」

最三小判昭和61年3月25日民集40巻2号472頁【行政Ⅱ-234】
「点字ブロック等のように，新たに開発された視力障害者用の安全設備を駅のホームに設置しなかつたことをもつて当該駅のホームが通常有すべき安全性を欠くか否かを判断するに当たつては，その安全設備が，視力障害者の事故防止に有効なものとして，その素材，形状及び敷設方法等において相当程度標準化されて全国的ないし当該地域における道路及び駅のホーム等に普及しているかどうか，当該駅のホームにおける構造又は視力障害者の利用度との関係から予測される視力障害者の事故の発生の危険性の程度，右事故を未然に防止するため右安全設備を設置する必要性の程度及び右安全設備の設置の困難性の有無等の諸般の事情を総合考慮することを要するものと解するのが

相当である。」

Ⅲ　損失補償

　損失補償とは，適法な公権力の行使により，特定の者に財産上の特別の犠牲が生じた場合に，公平の理念に基づいて，その損失を補填するものである。

　たとえば，空港を造るため，適切な土地として私人の所有する土地を強制的に収用した場合，公共の利益になる空港建設のために，私人は土地の所有権を失ったのであるから，特別の犠牲として，その土地の価格分を補填することが公平であると考えられるというようなものである。

　国家賠償と損失補償の違いは，国家賠償が違法な公権力の行使を前提としており，損失補償は，国等の行為が正当・適法なものではあるものの，その行為によって損害を受けた場合に補償をするという点にある。

　例えば，新型コロナウイルス感染症の拡大防止のために，営業を停止させる場合などには，その営業の停止が適法なものとされる余地があり，こうした場合には一般には損失補償の問題となる。

　他方で，新型コロナウイルス感染症の拡大防止について，国が感染者の検査を拒否した結果，適切な医療を受けることができず死亡したという場合には，国家賠償の問題となる（検査拒否の違法性を問う）。

1　損失補償と憲法

　憲法29条2項は，財産権が「公共の福祉」に服することを規定している。このことから，財産権については，内在的な制約を超えた何らかの政策的な理由による制約が許されると理解されることになる。しかし，そのことから，いかなる場合においても私人の財産権に対して何らの補償もなされずに，私人にいかなる犠牲を払わせることをも許容するとなると，憲法29条1項の財産権の保障の趣旨を没却することとなる。そこで，憲法29条3項により，「正当な補償」の下に，特定の私有財産を「公共のために用ひることができる」とされる。

2　損失補償の要否

損失補償の要否の基準には，①侵害行為の特殊性，②侵害行為の強度，③侵害行為の目的，等を総合的に判断する必要があるとされる[9]。

(1)　侵害行為の目的・強度

国民の生命，健康への危害を防止し，公共の安全を維持する警察目的（消極目的）の規制は，財産権に内在する制約として受忍するべきであるが，公益を増進するための積極目的の規制は，内在的制約とはいえず，特別の犠牲として保障を要するとする考えが有力であるとされている[10]。

公共の安全を維持するという警察目的規制においては，侵害の強度が大きくても，保障は不要とする考え方となる可能性もある。この時には，侵害行為の目的を考慮した上で，判断することが重要といえる。目的と照らしつつ，侵害行為が財産権の本質的内容を侵害するほどの強度なものかどうか判断することとなろう。

(2)　侵害の特殊性

侵害の特殊性によって，補償を否定する考えを用いるものとしては，戦争損害がある。

ここでは，「戦争中から戦後占領時代にかけての国の存亡にかかわる非常事態にあつては，国民のすべてが，多かれ少なかれ，その生命・身体・財産の犠牲を堪え忍ぶべく余儀なくされていたのであつて，これらの犠牲は，いずれも，戦争犠牲または戦争損害として，国民のひとしく受忍しなければならなかつたところであり，右の〔対日平和条約による〕在外資産の賠償への充当による損害のごときも，一種の戦争損害として，これに対する補償は，憲法の全く予想しないところ」であるとして，戦争損害については無補償を前提としている（最大判昭和43年11月27日民集22巻12号2808頁）。

3　補償の内容

憲法29条3項によれば，損失補償の中身は「正当な補償」でなければならないのであるが，その意味については大きく分けると2つの見解が存在する。

---

(9)　宇賀概説Ⅱ・532頁。
(10)　宇賀概説Ⅱ・533頁。

　1つが相当補償説で，この考え方によると，補償は，当時の経済状態において，社会国家の理念に基づき，客観的かつ合理的に算出された相当な額であることが必要であり，かつ，それで足りるということになる。

　もう1つが完全補償説で，この考え方によると，私的財産の収用などの前後を通じて被収用者の財産価値を等しくするような補償が必要とされることになる。

　判例および憲法学の通説は相当補償説を採用しているとされる。最大判昭和28年12月23日民集7巻13号1523頁【行政Ⅱ-243】【憲法Ⅰ-100】は，農地改革に関する判決で，自作農創設特別措置法による田の買収価格が問題となったものであるが，判決は「憲法29条3項にいうところの財産権を公共の用に供する場合の正当な補償とは，その当時の経済状態において成立することを考えられる価格に基き，合理的に算出された相当な額をいうのであつて，必しも常にかかる価格と完全に一致することを要するものではないと解するを相当とする」と判示している。

最三小判平成14年6月11日民集56巻5号958頁
〈判旨〉
「憲法29条3項にいう「正当な補償」とは，その当時の経済状態において成立すると考えられる価格に基づき合理的に算出された相当な額をいうのであって，必ずしも常に上記の価格と完全に一致することを要するものではない」
「土地の収用に伴う補償は，収用によって土地所有者等が受ける損失に対してされるものである（土地収用法68条）ところ，収用されることが最終的に決定されるのは権利取得裁決によるのであり，その時に補償金の額が具体的に決定される（同法48条1項）のであるから，補償金の額は，同裁決の時を基準にして算定されるべきである。その具体的方法として，同法71条は，事業の認定の告示の時における相当な価格を近傍類地の取引価格等を考慮して算定した上で，権利取得裁決の時までの物価の変動に応ずる修正率を乗じて，権利取得裁決の時における補償金の額を決定することとしている。」
「事業認定の告示の時から権利取得裁決の時までには，近傍類地の取引価格に変動が生ずることがあり，その変動率は必ずしも上記の修正率と一致するとはいえない。しかしながら，上記の近傍類地の取引価格の変動は，一般的に当該事業による影響を受けたものであると考えられるところ，事業により近傍類地に付加されることとなった価値と同等の価値を収用地の所有者等が当然に享受し得る理由はないし，事業の影響により生ずる収用地そのものの価値の変動は，起業者に帰属し，又は起業者が負担すべきものである。また，

土地が収用されることが最終的に決定されるのは権利取得裁決によるのであるが、事業認定が告示されることにより、当該土地については、任意買収に応じない限り、起業者の申立てにより権利取得裁決がされて収用されることが確定するのであり、その後は、これが一般の取引の対象となることはないから、その取引価格が一般の土地と同様に変動するものとはいえない。そして、任意買収においては、近傍類地の取引価格等を考慮して算定した事業認定の告示の時における相当な価格を基準として契約が締結されることが予定されているということができる。」。

※完全な補償が必要とされる場合

特定の公益事業の用に供するために、私人の特定の財産権を強制的に取得し、または消滅させる（権限を行政庁に与える）ことを、公用収用という。公用収用の場合は、財産権の価値に見合った金額の補償がなされなければならないとされる。

> 最一小判昭和48年10月18日民集27巻9号1210頁【行政Ⅱ-245】【憲法Ⅰ-101】
> 〈判旨〉
> 「土地収用法における損失の補償は、特定の公益上必要な事業のために土地が収用される場合、その収用によって当該土地の所有者等の被る特別な犠牲の回復をはかることを目的とするものである」。
> したがって、「完全な補償、すなわち、収用の前後を通じて被収用者の財産価値を等しくならしめるような補償をなすべきであり、金銭をもって補償するような場合には、被収用者が近傍において被収用地と同等の代替地等を取得することをうるに足りる金額の補償を要するという」べきである。

4 特別の犠牲

特定の個人が有する財産権に対する適法な侵害について補償を必要とするか否かについては、特別の犠牲の有無に従って判断するという特別犠牲説という考え方がある。ここでは、形式的基準として、財産権に対する侵害が、広く一般人を対象としているか、それとも主として特定人を対象にしているかを問うものがあり、特定人を対象とする侵害・制約でなければ、財産権の内在的制約に該当するので、損失補償は不要とされる。そして、実質的基準として、公共の用に供するための財産侵害であって、社会通念に照らし、その侵害が財産権に内在する制約として受忍されなければならない程度を超

え，財産権の実質ないし本質的内容を侵すほどの強度の規制と認められるか否かを問うものがある。

　判例も，この特別犠牲説を前提としていると考えられる。

**最大判昭和38年6月26日刑集17巻5号521頁【行政Ⅱ-246】【憲法Ⅰ
　-98】【地方-30】**

〈判旨〉

「先ず，本条例制定の趣旨および本件において問題となつている本条例の条項の法意を考えてみるに，記録によると，奈良県においては，13,000に余まるかんがいの用に供する貯水池が存在しているが，県下ならびに他府県下における貯水池の破損，決かい等による災害の事例に徴し，その災害が単に所有者にとどまらず，一般住民および滞在者の生命，財産にまで多大の損傷を及ぼすものであることにかんがみ，且つ，貯水池の破損，決かいの原因調査による科学的根拠に基づき，本条例を制定公布したものであることを認めることができる。そして，本条例は，「ため池の破損，決かい等に因る災害を未然に防止するため，ため池の管理に関し必要な事項を定めることを目的」（1条）とし，本条例においてため池とは，「かんがいの用に供する貯水池であつて，えん堤の高さが3米以上のもの又は受益農地面積が1町歩以上のものをいう」（2条1号）とされているところ，本条例4条においては，右1条の目的を達成するため，右2条のため池に関し，何人も「ため池の余水はきの溢流水の流去に障害となる行為」（1号），「ため池の堤とうに竹木若しくは農作物を植え，又は建物その他の工作物（ため池の保全上必要な工作物を除く。）を設置する行為」（2号），「前各号に掲げるものの外，ため池の破損又は決かいの原因となる行為」（3号）をしてはならないとすると共に，同9条においては，右「第4条の規定に違反した者は，3万円以下の罰金に処する」ものとしている。すなわち，本条例4条は，ため池の破損，決かい等による災害を防止し，地方公共の秩序を維持し，住民および滞在者の安全を保持するために，ため池に関し，ため池の破損，決かいの原因となるような同条所定の行為をすることを禁止し，これに違反した者は同九条により処罰することとしたものであつて，結局本条例は，奈良県が地方公共団体の条例制定権に基づき，公共の福祉を保持するため，いわゆる行政事務条例として地方自治法2条2項，14条1項，2項，5項により制定したものであることが認められる。また，本条例3条によれば，国または地方公共団体が管理するため池には同五条ないし8条は適用しないが，しからざるため池には，ひろく本条例が適用されることとなつているから，本条例は，地方自治法2条3項1号，2号の事務に関するものと認められるところ，原判決の認定したところによれば，本件唐古池と称するため池は，周囲の堤とう6反4畝28歩と共に，登記簿上は，奈良県磯城郡田原本町大字唐古居住の松川富雄，上島武雄両名の所有名

義となつているが，実質上は，同大字居住農家の共有ないし総有とみるべき
もので，その貯水は，同大字の耕地のかんがいの用に供され，受益農地面積
は，30町歩以上に及び，その管理は，同大字の総代が当つているもので，周
囲の堤とうは，同大字居住者約27名において，父祖の代から引き続いて竹，
果樹，茶の木その他農作物の栽培に使用し，被告人らもまた同様であつたが，
本条例の施行により，被告人らを除く他の者は，任意に栽培を中止したこと
が認められるというのである。しからば本件ため池は，国または地方公共団
体が自ら管理するものでないことが明らかであるから，本条例は，本件に関
する限り，地方自治法2条3項1号の事務に関するものであり，また，ため
池の破損，決かい等による災害の防止を目的としているから，同法2条2項
8号の事務に関するものである（原判決が，本件に関し，本条例を同法2条3
項2号の事務に関するものとし，これを前提として本条例の違憲，違法をい
う点は，前提において誤つている。）。なお，本条例4条各号は，同条項所定
の行為をすることを禁止するものであつて，直接には不作為を命ずる規定で
あるが，同条2号は，ため池の堤とうの使用に関し制限を加えているから，
ため池の堤とうを使用する財産上の権利を有する者に対しては，その使用を
殆んど全面的に禁止することとなり，同条項は，結局右財産上の権利に著し
い制限を加えるものであるといわなければならない。
　しかし，その制限の内容たるや，立法者が科学的根拠に基づき，ため池の
破損，決かいを招く原因となるものと判断した，ため池の堤とうに竹木若し
くは農作物を植え，または建物その他の工作物（ため池の保全上必要な工作
物を除く）を設置する行為を禁止することであり，そして，このような禁止
規定の設けられた所以のものは，本条例1条にも示されているとおり，ため
池の破損，決かい等による災害を未然に防止するにあると認められることは，
すでに説示したとおりであつて，本条例4条2号の禁止規定は，堤とうを使
用する財産上の権利を有する者であると否とを問わず，何人に対しても適用
される。ただ，ため池の提とうを使用する財産上の権利を有する者は，本条
例1条の示す目的のため，その財産権の行使を殆んど全面的に禁止されるこ
とになるが，それは災害を未然に防止するという社会生活上の已むを得ない
必要から来ることであつて，ため池の提とうを使用する財産上の権利を有す
る者は何人も，公共の福祉のため，当然これを受忍しなければならない責務
を負うというべきである。すなわち，ため池の破損，決かいの原因となるた
め池の堤とうの使用行為は，憲法でも，民法でも適法な財産権の行使として
保障されていないものであつて，憲法，民法の保障する財産権の行使の埒外
にあるものというべく，従つて，これらの行為を条例をもつて禁止，処罰し
ても憲法および法律に牴触またはこれを逸脱するものとはいえないし，また
右条項に規定するような事項を，既に規定していると認むべき法令は存在し
ていないのであるから，これを条例で定めたからといつて，違憲または違法

の点は認められない。更に本条例九条は罰則を定めているが，それが憲法 31
条に違反するものでないことは，当裁判所の判例（昭和 31 年（あ）第 4289
号，同 37 年 5 月 30 日大法廷判決，刑集 16 巻 5 号 577 頁）の趣旨とするとこ
ろである。

　なお，事柄によつては，特定または若干の地方公共団体の特殊な事情によ
り，国において法律で一律に定めることが困難または不適当なことがあり，
その地方公共団体ごとに，その条例で定めることが，容易且つ適切なことが
ある。本件のような，ため池の保全の問題は，まさにこの場合に該当すると
いうべきである。

　それ故，本条例は，憲法 29 条 2 項に違反して条例をもつては規定し得ない
事項を規定したものではなく，これと異なる判断をした原判決は，憲法の右
条項の解釈を誤つた違法があるといわなければならない。」

「次に，原判決は，条例をもつて権利の行使を強制的に制限または停止するに
ついては，権利者の損失を補償すべきであるにかかわらず，本件において補
償を与えた形跡が存在しないことも本条例を被告人らに適用し難い一理由と
しているのであるが，さきに説示したとおり，本条例は，災害を防止し公共
の福祉を保持するためのものであり，その 4 条 2 号は，ため池の堤とうを使
用する財産上の権利の行使を著しく制限するものではあるが，結局それは，
災害を防止し公共の福祉を保持する上に社会生活上已むを得ないものであり，
そのような制約は，ため池の堤とうを使用し得る財産権を有する者が当然受
忍しなければならない責務というべきものであつて，憲法 29 条 3 項の損失補
償はこれを必要としないと解するのが相当である。この点に関する原判決の
判断は，前提において誤つているのみならず，結局憲法 29 条 3 項の解釈を誤
つた違法あるを免れない。」

Ⅳ　国家補償の谷間

　国家賠償，損失補償のいずれでも救済されないという，国家補償の谷間の
問題がある。

　国家賠償法 1 条 1 項は，違法と過失を要件としている。このとき，違法で
あるが無過失という事態が生じうる。これは，国家補償の谷間といわれ，違
法で過失のあることを要件とする国家賠償法 1 条 1 項や，適法侵害を基本と
する損失補償では，違法無過失の場合には補償がなされないこととなる[11]。

　これについては，解釈論によって過失の推定をすることで，国家賠償の範
囲に含めるということも行われてきた[12]。その例として，予防接種訴訟が

---

(11)　宇賀概説Ⅱ・563 頁，櫻井＝橋本・395 頁。

ある。強制予防接種を行う場合に，十分な注意を払っても，現在の医学水準では完全に副作用を予見することは困難とされ，すべての原告に国家賠償による救済を与えることは困難とされてきた。しかし，東京高判平成4年12月18日高民集45巻3号212頁は，禁忌該当者に予防接種を実施させないための十分な措置をとる義務を怠ったことを理由に厚生大臣（当時）の過失を肯定し，国の責任を認めた。

最二小判平成3年4月19日民集45巻4号367頁【行政Ⅱ-211】
〈判旨〉
「原審の理由とするところは，要するに，本件接種によって上告人段の本件被害が生じたものであるが，本件接種前の同上告人の症状は咽頭炎であり，遅くとも同月6日には解熱していたから，右咽頭炎は治癒していたものであり，本件接種当日である同月8日に発熱がなかったから，本件接種当時において同上告人は禁忌者に該当せず，したがって，予診に不十分な点があったとしても，本件接種の実施は正当であったとするものである。
　しかしながら，予防接種によって重篤な後遺障害が発生する原因としては，被接種者が禁忌者に該当していたこと又は被接種者が後遺障害を発生しやすい個人的素因を有していたことが考えられるところ，禁忌者として掲げられた事由は一般通常人がなり得る病的状態，比較的多く見られる疾患又はアレルギー体質等であり，ある個人が禁忌者に該当する可能性は右の個人的素因を有する可能性よりもはるかに大きいものというべきであるから，予防接種によって右後遺障害が発生した場合には，当該被接種者が禁忌者に該当していたことによって右後遺障害が発生した高度の蓋然性があると考えられる。したがって，予防接種によって右後遺障害が発生した場合には，禁忌者を識別するために必要とされる予診が尽くされたが禁忌者に該当すると認められる事由を発見することができなかったこと，被接種者が右個人的素因を有していたこと等の特段の事情が認められない限り，被接種者は禁忌者に該当していたと推定するのが相当である。
　この点を本件について見るに，前記事実関係によれば，上告人段が現在呈している後遺障害は，その全体にわたり，本件接種に起因するものと認められるというのであるが，原審は必要な予診を尽くしたかどうかを審理せず，上告人段が前記個人的素因を有していたと認定するものでもない。そして，咽頭炎とは咽頭部に炎症を生じているという状態を示す症状名であって，咽頭炎が治癒したとは咽頭部の炎症が消滅したことをいうにすぎず，その原因となった疾患の治癒を示すものでもなければ，他の疾患にり患していないことを意味するものでもなく，原審が咽頭炎の治癒を認定した根拠は，要する

に，上告人段の解熱の経過にすぎず，また，記録によれば，本件接種当日において同上告人に発熱がなかったとの事実認定の基礎とされた上告人静子の供述も検温の結果に基づくものではなく，同上告人の観察に基づく判断にすぎないのである。そうであるとすると，原審認定事実によっては，いまだ同上告人が禁忌者に該当していなかったと断定することはできない。

　したがって，必要な予診を尽くしたかどうか等の点について審理することなく，本件接種当時の上告人段が予防接種に適した状態にあったとして，接種実施者の過失に関する上告人らの主張を直ちに排斥した原審の判断には審理不尽の違法があるというべきである。」

最一小判昭和 51 年 9 月 30 日民集 30 巻 8 号 816 頁
〈判旨〉

「予防接種に際しての問診の結果は，他の予診方法の要否を左右するばかりでなく，それ自体，禁忌者発見の基本的かつ重要な機能をもつものであるところ，問診は，医学的な専門知識を欠く一般人に対してされるもので，質問の趣旨が正解されなかったり，的確な応答がされなかったり，素人的な誤った判断が介入して不充分な対応がされたりする危険性をももつているものであるから，予防接種を実施する医師としては，問診するにあたつて，接種対象者又はその保護者に対し，単に概括的，抽象的に接種対象者の接種直前における身体の健康状態についてその異常の有無を質問するだけでは足りず，禁忌者を識別するに足りるだけの具体的質問，すなわち実施規則 4 条所定の症状，疾病，体質的素因の有無およびそれらを外部的に徴表する諸事由の有無を具体的に，かつ被質問者に的確な応答を可能ならしめるような適切な質問をする義務がある。

　もとより集団接種の場合には時間的，経済的制約があるから，その質問の方法は，すべて医師の口頭質問による必要はなく，質問事項を書面に記載し，接種対象者又はその保護者に事前にその回答を記入せしめておく方法（いわゆる問診票）や，質問事項又は接種前に医師に申述すべき事項を予防接種実施場所に掲記公示し，接種対象者又はその保護者に積極的に応答，申述させる方法や，医師を補助する看護婦等に質問を事前に代行させる方法等を併用し，医師の口頭による質問を事前に補助せしめる手段を講じることは許容されるが，医師の口頭による問診の適否は，質問内容，表現，用語及び併用された補助方法の手段の種類，内容，表現，用語を総合考慮して判断すべきである。このような方法による適切な問診を尽さなかつたため，接種対象者の症状，疾病その他異常な身体的条件及び体質的素因を認識することができず，禁忌すべき者の識別判断を誤つて予防接種を実施した場合において，予防接種の異常な副反応により接種対象者が死亡又は罹病したときには，担当医師は接種に際し右結果を予見しえたものであるのに過誤により予見しなかつた

ものと推定するのが相当である。そして当該予防接種の実施主体であり，か
つ，右医師の使用者である地方公共団体は，接種対象者の死亡等の副反応が
現在の医学水準からして予知することのできないものであつたこと，若しく
は予防接種による死亡等の結果が発生した症例を医学情報上知りうるもので
あつたとしても，その結果発生の蓋然性が著しく低く，医学上，当該具体的
結果の発生を否定的に予測するのが通常であること，又は当該接種対象者に
対する予防接種の具体的必要性と予防接種の危険性との比較衡量上接種が相
当であつたこと（実施規則4条但書）等を立証しない限り，不法行為責任を
免れないものというべきである。」

参考文献

岡田正則『国の不法行為責任と公権力の概念史』（弘文堂，2013 年）

小幡純子『国家賠償責任の再構成』（弘文堂，2015 年）

深見敏正『国家賠償法〔改訂版〕』（青林書院，2021 年）

西埜章『国家賠償法コンメンタール〔第3版〕』（勁草書房，2020 年）

宇賀克也＝小幡純子編『条解国家賠償法』（弘文堂，2019 年）

西埜章『国家補償法概説』（勁草書房，2008 年）

西埜章『損失補償法コンメンタール』（勁草書房，2018 年）

第9章
行政不服申立て

Ⅰ 行政不服申立ての意義

> **行政不服審査法**
> 1条　この法律は，行政庁の違法又は不当な処分その他公権力の行使に当たる行為に関し，国民が簡易迅速かつ公正な手続の下で広く行政庁に対する不服申立てをすることができるための制度を定めることにより，国民の権利利益の救済を図るとともに，行政の適正な運営を確保することを目的とする。
> 2　行政庁の処分その他公権力の行使に当たる行為（以下単に「処分」という。）に関する不服申立てについては，他の法律に特別の定めがある場合を除くほか，この法律の定めるところによる。

1 行政不服申立ての長所

　行政の処分などに対して不服がある場合には，行政不服申立てを行うことができる。行政訴訟よりも比較的簡易迅速な救済を求めることができるほか，行政事件訴訟の場合，処分の適法・違法の問題だけが対象となるのに対して，処分の妥当性・不当性をも扱うことができる。2014年に全面改正された行政不服審査法16条では，標準審理期間の制度が設けられ，審理の迅速さが図られている。

> **行政不服審査法**
> 16条　第4条又は他の法律若しくは条例の規定により審査庁となるべき行政庁（以下「審査庁となるべき行政庁」という。）は，審査請求がその事務所に到達してから当該審査請求に対する裁決をするまでに通常要すべき標準的な期間を定めるよう努めるとともに，これを定めたときは，当該審査庁となるべき行政庁及び関係処分庁（当該審査請求の対象となるべき処分の権限を有する行政庁であって当該審査庁となるべき行政庁以外のものをいう。次条において同じ。）の事務所における備付けその他の適当な方法により公にしておかなければならない

2　行政不服申立ての短所

　行政訴訟と比較した際に，行政不服申立ての短所として，中立性の問題がある。行政不服申立ての中でも，処分をした行政庁自身が裁断する場合には，予断なしに公正な判断をなしうるかについての疑問が提起されることが多くあり，ほとんどの場合で，処分を行った担当課が異議申立ての審査も行っていた[1]。

　こうした問題については，独立した機関を設けて裁決を行うこととしたり（国税不服審判所の例がある），第三者機関に諮問して，その答申を尊重する仕組みを設けたり（情報公開・個人情報保護審査会など）することにより，中立性を確保する取組みが個別の分野でなされてきた。

　2014 年の行政不服審査法の全面改正により，審理員制度および行政不服審査会等への諮問制度が導入され，中立性の確保についての進展がみられている。

行政不服審査法

9 条　第 4 条又は他の法律若しくは条例の規定により審査請求がされた行政庁（第 14 条の規定により引継ぎを受けた行政庁を含む。以下「審査庁」という。）は，審査庁に所属する職員（第 17 条に規定する名簿を作成した場合にあっては，当該名簿に記載されている者）のうちから第 3 節に規定する審理手続（この節に規定する手続を含む。）を行う者を指名するとともに，その旨を審査請求人及び処分庁等（審査庁以外の処分庁等に限る。）に通知しなければならない。ただし，次の各号のいずれかに掲げる機関が審査庁である場合若しくは条例に基づく処分について条例に特別の定めがある場合又は第 24 条の規定により当該審査請求を却下する場合は，この限りでない。

（中略）

43 条　審査庁は，審理員意見書の提出を受けたときは，次の各号のいずれかに該当する場合を除き，審査庁が主任の大臣又は宮内庁長官若しくは内閣府設置法第 49 条第 1 項若しくは第 2 項若しくは国家行政組織法第 3 条第 2 項に規定する庁の長である場合にあっては行政不服審査会に，審査庁が地方公共団体の長（地方公共団体の組合にあっては，長，管理者又は理事会）である場合にあっては第 81 条第 1 項又は第 2 項の機関に，それぞれ諮問しなければならない。

（中略）

---

(1)　宇賀概説 II・19 頁。

Ⅱ　不服申立ての要件

1　対　　象

　行政不服審査法は，行政作用全般について行政過程における不服申し立てを認めたものではなく，「処分その他公権力の行使」（同法1条）に対する不服申し立てのみを対象としている。

　ここでいう処分には，公権力の行使にあたる事実上の行為が含まれるとされる。ここで，事実上の行為が終了してしまえば，その撤廃を求める利益は失われると一般に解されるため，不服申立ての対象となる実行行為は，一過性のものではなく，継続的性質を有するものであると解されている[2]。

2　不服申立ての資格

　行政不服審査法では，「国民」ということばが用いられているが（「……国民が簡易迅速かつ公正な手続の下で広く行政庁に対する不服申立てをすることができるための制度を定める……」同法1条1項），これは外国人を排除する趣旨ではないとされる。このため，行政不服申立てを行いうる資格は，自然人たる国民のほか，外国人や法人，法人でない社団・財団などについても不服申立てを行う資格を有することとなる[3]。

3　不服申立ての適格

　行政不服審査法は，「行政庁の処分に不服がある者」は審査請求をできるとしている（同法2条）。これは，具体的事件ごとに不服申立てをするにふさわしい者（審査請求資格を有する者）にのみ不服申し立てを認める趣旨とされる[4]。

　このため，不服申立てをすることができる者は，処分を受けた者，申請に対する処分が行われない不作為の場合は，申請を行った者，第三者に対する処分によって，権利利益の侵害を受ける（おそれのある）者，が対象となりうる。

---

(2)　宇賀概説Ⅱ・40頁。
(3)　宇賀概説Ⅱ・41頁。
(4)　宇賀概説Ⅱ・44頁。

4　不服申立ての期間

　行政不服申立てが長期間可能であると，法律関係の早期安定の要請に反することになるが，短期間で不服申立てが不可能になれば，国民の権利利益の救済の要請に反することになる。このため，これらを考慮した不服申立期間が定められている。具体的には，原則として，「処分があったことを知った日」の翌日から起算して3か月以内に行われることとされる（行政事件訴訟法18条1項）。これは，主観的審査請求期間であり，2014年の改正前には60日であったものから延長がなされた。

　不服申立ての期間については，特例もあり，公職選挙法202条1項が14日，特許法178条3項が30日などとされている。

　処分があったといえるためには，処分の効力が発生していることが前提になるため，原則として処分が名宛人に到達している必要がある。

> 最一小判昭和27年11月20日民集6巻10号1038頁【行政Ⅱ-188】
> 〈判旨〉
> 「「処分のあつたことを知つた日」とは，当事者が書類の交付，口頭の告知その他の方法により処分の存在を現実に知つた日を指すものであつて，抽象的な知り得べかりし日を意味するものでないと解するを相当とする。尤も処分を記載した書類が当事者の住所に送達される等のことであつて，社会通念上処分のあつたことを当事者の知り得べき状態に置かれたときは，反証のない限り，その処分のあつたことを知つたものと推定することはできる。」

　不服申立てをする者が処分の名宛人以外の第三者の場合には，第三者が，処分があったことを了知したものと推認できるときは，その日を処分があった日として，その翌日を第三者の審査請求の起算日とすることができる（最三小判平成5年12月17日民集47巻10号5530頁）。

> 最三小判平成5年12月17日民集47巻10号5530頁
> 〈判旨〉
> 「市町村がした権利変換に関する処分の取消しを求める訴えは，都道府県知事に対する審査請求についてその裁決を経た後でなければ提起することができないものとされ（都市再開発法128条1項，地方自治法256条），右審査請求は処分があったことを知った日の翌日から起算して60日以内にしなければならないものとされている（行政不服審査法14条1項本文）。そして，処分の名宛人以外の第三者の場合については，諸般の事情から，右第三者が処分があったことを了知したものと推認することができるときは，その日を右にい

う「処分があったことを知った日」としてその翌日を右第三者の審査請求期間の起算日とすることができるものというべきである。

　これを本件についてみるのに，記録によれば，被上告人は昭和63年3月16日付けでXら八名に対して権利変換に関する処分をしたものであるところ，上告人らが右処分について審査請求をしたのは，同年6月4日であることが認められる。他方，記録によれば，上告人らは，都市再開発法83条1項に基づいて被上告人により行われた本件事業に関する権利変換計画の縦覧手続により，右計画に本件宅地についてXら8名に対する借地権の存在を前提とした部分が存在することを知り，同年2月4日付けで，右権利変換計画においてXら8名に対して借地権が認められているのは違法であるとする意見書を被上告人に対して提出しており，同年3月2日ころ，右意見書を不採択とする被上告人からの同月1日付けの通知書を受領した後，同月17日，被上告人から，同月16日付けの権利変換に関する処分の通知書を受領しており，右通知書には，先に縦覧に供されたものと同一の権利変換計画中の上告人らに対する部分の写しが添付されていることが明らかである。右の事実関係からすると，上告人らは，同月17日に権利変換に関する処分の通知書を被上告人から受領したことにより，そのころ，Xら8名に対しても，縦覧に供された権利変換計画どおり借地権の存在を前提とする権地変換に関する処分が行われたことを了知したものと認めるのが相当である。」

　また，客観的審査請求期間として，処分があった日の翌日から起算して1年を経過したときは，その後に処分があったことを知った場合でも，原則として不服申立てをすることができないとされている（行政事件訴訟法18条2項）。

Ⅲ　不服申立ての審理手続

1　処分権主義

　行政不服審査は，行政庁の処分その他公権力の行使に不服を有する者が不服申立てをすることによって開始される（行政不服審査法19条1項）。手続の開始やその審判範囲の特定などについて，当事者の自律的な判断による決定権限とその自己責任を認める処分権主義が採られている[5]。

---

(5)　宇賀概説Ⅱ・51頁。

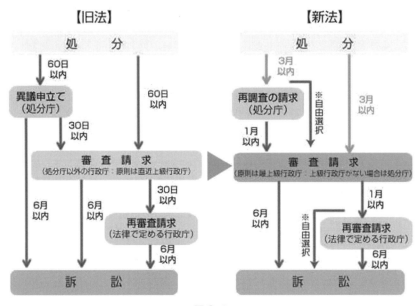

図 9-1

出典：政府広報オンライン

2　審査請求

　審査請求の審理は，書面によることを原則としており（書面審理中心主義），書面審理は，簡易迅速性，資料の明確性などの長所があるものの，印象が間接的であると，真実が正確に書面に記載されているとは限らないが釈明により疑問点を明確にしえないといった短所もある[6]。この審査請求にあたっては，審査請求人の氏名・住所，審査請求の対象となる処分の内容，審査請求の趣旨・理由などを記載した「審査請求書」を作成し，期限内に審査を行う行政機関（審査庁）宛てに提出することが必要となる（行政不服審査法19条）。

3　形式審査

　審査庁は，審査請求書に必要な記載事項が記されているかどうかなどを審査し，不備がある場合には補正などの手続をとる。行政不服審査法23条

_____

(6)　宇賀概説Ⅱ・54頁。

は，「審査請求書が第19条の規定に違反する場合には，審査庁は，相当の期間を定め，その期間内に不備を補正すべきことを命じなければならない。」として，審査庁が審査請求人に対して補正を命じるべきことを定めている。

そして，同法24条1項は，審査庁が補正を命じたにもかかわらず，審査請求人が期間内に不備を補正しないときは，審査庁は審理員を指名した審理手続を行うことなく，裁決により審査請求を却下することができるとしている。

4　審理員の指名

審理員制度は，行政不服申立ての公正さを確保するために導入されたもので，審査庁の職員のうち処分に関与しない者（審理員）が審査請求人と処分庁の主張を公正に審理することとし，審理員は審理手続が終結した際，審査庁がすべき裁決に関する意見書（審理員意見書）を審査庁に提出する。

審査庁は，審査庁の職員から個別の審理を行う「審理員」を指名することとなる。なお，委員会や審議会が審査庁である場合などには，審理員が指名されない場合もありうる。

行政不服審査法

9条　第4条又は他の法律若しくは条例の規定により審査請求がされた行政庁（第14条の規定により引継ぎを受けた行政庁を含む。以下「審査庁」という。）は，審査庁に所属する職員（第17条に規定する名簿を作成した場合にあっては，当該名簿に記載されている者）のうちから第3節に規定する審理手続（この節に規定する手続を含む。）を行う者を指名するとともに，その旨を審査請求人及び処分庁等（審査庁以外の処分庁等に限る。）に通知しなければならない。ただし，次の各号のいずれかに掲げる機関が審査庁である場合若しくは条例に基づく処分について条例に特別の定めがある場合又は第24条の規定により当該審査請求を却下する場合は，この限りでない。

一　内閣府設置法第49条第1項若しくは第2項又は国家行政組織法第3条第2項に規定する委員会

二　内閣府設置法第37条若しくは第54条又は国家行政組織法第8条に規定する機関

三　地方自治法（昭和22年法律第67号）第138条の4第1項に規定する委員会若しくは委員又は同条第3項に規定する機関

2　審査庁が前項の規定により指名する者は，次に掲げる者以外の者でなければならない。

一　審査請求に係る処分若しくは当該処分に係る再調査の請求についての決定に関与した者又は審査請求に係る不作為に係る処分に関与し，若しくは関与することとなる者

二　審査請求人

三　審査請求人の配偶者，四親等内の親族又は同居の親族

四　審査請求人の代理人

五　前2号に掲げる者であった者

六　審査請求人の後見人，後見監督人，保佐人，保佐監督人，補助人又は補助監督人

七　第13条第1項に規定する利害関係人

3　審査庁が第1項各号に掲げる機関である場合又は同項ただし書の特別の定めがある場合においては，別表第1の上欄に掲げる規定の適用については，これらの規定中同表の中欄に掲げる字句は，それぞれ同表の下欄に掲げる字句に読み替えるものとし，第17条，第40条，第42条及び第50条第2項の規定は，適用しない。

4　前項に規定する場合において，審査庁は，必要があると認めるときは，その職員（第2項各号（第1項各号に掲げる機関の構成員にあっては，第1号を除く。）に掲げる者以外の者に限る。）に，前項において読み替えて適用する第31条第1項の規定による審査請求人若しくは第13条第4項に規定する参加人の意見の陳述を聴かせ，前項において読み替えて適用する第34条の規定による参考人の陳述を聴かせ，同項において読み替えて適用する第35条第1項の規定による検証をさせ，前項において読み替えて適用する第36条の規定による第28条に規定する審理関係人に対する質問をさせ，又は同項において読み替えて適用する第37条第1項若しくは第2項の規定による意見の聴取を行わせることができる。

5　審理手続

　審理手続は，審理員が主宰して行うこととなる。それに際し，必要に応じて，審査請求人，処分庁から，それぞれの主張や証拠などの提出を求めることがある。審理員は，処分庁に対しては弁明書の提出を求めることとされ（行政不服審査法29条2項），審査請求人は，自ら証拠を提出したり（同法32条1項），申立てをすることで口頭での意見を述べたりすることができる（口頭意見陳述：同法31条1項）。

6　諮問・答申

　審査庁は，審理員の意見をふまえ第三者機関に諮問しなければならない

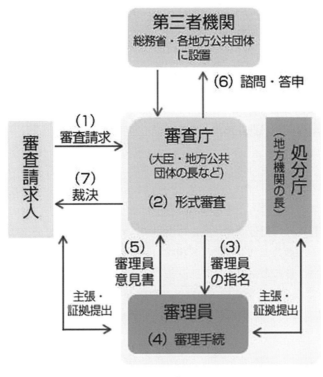

図 9-2

出典：政府広報オンライン

（行政不服審査法 43 条 1 項）。第三者機関は，第三者の立場から審査庁の判断の妥当性をチェックし，その結果を答申する。

　ここでの第三者機関とは，国の機関が審査庁である場合は，総務省の行政不服審査会，地方の場合には，各地方公共団体の執行機関の付属機関としての一般的には行政不服審査会に対して諮問をすることとなる。

7　裁　　決

　審査庁は，第三者機関の答申をふまえて，審査請求の裁決を行うこととなる。裁決には次の 3 つがある。

　却下は，審査請求の要件を満たしていないなど適法でない場合になされる

ものであり，却下裁決（行政不服審査法 45 条 1 項，49 条 1 項），または却下決定（同法 58 条 1 項）の形式をとる。

棄却は，審査請求に理由がない場合（行政庁の処分に違法または不当な点がない場合）になされるものであり，棄却裁決（同法 45 条 2 項，49 条 2 項，64 条 2 項），または棄却決定（58 条 2 項）の形式を採る。

認容は，審査請求に理由がある場合（行政庁の処分に違法または不当な点がある場合）になされるものであり，処分についての不服申立ての認容には，取消し，撤廃，変更の 3 種類がある。取消しは，処分の全部または一部の効果を失わせるもので（同法 46 条 1 項，59 条 1 項，65 条 1 項），撤廃は，事実上の行為に対して行うものである（47 条 1 項，2 項）。処分変更は，事実上の行為か否かに関わらず行われるもので（46 条 1 項，47 条，59 条 1 項，2 項），処分の質的変化を伴うようなものは変更にあたるとされる[7]。

また，行政庁の処分が違法または不当であっても，その処分を取消しまたは撤廃すると公共の利益が著しく損なわれる場合がある。その場合，審査庁は「棄却」することができるが，裁決の主文で，対象となった処分が違法または不当であることを宣言しなければならない（行政不服審査法 45 条 3 項，64 条 4 項）。これを事情裁決という。

審査請求人は，裁決の内容に不服がある場合は，裁判に訴えることができる。また，特に法律で定められた場合には，特定の行政庁に対して，再審査請求をすることもできる。

参考文献

小早川光郎＝高橋滋編『条解行政不服審査法〔第 2 版〕』（弘文堂，2020 年）
室井力＝芝池義一＝浜川清＝本多滝夫編『コンメンタール行政法 I　行政手続法・行政不服審査法〔第 3 版〕』（日本評論社，2018 年）
宇賀克也『行政不服審査法の逐条解説〔第 2 版〕』（有斐閣，2017 年）
宇賀克也『解説　行政不服審査法関連三法』（弘文堂，2015 年）

---

(7)　宇賀概説 II・73 頁。

第**10**章
地方自治法

I 地方自治の沿革

1 地方自治とは

地方自治とは，「一定の地域を基礎とする国から独立の団体が，その機関により，その事務を，当該団体の住民の意思に基づいて処理することをいう」[1]とされるが，ここでの団体は現行制度上においては地方公共団体のことをいい，地方公共団体とは，「国家の領土の一定の区域をその構成の基礎とし，その区域内の住民をその構成員とし，国家より与えられた自治権に基いて，地方公共の福祉のため，その区域内の行政を行うことを目的とする団体」[2]であるとされる。

ここで「一定の地域を基礎とする国から独立の団体」のような地方自治に関する要素を**団体自治**といい，「当該団体の住民の意思に基づいて処理する」のような地方自治に関する要素を**住民自治**という。地方自治には，この団体自治（国家内に国家から独立した団体が存在し，この団体がその事務（行政）を自らの意思，責任によって処理すること）と住民自治（地方の団体の事務処理に関して，これを中央政府によらず，当該団体の住民の意思によって行うこと）の2つの基本原理があるとされ，そうした要素を満たす制度を地方自治ということとなる。

2 地方自治の歴史

「地方」という制度は，国家の中において「中央」と対比されるが，旧来小規模であった国家（都市国家など）が集合して，統一国家を構成した場合に，旧来の都市国家などの国家は，「地方」としての性質を有することとなる。つまり，「地方」と「国家」は紙一重の存在といえる。

---

(1)　新自治用語辞典編纂会編『新自治用語辞典』（ぎょうせい，2000年）608頁。
(2)　法学協会編『註解日本国憲法（下巻）』（有斐閣，1954年）1374頁

国家 3 要素は，国土（領土），国民，統治機構であるが（国際法上は，外交能力を含む場合もある），地方の要素は，国家内の一定の領域（区域），住民，機関であり，本質的には同じものということができる。そうしたこともあり，「地方自治」は民主主義の小学校などともいわれ，国家のあり方を学ぶ上での基礎的な位置づけとされることがある。

日本において，「地方」という存在が位置づけられたのは，「律令制度」の登場の時（奈良時代 8 世紀）である。大和政権が誕生し，律令制度が導入された（律：刑法，令：行政法）わけであるが，ここで，「令」によって，地方を設置した（令制国：律令国とも）。これが，いわゆる「旧国名」といわれるもので，摂津国，河内国，和泉国，播磨国，武蔵国，遠江国などの地域を指すことになる。

ここには，中央政府から，「守，介」などの官僚が派遣され，この地域を支配するという構図（中央集権的国家運営）が採られていた。

江戸時代などは，封建制度の下での支配体制となり，江戸時代の幕藩体制では，幕府（中央）⇒藩（地方）の支配といえなくもないが，藩は，幕府の完全な支配の下にあったわけではなく，連邦制のように，藩という多くの国が存在していたものということが適切かもしれない。ただし，幕府直轄領の中で，代官支配地や大坂（幕府直轄領：大坂城代支配）などは，「地方」ということができるであろう。

明治時代に入るにあたって，地方自治も含めて国の統治システムが新たに構築されることになる。ここでは，廃藩置県や市町村の設置などが行われることとなった。

明治時代の市制・町村制（1888 年）や，府県制・郡制（1890 年）は，今日の地方自治の形を基礎づけているものといえる。ここでは，条例や規則の制定権，市長や議会の設置・選任・権限などについて定めが置かれていた。

戦後，日本国憲法の施行とともに地方自治法が施行され，今日の地方自治制度は，「地方自治法」という憲法附属法によって形作られている。

3　地方自治の保障の考え方

日本国憲法は，第 8 章において，地方自治に関する規定を設けている。ここで，地方自治の保障に関する考え方（地方自治権の性質）としては，以下のようなものがある。

(1)　固 有 権 説

　固有権説は，地方公共団体が一定の固有の自治権を有するとするものとして論じられ，これは，元来フランス革命時にみられた地方権（pouvoir municipal）思想を淵源としてドイツなどで展開したものとされる[3]。ここでは，地方自治権を自然権として，地方公共団体を一定の固有の権利を有する主体として捉えるもの，地方公共団体が国家成立以前に存在し，その地方公共団体が自治権の維持等の地方公共団体の利益のために国家形成をしたというものがあり[4]，この説においては，地方公共団体の組織，運営等について法律によって規定することにも限界が存在することにもなる。

　大日本帝国憲法には地方自治を保障する規定が存在しなかったために，戦前のわが国においては，地方自治権の拡大を図るために固有権説は実践的意義を有していたものの少数説にとどまり，日本国憲法下においても，初期に「地方自治の本旨」について固有権説が唱えられたことがあるものの，広い支持を得ているものとはいえない[5]。

(2)　伝 来 説

　伝来説は，地方公共団体の有する自治権は，国の承認，許容や国の委任に基づくとするものである。ここでは，①地方公共団体の存在は国より伝来し，その権能は国の委任によるものであり，地方公共団体が国の委任に基づき国家の事務を行うものとされるもの，②地方公共団体の存在は国より伝来し，その権能は国の委任によるものではあるが，自らの利益のための地方公共事務を行い，国家的利益と矛盾しない限りにおいて地方公共団体の利益になるような事務が認められるものとがあり，後者は，わが国の大日本帝国憲法下における地方自治に関する通説であるとされる[6]。

　この説においては，沿革的に国家の成立前に地域住民の共同体が成立したという事実があったとしても，近代国家の統治権はすべて国家に帰属し，地

(3)　フランス革命時のトゥーレによる「地方権」（pouvoir municipal）の思想を淵源として展開されてきた後，フランスにおいてこの説は力を失ったものの，1830年のベルギー憲法における理解やドイツ公法学説における支持をみてきたものとされる（小林武＝渡名喜庸安『憲法と地方自治』（法律文化社，2007年）109頁）。
(4)　杉原泰雄『地方自治の憲法論──『充実した地方自治』を求めて〔補訂版〕』（勁草書房，2008年）148頁。
(5)　宇賀地方自治・5頁。
(6)　高田敏＝村上義弘編『地方自治法』（青林書院新社，1976年）7頁。

方公共団体も国家の統治機構の一環をなすものであって，その自治権も国家統治権に由来するものとされる[7]。

(3)　制度的保障説

制度的保障説は，地方自治制度を憲法の規定によって特別の保護を与えられたものとするもので，ここでは，通常の立法手続によってその制度の廃止や，本質的内容の侵害がなされることがないというものである。これは，ワイマール憲法（127 条）の地方自治の規定を制度的保障と解することによって成立し，ここでの通説的地位を占め，ボン基本法（28 条 2 項）下においても通説とされ[8]，日本国憲法においても通説的見解であるとされる[9]。

最高裁も，日本国憲法の地方自治に関する規定は，「住民の日常生活に密接な関連を有する公共的事務は，その地方の住民の意思に基づきその区域の地方公共団体が処理するという政治的形態を憲法上の制度として保障しようとする趣旨に出たものと解される」と判示している（最三小判平成 7 年 2 月 28 日民集 49 巻 2 号 639 頁【憲法 I -3】【地方-15】）。ここでは，地方自治制度は，憲法によって保障されたものであって，憲法以前に自然権として存在するものではないことから，固有権説を否定し，憲法改正によって地方自治制度を廃止することも可能となる。他方で，地方自治制度が憲法上の保障を受けていることから，法律によって地方自治の本質的内容を否定するようなことは許されないものとされる[10]。

4　憲法上の地方自治に関する定め

日本国憲法は，第 8 章（92-95 条）に地方自治に関する規定を設けているが，その内容について以下に説明する。

(1)　92 条

> **憲法 92 条**
> 地方公共団体の組織及び運営に関する事項は，地方自治の本旨に基いて，法律でこれを定める。

---

(7)　宇賀地方自治・6 頁。
(8)　高田敏＝村上義弘編『地方自治法』（青林書院新社，1976 年）8 頁。
(9)　杉原泰雄『地方自治の憲法論 ──『充実した地方自治』を求めて〔補訂版〕』（勁草書房，2008 年）。
(10)　宇賀地方自治・7 頁。

　92条では，地方自治に関する基本原則規定を置き，「地方自治の本旨」という文言により，地方自治に関する法律が制定されるにあたって制約を設け，憲法の予定する地方自治を保障するものである。

　ここでいう「地方自治の本旨」は，「地方自治の憲法的保障の趣旨を，集約的ないし象徴的に表現しようとした言葉」であって，「『本旨』という言葉は，国語的には，本来の趣旨・基本精神・指導原理・理想といった意味でしかなく，規範用語としても，それ自体では不確定なもの」であるため，「その規範的意味内容は，憲法の構造全体，とりわけ92条のあとの三カ条から明らかにすることが求められ」，93条の住民自治，94条の団体自治などからも，住民自治，団体自治が「地方自治の本旨」を構成する要素であるとされる[11]。

　そのように，住民自治，団体自治が「地方自治の本旨」の構成要素であるとの見解が示されてきており，「地方自治の本旨」とは，「地方自治」の基本原則という理解が一般的なものといえるだろう。

(2)　93条

> **憲法93条**
> 　地方公共団体には，法律の定めるところにより，その議事機関として議会を設置する。
> ②地方公共団体の長，その議会の議員及び法律の定めるその他の吏員は，その地方公共団体の住民が，直接これを選挙する。

　93条では，首長制と議会の設置，そして首長，議会を構成する議員とその他の吏員については住民が直接選挙する直接民主制の制度を保障している。首長制は，presidential system と訳され，アメリカの大統領制のようにも思われるが，ここでは，地方政治に関しては，首長と議会を対立させ，相互間の均衡と調和を図るというものであるとされ[12]，首長制を基本としながらも，議院内閣制の要素を盛り込んだ二元代表制を採っている。

　議会の設置については，1項において，議事機関としての議会の設置が求められており，これは，議会が地方公共団体の意思を決定する機関たることを意味するが，議会が住民の代表機関であり，議決機関であるものの，執行

---

(11)　小林武『地方自治の憲法学』（晃洋書房，2001年）3頁。

(12)　田中二郎『新版行政法（中）〔全訂第2版〕』（弘文堂，1976年）140-141頁。

権からの独立対等の関係上，議院内閣制における国会とは異なり，国会が国権の最高機関である一方で，地方公共団体の議会が自治権の最高機関であるわけではない[13]。

　最高裁も「憲法上，国権の最高機関たる国会について，広範な議院自律権を認め，ことに，議員の発言について，憲法51条に，いわゆる免責特権を与えているからといって，その理をそのまま直ちに地方議会にあてはめ，地方議会についても，国会と同様の議会自治・議会自律の原則を認め，さらに，地方議会議員の発言についても，いわゆる免責特権を憲法上保障しているものと解すべき根拠はない」と判示して，地方議会が国会と同様に最高機関たる性質を有するものではないとしている（最大判昭和42年5月24日刑集21巻4号505頁）。

　議会の議員とともに住民によって直接選挙される首長については地方公共団体の長として，都道府県には知事，市町村には市町村長が置かれる（地方自治法139条）。

　議会の議員，首長と同様に，憲法93条2項において住民による直接選挙の対象となる「法律の定めるその他の吏員」については，住民による直接選挙の主体となる公務員を，法律によって議会の議員，首長以外にも設けることができることを定めたものであって，必ずしもそのような公務員を設置しなければならないものではないとされる[14]。その他の吏員については，かつて教育委員会法において，都道府県と市町村に設置される教育委員会の教育委員について住民が直接選挙するものとされていた[15]。しかしながら，現在その他の吏員として住民の直接選挙によって選ばれるものはない。

(3)　94条

憲法94条
地方公共団体は，その財産を管理し，事務を処理し，及び行政を執行する権能を有し，法律の範囲内で条例を制定することができる。

94条では，地方公共団体の権能と条例制定権について定めている。ここで地方公共団体の権能については，「その財産を管理し，事務を処理し，及び行政を執行する」こととしており，抽象的に定めているに過ぎない。地方分権一括法による改正前地方自治法は，普通地方公共団体の事務について，「公共事務」と「法律又はこれに基く政令により普通地方公共団体に属するもの」とされる「委任事務」，「その区域内におけるその他の行政事務で国の事務に属さないもの」とされる「行政事務」が規定されていた⁽¹⁶⁾。旧来の3種の事務が2000年の地方自治法改正により，「自治事務」，「法定受託事務」に分類されることになり，ここで自治事務とは「地方公共団体が処理する事務のうち，法定受託事務以外のものをいう」として，法定受託事務以外をすべて自治事務として地方公共団体固有の事務と位置づけている。

94条に定められた条例制定権は，地方自治法14条1項において，「普通地方公共団体は，法令に違反しない限りにおいて第2条第2項の事務に関し，条例を制定することができる」と規定されている。この条例制定権については，その根拠や，条例制定権の範囲，限界が問題となるところである。

(4)　95条

> **憲法95条**
> 一の地方公共団体のみに適用される特別法は，法律の定めるところにより，その地方公共団体の住民の投票においてその過半数の同意を得なければ，国会は，これを制定することができない。

95条では，地方自治特別法の制定と，その制定際に住民投票を実施し住民の意思を反映することについて定めている。

この地方自治特別法の例は，昭和24年から昭和26年にかけて，戦後復興のために特定の地方公共団体について適用する法律を制定したものがあり，広島平和記念都市建設法，長崎国際文化都市建設法，首都建設法などがある。

地方自治特別法制定にあたって行われる住民投票は，憲法上の要請とされる。他方，地方自治特別法に係るものを除く住民投票は，地方自治法にその根拠規定が存在するわけではなく，過去には旧警察法において，自治体警察

---

(16)　地方自治法旧2条2項。この他個別に列挙される事務があった（同法旧2条3項）。

を維持すべきかどうか町村における住民投票によって決めることが出来る旨を定めていたほか，昭和38年の改正前地方自治法においては，重要な財産や営造物の独占的利益を与えるような処分等について住民投票を行う規定があった。現在では，条例によって住民投票を制度化している地方公共団体が存在する。

　地方自治特別法に係る住民投票は，国会法67条において「一の地方公共団体のみに適用される特別法については，国会において最後の可決があつた場合は，別に法律で定めるところにより，その地方公共団体の住民の投票に付し，その過半数の同意を得たときに，さきの国会の議決が，確定して法律となる」として，住民投票が国会の議決の後になされ，住民投票による同意を得て法律となるものとされる。

　なお，ここで，「一の」と表記されているものは，数としての1つ（の地方公共団体）という意味ではなく，特定の地方公共団体という意味（特定されていれば複数でもよい）である。

II　地方公共団体の種類・組織とその事務

1　地方公共団体

　地方公共団体は，地域における行政を担う統治主体であり，行政主体として位置づけられるものである。地方公共団体は，普通地方公共団体と特別地方公共団体に分けられ，前者には，都道府県，市町村が，後者には，特別区，地方公共団体の組合，財産区，合併特例区が含まれる。

(1)　普通地方公共団体

　普通地方公共団体には，都道府県と市町村があるが，都道府県は，市町村を包括する広域の普通地方公共団体（広域的自治体）であり，地域における事務のうち，広域事務，連絡調整事務，補完事務を処理するとされ（地方自治法2条5項），市町村は，住民に最も身近なところにある基礎的な普通地方公共団体であり，都道府県の行う事務を除く一般事務を行うこととされる（同法2条3項）。日本国内の区域は，必ず1つの都道府県と1つの市町村に帰属しているが，このように二重の普通地方公共団体が置かれる制度を二層制という。

　市町村間には法的地位に差はないが，市になるための要件などが定められ

ており（地方自治法8条），手を挙げた地方公共団体が自動的に「市」になるといった制度とはなっていない。

(2)　特別地方公共団体

特別地方公共団体とは，普通地方公共団体とは異なり，法が政策的見地から造り出す特殊な地方公共団体のことをいい，地方自治法上は，特別区，地方公共団体の組合，財産区が，市町村合併特例法上のものとして合併特例区がある。

① 特　別　区

特別区とは，都の区のことを指し，現在は，東京都の23区が設けられている（地方自治法281条1項）。このため，東京都の千代田区，港区などは，普通地方公共団体ではなく，特別地方公共団体ということになる。

特別区は，基本的に市と同じ権能・組織を有する（同法281条2項）こととなり，この特別区については，これが憲法上の地方公共団体であるかが争点となった事例がある（最大判昭和38年3月27日刑集17巻2号121頁【憲法Ⅱ-200】【地方-2】）。

② 地方公共団体の組合

普通地方公共団体や特別区は，その事務を共同処理するために組合を設けることができるとされ（地方自治法284条），この団体を地方公共団体の組合という。地方公共団体の組合には，一部事務組合と広域連合とがあり，一部事務組合は，地方公共団体同士が，一般廃棄物処理，上水道，消防，病院運営など，その事務の一部を共同処理するために設置する特別地方公共団体のことで（地方自治法286条以下），広域連合は，地方公共団体が事務の広域処理を実施するために設けられる特別地方公共団体である（地方自治法291条の2以下）。

③ 財　産　区

財産区は，市町村の一部が財産または公の施設を有することにより一定の既存利益を維持する権利の保全を目的として，一部の地域とその地域内の全ての住民を構成要素とする法律的に認められた特別地方公共団体のことである（地方自治法294条）。具体的には，市町村内の山林や用水路，墓地，温泉などの財産管理のために設置される団体である。

④ 合併特例区

合併特例区は，市町村合併に際して，従前の市町村の区域に合併後の一定

期間置くことのできるものである（市町村合併特例法 26 条）。この合併特例区は，特別地方公共団体であるとされるが（同法 27 条），平成の市町村合併から時間が経ち，2023 年 4 月時点では，合併特例区は存在していない。

2　地方公共団体の組織

　普通地方公共団体には，議決機関としての議会と執行機関としての長等が置かれる（特別地方公共団体である特別区も同様）。

(1)　議　　会

　議会は，議決機関として，地方自治法 96 条 1 項に定められる議決権をもつ。ここでは，条例の制定，改廃，予算の決定，決算の認定，地方税の賦課徴収等，契約の締結，財産の取得・処分，権利の放棄，訴えの提起，和解の締結などの権限を有する。さらに，一部の法定受託事務を除き，これ以外にも条例で議決事項を追加することができる（地方自治法 96 条 2 項）。

地方自治法 96 条 1 項
普通地方公共団体の議会は，次に掲げる事件を議決しなければならない。
一　条例を設け又は改廃すること。
二　予算を定めること。
三　決算を認定すること。
四　法律又はこれに基づく政令に規定するものを除くほか，地方税の賦課徴収又は分担金，使用料，加入金若しくは手数料の徴収に関すること。
五　その種類及び金額について政令で定める基準に従い条例で定める契約を締結すること。
六　条例で定める場合を除くほか，財産を交換し，出資の目的とし，若しくは支払手段として使用し，又は適正な対価なくしてこれを譲渡し，若しくは貸し付けること。
七　不動産を信託すること。
八　前 2 号に定めるものを除くほか，その種類及び金額について政令で定める基準に従い条例で定める財産の取得又は処分をすること。
九　負担付きの寄附又は贈与を受けること。
十　法律若しくはこれに基づく政令又は条例に特別の定めがある場合を除くほか，権利を放棄すること。
十一　条例で定める重要な公の施設につき条例で定める長期かつ独占的な利用をさせること。
十二　普通地方公共団体がその当事者である審査請求その他の不服申立て，訴えの提起（普通地方公共団体の行政庁の処分又は裁決（行政事件訴訟法第

３条第２項に規定する処分又は同条第３項に規定する裁決をいう。以下この号，第 105 条の 2，第 192 条及び第 199 条の 3 第 3 項において同じ。）に係る同法第 11 条第 1 項（同法第 38 条第 1 項（同法第 43 条第 2 項において準用する場合を含む。）又は同法第 43 条第 1 項において準用する場合を含む。）の規定による普通地方公共団体を被告とする訴訟（以下この号，第 105 条の 2，第 192 条及び第 199 条の 3 第 3 項において「普通地方公共団体を被告とする訴訟」という。）に係るものを除く。），和解（普通地方公共団体の行政庁の処分又は裁決に係る普通地方公共団体を被告とする訴訟に係るものを除く。），あつせん，調停及び仲裁に関すること。

　十三　法律上その義務に属する損害賠償の額を定めること。

　十四　普通地方公共団体の区域内の公共的団体等の活動の総合調整に関すること。

　十五　その他法律又はこれに基づく政令（これらに基づく条例を含む。）により議会の権限に属する事項

　議会は，地方公共団体における立法機関として機能し，地方公共団体の意思決定を行うことになるが，このほか，議会における議長・副議長などの選挙権（同法 97 条 1 項），検閲権・検査権・監査請求権（同法 98 条），国会や関係行政機関に対する意見書の提出権（同法 99 条），調査権（同法 100 条）などの権限を有している。

　議会の議員は，特別職の地方公務員であり，条例の定めるところにより報酬等を受けることとなる。この議員は，国会議員や他の地方公共団体の議員，地方公共団体の常勤職員等との兼職が禁止されている（地方自治法 92 条，92 条の 2）。議員の任期は，4 年であるが，住民による直接請求によって議会の解散請求が成立した場合などは，議会は解散し，議員は失職することになる。

(2)　執 行 機 関

　執行機関として，長，委員会，委員の 3 種類がある（地方自治法 138 条の 4 第 1 項）。長は，地方公共団体を統括・代表し（同法 147 条），地方公共団体の事務を管理・執行する（同法 148 条）とともに，議会で議決すべき事件の議案提出や予算の調製・執行，公の施設の設置・管理・廃止（同法 149 条）などを行う。

地方自治法 149 条
普通地方公共団体の長は，概ね左に掲げる事務を担任する。

> 一　普通地方公共団体の議会の議決を経べき事件につきその議案を提出すること。
> 二　予算を調製し、及びこれを執行すること。
> 三　地方税を賦課徴収し、分担金、使用料、加入金又は手数料を徴収し、及び過料を科すること。
> 四　決算を普通地方公共団体の議会の認定に付すること。
> 五　会計を監督すること。
> 六　財産を取得し、管理し、及び処分すること。
> 七　公の施設を設置し、管理し、及び廃止すること。
> 八　証書及び公文書類を保管すること。
> 九　前各号に定めるものを除く外、当該普通地方公共団体の事務を執行すること。

　また、長は条例によって、事務分掌のために都道府県であれば支庁・地方事務所、市町村であれば支所・出張所を設けることができるとされている（同法 155 条）。

　地方公共団体の事務のうち、政治的中立性や専門技術的判断が必要な分野については、長から独立して職務権限を行使する執行機関として委員会・委員を設置し、長の指揮監督を受けることなく、独自の判断で事務の執行にあたることとされる（同法 138 条の 4）。委員会は、複数の委員から成る合議制の機関であり、教育委員会、選挙管理委員会、人事・公平委員会、公安委員会などがある。委員は、単独の委員が職務を行う独任制の機関で監査委員がある。

　長への行き過ぎた権限集中を排除するために委員会・委員の制度が設けられており、執行機関多元主義が採用されている。

3　地方公共団体の事務

　憲法 94 条は、「地方公共団体は、その財産を管理し、事務を処理し、及び行政を執行する権能を有し、法律の範囲内で条例を制定することができる。」として、行政を執行する権能と立法作用の権能を地方公共団体に与えている。

　普通地方公共団体は、①「地域における事務」と②「その他の事務で法律又はこれに基づく政令により処理することとされるもの」を処理することとされる（地方自治法 2 条 2 項）。

地域における事務は，さらに「法定受託事務」と「自治事務」の2つに分類される。

法定受託事務は，国（または都道府県）が本来果たすべき役割に係るものであって，国（または都道府県）においてその適正な処理を特に確保する必要があるものとして法律またはこれに基づく政令により特に地方公共団体にその処理が委託される事務のことをいう（同法2条9項）。そして，自治事務は，この法定受託事務以外の事務をいう（同法2条8項）。

Ⅲ　地方公共団体の権限

1　自主組織権・自主行政権・自主財政権

自主組織権とは，地方公共団体がその組織について自ら決定する権能のことのことで，長と議会による二元代表制が憲法によって規定されているものの，そうした法令上の必置規制を除き，組織については基本的に（地方公共団体ごとに）自由に決めることができる。

他方で，法令に基づき新たな必置規制（国が，地方公共団体に対し，地方公共団体の行政機関若しくは施設，特別の資格若しくは職名を有する職員又は附属機関を設置しなければならないものとすること：地方分権推進法5条）がなされることがあり，2009年の消費者安全法では，消費生活センターの設置について，都道府県に義務づけ，市町村には努力義務を課し，2014年に改正された行政不服審査法では，国の行政不服審査会に対応する組織を地方公共団体についても条例で設置することを義務づけた。

自主行政権とは，地方公共団体が自ら行う行政事務の範囲を定め，その事務遂行する権能のことをいう。この点については，国と地方の役割分担や地方公共団体間の役割分担も含めて，法令によって地方公共団体の事務とされない事柄が存在している。

自主財政権とは，地方公共団体が自らの行政に関して，その財源としての税を課すこと（課税自主権）等によって独立した財務体制による財政運営を行う権能のことをいう。

課税自主権に関しては，大牟田電気税訴訟（福岡地判昭和55年6月5日判時966号3頁【地方-A1】）において，「憲法上地方公共団体に認められる課税権は，地方公共団体とされるもの一般に対し抽象的に認められた租税の賦

課，徴収の権能であつて，憲法は特定の地方公共団体に具体的税目についての課税権を認めたものではない。税源をどこに求めるか，ある税目を国税とするか地方税とするか，地方税とした場合に市町村税とするか都道府県税とするか，課税客体，課税標準，税率等の内容をいかに定めるか等については，憲法自体から結論を導き出すことはできず，その具体化は法律（ないしそれ以下の法令）の規定に待たざるをえない。」と示していた。

　他方で，神奈川県臨時特例企業税条例事件（最一小判平成 25 年 3 月 21 日民集 67 巻 3 号 438 頁【憲法Ⅱ-201】【地方-4】）では，「普通地方公共団体は，地方自治の本旨に従い，その財産を管理し，事務を処理し，及び行政を執行する権能を有するものであり（憲法 92 条，94 条），その本旨に従ってこれらを行うためにはその財源を自ら調達する権能を有することが必要であることからすると，普通地方公共団体は，地方自治の不可欠の要素として，その区域内における当該普通地方公共団体の役務の提供等を受ける個人又は法人に対して国とは別途に課税権の主体となることが憲法上予定されているものと解される。しかるところ，憲法は，普通地方公共団体の課税権の具体的内容について規定しておらず，普通地方公共団体の組織及び運営に関する事項は法律でこれを定めるものとし（92 条），普通地方公共団体は法律の範囲内で条例を制定することができるものとしていること（94 条），さらに，租税の賦課については国民の税負担全体の程度や国と地方の間ないし普通地方公共団体相互間の財源の配分等の観点からの調整が必要であることに照らせば，普通地方公共団体が課することができる租税の税目，課税客体，課税標準，税率その他の事項については，憲法上，租税法律主義（84 条）の原則の下で，法律において地方自治の本旨を踏まえてその準則を定めることが予定されており，これらの事項について法律において準則が定められた場合には，普通地方公共団体の課税権は，これに従ってその範囲内で行使されなければならない」として，憲法上，地方公共団体の課税権が保障されていることを示した。

2　自主立法権・条例制定権

　条例は，憲法 94 条の条例制定権を根拠として，地方公共団体に認められている自主立法である。条例を地方公共団体が独自に制定するにあたっては，国の法令との関係などが問題になることになる。

(1)　罪刑法定主義

　罪刑法定主義は，憲法 31 条に規定する「何人も，法律の定める手続によらなければ，その生命若しくは自由を奪われ，又はその他の刑罰を科せられない」との規定と，憲法 73 条 6 号に規定する命令への罰則の一般的委任の禁止との関連で，条例による罰則を認めている地方自治法 14 条 3 項との関係で問題となる。

　この問題に関しては，条例による罰則の設定は，憲法 94 条が地方公共団体に与えた条例制定権について実効性担保のための罰則設定権が含まれるものであり，憲法 94 条の直接の授権による憲法 31 条の原則に対する例外とする説（憲法授権説），および刑罰の設定については，本来国の事務であって，憲法 94 条が条例制定権の罰則設定権についても直接授権したものではなく罰則を設けるためには法律による委任が必要であるとする説（法律授権説）とに分別れる。

　大阪市売春勧誘行為等取締条例事件（最大判昭和 37 年 5 月 30 日刑集 16 巻 5 号 577 頁【行政Ⅰ-41】【憲法Ⅱ-208】【地方-31】）では，「憲法 31 条はかならずしも刑罰がすべて法律そのもので定められなければならないとするものでなく，法律の授権によつてそれ以下の法令によつて定めることもできると解すべきで，このことは憲法 73 条 6 号但書によつても明らかである。ただ，法律の授権が不特定な一般的の白紙委任的なものであつてはならないことは，いうまでもない」とした。

(2)　財　産　権

　財産権については，憲法 29 条 2 項が「財産権の内容は，公共の福祉に適合するやうに，法律でこれを定める」と規定しており，条例によって財産権を侵害または制限するようなことが可能か問題となる。

　財産権が条例によって規制されうるかどうかについて，条例による規制を認める説（財産権規制許容説），財産権の規制は法律によることを必要とし，条例によっては規制されないとする説（財産権規制不可能説），奈良県ため池条例事件控訴審判決（大阪高判昭和 36 年 7 月 13 日判時 276 号 33 頁）後に展開した，財産権の「内容」と「行使」を厳密に区別して「内容」を限定した上で，前者「内容」については法律による規制のみが認められるが，後者「行使」については条例による規制が可能であるとする説（財産権行使規制許容説）が存在する。

奈良県ため池条例事件上告審判決（最大判昭和 38 年 6 月 26 日刑集 17 巻 5 号
521 頁【行政Ⅱ-246】【憲法Ⅰ-98】【地方-30】）では，「ため池の堤とうを使用
する財産上の権利を有する者は，……その財産権の行使を殆んど全面的に禁
止されることになるが，それは災害を未然に防止するという社会生活上の已
むを得ない必要から来ることであつて，ため池の堤とうを使用する財産上の
権利を有する者は何人も，公共の福祉のため，当然これを受忍しなければな
らない責務を負うというべきである。すなわち，ため池の破損，決かいの原
因となるため池の堤とうの使用行為は，憲法でも，民法でも適法な財産権の
行使として保障されていないものであつて，憲法，民法の保障する財産権の
行使の埒外にあるものというべく，従つて，これらの行為を条例をもつて禁
止，処罰しても憲法および法律に牴触またはこれを逸脱するものとはいえな
い」として，条例による財産権の規制は合憲としている。

(3)　条例規定の地域間差異

これは，憲法の平等原則との関係で，条例による規定に基づく処罰等で，
地域間の不均衡が生じることが，憲法 14 条に反しないかとの問題である。
しかし，この問題に関しては，地方公共団体の条例に基づく処罰規定等の内
容の差が条例制定権を各地方公共団体に認めたことによって生ずる問題であ
ることは，憲法が予期しているものであり，憲法 14 条に違反するものでは
ないとされ[17]，東京都売春等取締条例事件判決（最大判昭和 33 年 10 月 15 日
刑集 12 巻 14 号 3305 頁【憲法Ⅱ-32】）で，「憲法が各地方公共団体の条例制定
権を認める以上，地域によって差別を生ずることは当然に予期されることで
ある」ため，このような差別についても憲法は許容しているとの見解が示さ
れている。

最近では，国民の健康志向の高まりからか，地方公共団体における受動喫
煙防止条例，路上喫煙防止条例の制定の動きがある。しかしながら，その規
制内容が各地方公共団体によって異なるために喫煙者の混乱や飲食店や各娯
楽施設に対しての喫煙禁止ないし分煙の規制をする条例では，他の地域との
差異の問題が生じるところであろう[18]。大都市圏では，地方からの出張者，
他の地域に住む者が通勤で通っているということもあり，住民＝区域内の喫

---

(17)　小林武＝渡名喜庸安『憲法と地方自治』（法律文化社，2007 年）271 頁。
(18)　受動喫煙に関する条例については，村中洋介『たばこは悪者か？』（信山社，
　　2019 年）も参照。

煙者ではない。

このため，住民に対しての規制に関わる条例については，都道府県単位や国の法律によって規制することが望ましいものもあろう。この点については，国は地方の条例制定権の範囲を縮小するようなことはせず，地方は各地の取組みによって条例を制定することを前提としながらも，条例が乱立し各地の住民生活に支障を来すようなときには，規制内容に関して一定の制限を設けることも必要であろう。

3　条例制定の限界

条例制定権の憲法上の根拠とされる憲法94条には，条例の制定できる範囲については法律に委ねることとなる旨の規定しか存在しない。このため，憲法94条に規定される「法律の範囲内で」条例を制定するにあたって，「法律の範囲内で」の意味をどのように解釈するか問題となる。ただし，この点に関しては，地方自治法14条1項において，「普通地方公共団体は，法令に違反しない限りにおいて第2条第2項の事務に関し，条例を制定することができる」と規定されていることとの関係から，「法律に反しない限りにおいて」と解釈されるのが一般的である。

徳島市公安条例事件（最大判昭和50年9月10日刑集29巻8号489頁【行政Ⅰ-40】【憲法Ⅰ-83】【地方-33】）において，条例制定権に関して最高裁は，「条例が国の法令に違反するかどうかは，両者の対象事項と規定文言を対比するのみでなく，それぞれの趣旨，目的，内容及び効果を比較し，両者の間に矛盾抵触があるかどうかによってこれを決しなければならない」とし，法律と条例の対象事項について，両者の競合があった場合でも，その趣旨・目的が異なる場合は，条例が無効ではないとされた。

最大判昭和50年9月10日刑集29巻8号489頁【行政Ⅰ-40】【憲法Ⅰ-83】【地方-33】

〈判旨〉

「地方自治法位14条1項は，普通地方公共団体は法令に違反しない限りにおいて同法2条2項の事務に関し条例を制定することができる，と規定しているから，普通地方公共団体の制定する条例が国の法令に違反する場合には効力を有しないことは明らかであるが，条例が国の法令に違反するかどうかは，両者の対象事項と規定文言を対比するのみでなく，それぞれの趣旨，目的，内容及び効果を比較し，両者の間に矛盾牴触があるかどうかによつてこれを

決しなければならない。例えば，ある事項について国の法令中にこれを規律する明文の規定がない場合でも，当該法令全体からみて，右規定の欠如が特に当該事項についていかなる規制をも施すことなく放置すべきものとする趣旨であると解されるときは，これについて規律を設ける条例の規定は国の法令に違反することとなりうるし，逆に，特定事項についてこれを規律する国の法令と条例とが併存する場合でも，後者が前者とは別の目的に基づく規律を意図するものであり，その適用によつて前者の規定の意図する目的と効果をなんら阻害することがないときや，両者が同一の目的に出たものであつても，国の法令が必ずしもその規定によつて全国的に一律に同一内容の規制を施す趣旨ではなく，それぞれの普通地方公共団体において，その地方の実情に応じて，別段の規制を施すことを容認する趣旨であると解されるときは，国の法令と条例との間にはなんらの矛盾牴触はなく，条例が国の法令に違反する問題は生じえないのである。」

「これを道路交通法 77 条及びこれに基づく徳島県道路交通施行細則と本条例についてみると，徳島市内の道路における集団行進等について，道路交通秩序維持のための行為規制を施している部分に関する限りは，両者の規律が併存競合していることは，これを否定することができない。しかしながら，道路交通法 77 条 1 項 4 号は，同号に定める通行の形態又は方法による道路の特別使用行為等を警察署長の許可によつて個別的に解除されるべき一般的禁止事項とするかどうかにつき，各公安委員会が当該普通地方公共団体における道路又は交通の状況に応じてその裁量により決定するところにゆだね，これを全国的に一律に定めることを避けているのであつて，このような態度から推すときは，右規定は，その対象となる道路の特別使用行為等につき，各普通地方公共団体が，条例により地方公共の安寧と秩序の維持のための規制を施すにあたり，その一環として，これらの行為に対し，道路交通法による規制とは別個に，交通秩序の維持の見地から一定の規制を施すこと自体を排斥する趣旨まで含むものとは考えられず，各公安委員会は，このような規制を施した条例が存在する場合には，これを勘案して，右の行為に対し道路交通法の前記規定に基づく規制を施すかどうか，また，いかなる内容の規制を施すかを決定することができるものと解するのが，相当である。そうすると，道路における集団行進等に対する道路交通秩序維持のための具体的規制が，道路交通法 77 条及びこれに基づく公安委員会規則と条例の双方において重複して施されている場合においても，両者の内容に矛盾牴触するところがなく，条例における重複規制がそれ自体としての特別の意義と効果を有し，かつ，その合理性が肯定される場合には，道路交通法による規制は，このような条例による規制を否定，排除する趣旨ではなく，条例の規制の及ばない範囲においてのみ適用される趣旨のものと解するのが相当であり，したがつて，右条例をもつて道路交通法に違反するものとすることはできない。」

「ところで，本条例は，さきにも述べたように，道路における場合を含む集団
行進等に対し，このような社会的行動のもつ特殊な性格にかんがみ，道路交
通秩序の維持を含む地方公共の安寧と秩序の維持のための特別の，かつ，総
体的な規制措置を定めたものであつて，道路交通法七七条及びこれに基づく
徳島県道路交通施行細則による規制とその目的及び対象において一部共通す
るものがあるにせよ，これとは別個に，それ自体として独自の目的と意義を
有し，それなりにその合理性を肯定することができるものである。そしてそ
の内容をみても，本条例は集団行進等に対し許可制をとらず届出制をとつて
いるが，それはもとより道路交通法上の許可の必要を排除する趣旨ではなく，
また，本条例3条に遵守事項として規定しているところも，のちに述べるよ
うに，道路交通法に基づいて禁止される行為を特に禁止から解除する等同法
の規定の趣旨を妨げるようなものを含んでおらず，これと矛盾牴触する点は
みあたらない。」

Ⅳ　住民監査制度と住民訴訟

1　住民監査制度

　住民監査請求とは，住民が，知事・市長や職員等による違法または不当な
財務会計上の行為，違法または不当に財産の管理を怠る事実があると考える
ときに，監査委員に対し監査を求め，当該行為の防止，是正，当該怠る事実
を改め，または地方公共団体が被った損害を補填するため必要な措置を講ず
べきことを請求することができる制度である（地方自治法242条1項）。

　ここで，地方公共団体が違法・不当に公金の賦課・徴収もしくは財産の管
理を怠っている場合，たとえば，長が客観的に存在する債権を理由もなく放
置・免除することは違法な「怠る事実」となる。

　監査請求は，財務会計行為があった日または終わった日から原則として1
年以内に行う必要がある（地方自治法242条2項）このため，原則として1
年以内という請求の期間が設けられている。

2　住民訴訟

　住民訴訟は，行訴法5条に定める民集訴訟の一類型として，住民からの請
求に基づいて，地方公共団体の機関の法規に適合しない行為の是正等を求め
る訴訟で，自己の法律上の利益に関わらない資格で提起するもので，法律に
よる特別の定めに基づき提起することができるものであり，住民全体の利益

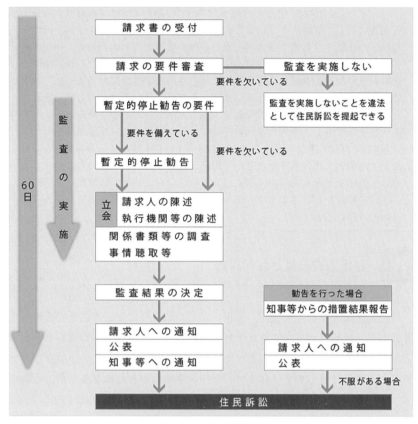

図 10-1　監査請求の流れ

出典：東京都ウェブサイトより

を保護することを目的とする制度とされている[19]。

　住民監査請求がなされた場合には，監査委員が勧告を出して，執行機関が
それに対応した措置を執ることが予定されている。しかし，それが不十分で
あると考えたときには，監査請求を行った者は，監査結果または勧告内容の
通知があった日から 30 日以内に，住民訴訟を提起することができるとされ
る（地方自治法 242 条の 2 第 1 項，2 項，3 項）。

---

(19)　松本英昭『要説地方自治法〔第 10 次改訂版〕』（ぎょうせい，2018 年）581 頁。

最一小判昭和53年3月30日民集32巻2号485頁【行政Ⅱ-208】【地方
-97】
〈判旨〉
「地方自治法242条の2の定める住民訴訟は，普通地方公共団体の執行機関又
は職員による同法242条1項所定の財務会計上の違法な行為又は怠る事実が
究極的には当該地方公共団体の構成員である住民全体の利益を害するもので
あるところから，これを防止するため，地方自治の本旨に基づく住民参政の
一環として，住民に対しその予防又は是正を裁判所に請求する権能を与え，
もつて地方財務行政の適正な運営を確保することを目的としたものであつて，
執行機関又は職員の右財務会計上の行為又は怠る事実の適否ないしその是正
の要否について地方公共団体の判断と住民の判断とが相反し対立する場合に，
住民が自らの手により違法の防止又は是正をはかることができる点に，制度
の本来の意義がある。」

　　住民訴訟には4つの種類があり（地方自治法242条の2第1項）。その対象
は，住民監査請求と同様に，「財務会計上の行為」とされている。

地方自治法242条の2第1項
普通地方公共団体の住民は，前条第1項の規定による請求をした場合におい
て，同条第5項の規定による監査委員の監査の結果若しくは勧告若しくは同
条第九項の規定による普通地方公共団体の議会，長その他の執行機関若しく
は職員の措置に不服があるとき，又は監査委員が同条第5項の規定による監
査若しくは勧告を同条第6項の期間内に行わないとき，若しくは議会，長そ
の他の執行機関若しくは職員が同条第9項の規定による措置を講じないとき
は，裁判所に対し，同条第1項の請求に係る違法な行為又は怠る事実につき，
訴えをもつて次に掲げる請求をすることができる。
一　当該執行機関又は職員に対する当該行為の全部又は一部の差止めの請求
二　行政処分たる当該行為の取消し又は無効確認の請求
三　当該執行機関又は職員に対する当該怠る事実の違法確認の請求
四　当該職員又は当該行為若しくは怠る事実に係る相手方に損害賠償又は不
当利得返還の請求をすることを当該普通地方公共団体の執行機関又は職員に
対して求める請求。ただし，当該職員又は当該行為若しくは怠る事実に係る
相手方が第243条の2の2第3項の規定による賠償の命令の対象となる者で
ある場合には，当該賠償の命令をすることを求める請求

　　ここで，4号請求で住民勝訴の判決が確定した場合，敗訴した地方公共団
体の長は，60日以内に請求にかかる損害賠償等の支払いを「当該職員」や
「相手方」に請求しなければならないが（地方自治法242条の3第1項），それ

にもかかわらず支払いがなされない場合には，当該地方公共団体は，あらた
めて当該職員ないし相手方に対して，損害賠償等を求める訴訟を提起するこ
ととなる（同条第 2 項）。

　この損害賠償等に関しては，議会による「放棄の議決」の問題としても論
じられることがある[20]。

参考文献

宇賀克也『地方自治法概説〔第 10 版〕』（有斐閣，2023 年）

板垣勝彦『自治体職員のためのようこそ地方自治法〔第 3 版〕』（第一法規，2020 年）

村中洋介『条例制定の公法論』（信山社，2019 年）

---

(20)　この点，村中洋介「住民訴訟認容判決後の権利放棄の可否」行政法研究 51 号
　　（2023 年）119 頁以下も参照。

第**11**章

災害行政法

Ⅰ　災害行政法の成り立ち

1　災害法制の沿革

　わが国の災害法制度は，多くの災害の下に整備されてきた。歴史的には，1899 年 3 月に成立した罹災救助基金法などのような，「罹災救助法制」が先行的に整備されてきた[1]。この罹災救助基金法は，府県が罹災救助のための費用（避難所費，食糧費，被服費，治療費など）を賄うために，基金を設けて貯蓄をすることなどを定めていたが，あくまでも「基金」に関する法制であって，救助活動全般に関する規定が設けられていなかったことや戦後の物価高騰により基金のみでは財源が不足することとなったことなどから，1947年に災害救助法が制定され，従前の罹災救助基金法に代わり，今日においても災害（罹災）救助法制の基本となっている。

　今日の災害法制の中心となっている「災害対策基本法」は 1961 年に制定されたが，この制定は，1959 年の伊勢湾台風による被害が契機となった。先に示した 1947 年に制定された災害救助法も前年 1946 年の南海地震を契機として制定されている。近年でも，1995 年の阪神淡路大震災を契機として，被災者生活再建支援法が制定され，2011 年東日本大震災を契機として，災害対策基本法の改正や津波対策の推進に関する法律が制定されるなど，各種災害の経験に応じて法整備がなされ，また既存の制度が改められてきた。

　このように，わが国の災害・防災法制は，実際の災害や事故を契機として整備されてきたという経緯があり，そうした法制度の全体像は，過去の経験や教訓に基づいているとされる[2]。

　こうしたことからすると，わが国の災害法制の全体像は，災害を未然に防ぐために，その被害を事前に想定して対策を講じようとする「災害の事前局

---

(1)　下山憲治「災害・リスク対策法制の歴史的展開と今日的課題」法時 81 巻 9 号（2009 年）8 頁。

(2)　津久井進『大災害と法』（岩波書店，2012 年）ⅴ頁など。

面としての防災」として整備された法制度ではなく，次に訪れる可能性のある同様の災害に対して備える「復旧復興局面としての防災」として整備された法制度と解することができる。その意味においては，災害について「何を想定するか」も重要な要素となりうる。

　災害法制の基礎が確立されてきた昭和の頃とは異なり，災害に関する情報が瞬時に行政や市民に伝達され，市民が自ら降雨などを含めた避難に関連する情報を得ることが容易な時代となり，そのような中での，行政にとっての災害対策・災害対応のあり方は，大きく変化してきているといえる。

2　災害行政法

　「災害行政法」という用語は，今日においても一般的に用いられているわけではない。他方で，行政法学においては，近時の多くの災害に関する災害・防災法制や危機管理上の論点について扱うもの，そのほか災害に関連する国家賠償訴訟の研究という意味において，災害行政法が注目されている分野の1つということはできる。

　災害行政法という用語は，村上武則編『応用行政法〔第2版〕』（有信堂，2001年），横山信二編・村上武則監修『新・応用行政法』（有信堂，2016年）では，行政形態の1つとして挙げられている。しかしながら，災害法制それ自体に対する研究は十分といえるものではなく，近年の頻発する各種災害に対して，法整備が後追い的になされてきている現状からも，災害行政法に関する理論的研究の充実が必要になってきている。

　では，この災害行政法が対象とする，「災害行政」とはいかなるものであろうか。

　災害行政には，「異常な自然現象や予測不可能な大規模事故が起こることを前提として，自然現象の観測および観測に基づく現象の予想を行い，防災に必要菜範囲と程度において予知情報を提供し，治山治水事業を行い，災害に備えて，被害やその拡大の防止を図るための防災計画を作成する」災害予防行政，「災害に対して，応急的に必要な救助を行い，災害に遭遇した者の保護と社会の秩序の保全を図ることを目的とする」災害援助行政（本書においては，「災害救助・応急対策行政」という），「災害を被った施設を迅速に従前の効用に復旧させるため」に行われる復旧事業をする，災害復旧行政（本書においては，「災害復旧・復興行政」という）があるとされる[3]。

　災害に対する日頃からの備え（災害予防）や災害が発生した場合の行政の災害対応，被害の拡大防止，災害後の復旧・復興等様々な場面において行政には果たすべき責務があるということに他ならず，災害対策基本法等の各法令において規定される責務もあるが，特に地方公共団体においては，各条例等において独自に災害対策について定め，取組みがなされている。

　法令上具体的な責務の規定が無ければ，国や地方公共団体の責務については具体的には，法令の趣旨・目的やこれまでの災害からの経験等を踏まえて位置づけられることになると考えられる。

(1)　災害予防行政

　災害予防行政としては，国における基本的な計画（防災基本計画）を作成し，これに基づき指定行政機関の長は防災業務計画を作成し，都道府県や市町村においても地域防災計画が作成される。その各計画において具体的な災害予防に関する計画のほか応急対策や復旧・復興に関してもこの計画において具体的な方向性が明記されている。

　災害の予防の主たる手法として，災害の予知がある。全ての災害において予知が可能であるわけではないが，科学技術の進歩とともに災害の発生を事前に予知することも可能な場合がある。気象庁は，気象，地象，津波，高潮，波浪および洪水について観測し，予報および警報をする責務を負い（気象業務法13条），この警報等に基づき地方公共団体の避難勧告等の発令や住民の避難行動をすることにより，人命等の保護が図られることがある。

　このほか，災害に備えて，地域防災マップ・ハザードマップの作成や指定避難所等の整備，食料等の備蓄，自主防災組織等の結成促進，防災訓練等が各市町村で行われているところである。また，地域によって，たとえば都市部であれば帰宅困難者対策や高層住宅の防災対策が行われ，山村地域においては，集落の孤立化対策などが行われている。

　さらに，土砂災害防止法の規定に基づき，土砂災害警戒区域の設定（同法7条）や土砂災害特別警戒区域の設定（同法9条）をし，それら区域における避難体制の整備や開発行為の制限等を行うこともできる（同法8条，10条以下）。

---

(3)　村上武則編『応用行政法〔第2版〕』（有信堂，2001年）49頁以下参照。

(2)　災害救助・応急対策行政

　災害救助・応急対策行政とは，災害が発生した際に「応急的に，必要な救助を行い，被災者の保護と社会の秩序の保全を図る」こと（災害救助法1条）などを行うことで，警察消防等の救助活動や避難所の設置等が含まれる。また，災害対策基本法50条は，「災害が発生し，又は発生するおそれがある場合に災害の発生を防御し，又は応急的救助を行う等災害の拡大を防止するために行うもの」として，災害応急対策を定めている。

　災害救助・応急対策行政においては，災害発生の危険がある場合または災害発生直後の住民の避難，救出に係る事項として，消防（消防職員，消防団員）による消火，救助，救急の活動，避難誘導等，警察による救助，避難誘導等が行われるほか，自衛隊法83条等に基づく災害派遣により自衛隊が派遣された場合においては，自衛隊による救助，避難誘導等が行われる。

　そして被災者の避難や救出活動のほかに，災害発生後等に住民が避難する場所等の確保（避難所の設置や応急仮設住宅の設置），食品や飲料水の供給，被服，寝具などの生活必需品の給付または貸出し，必要な医療行為等の供給，住宅の応急修理や生業に必要な資金等の給付・貸与等が行われる（災害救助法4条）。

(3)　災害復旧・復興行政

　災害復旧・復興行政としては，災害発生後の応急的な対策などの後，社会資本の整備・再建や被災者の生活再建，災害廃棄物の処理などが行われる。

　災害復旧・復興の責務は，基本的には各地方公共団体が負うが，災害復旧事業や応急対策に関する費用負担について，国等の支援が規定される（災害対策基本法87条〜90条，91条以下）。また，大規模災害時においては，地方公共団体の費用負担を軽減するために，激甚災害に対処するための特別の財政援助等に関する法律に基づき，公共施設等や農地の被害について災害復旧国庫補助事業として，国の費用負担比率を引き上げることとされている。そして，東日本大震災後に制定された，大規模災害からの復興に関する法律（以下，「大規模災害復興法」という）では，被災による地方公共団体の行政機能の低下等を考慮して，地方公共団体に代わって国が復旧・復興行政を行うことができることとされた。

　被災者の生活再建については，被災者生活再建支援法によって一定程度以上の災害では，住宅等の再建費用に充てる支援金の支給が行われ，災害弔慰

金の支給等に関する法律に基づく災害援護資金の貸付け，中小企業に対する災害復旧貸付等が行われる。

3 災害とは何か

(1) 災害対策基本法上の災害の定義

災害法制の基本法ともいうべき災害対策基本法では，次のように災害を定義している。

災害対策基本法
（定義）
第2条　この法律において，次の各号に掲げる用語の意義は，それぞれ当該各号に定めるところによる。
一　災害　暴風，竜巻，豪雨，豪雪，洪水，崖崩れ，土石流，高潮，地震，津波，噴火，地滑りその他の異常な自然現象又は大規模な火事若しくは爆発その他その及ぼす被害の程度においてこれらに類する政令で定める原因により生ずる被害をいう。

ここで，災害対策基本法における「災害」について適用基準はないが，「その他の異常な自然現象又は……」とあるように，一定程度の規模を前提としている。このため，局所的な災害については適用されないことを前提としていると解されるため，例えば，局所的な崖崩れ等によって1，2戸の住居が倒壊する場合や1，2名の死者が出る場合などは，災害対策基本法上の災害とは位置づけられないこととなる。

(2) 災害対策基本法以外の災害関連法規上の災害の定義

災害対策基本法以外の災害関連法規上の災害の定義は災害対策基本法と同義かというと，決してそうではない。

① 災害救助法

災害救助法では，「この法律は，災害が発生し，又は発生するおそれがある場合において，国が地方公共団体，日本赤十字社その他の団体及び国民の協力の下に，応急的に，必要な救助を行い，災害により被害を受け又は被害を受けるおそれのある者の保護と社会の秩序の保全を図ることを目的とする。」（災害救助法1条）と規定しているが，ここでの「災害」については，法律上の定義がなく，政令に委ねられている。

ただし，この政令においては，法律上の「救助」を行う基準が定められる

にとどまり，具体的な災害（災害対策基本法にいう「暴風，竜巻，……」）の内容については規定されておらず，災害救助法やこれに基づく政令（災害救助法施行令）の文言上は，災害対策基本法に定められるような自然災害等に限定していない（隕石や感染症にも適用可能）と解することもできる。

　ただし，災害時の救助を目的として定められている災害救助法においては，基本法である災害対策基本法における災害を前提として，その救助ための法的根拠を置いていると考えられる[4]。

② 被災者生活再建支援法

　被災者生活再建支援法は，「自然災害によりその生活基盤に著しい被害を受けた者に対し，都道府県が相互扶助の観点から拠出した基金を活用して被災者生活再建支援金を支給するための措置を定めることにより，その生活の再建を支援し，もって住民の生活の安定と被災地の速やかな復興に資することを目的」（被災者生活再建支援法1条）として定められたもので，この法律における「自然災害」とは，「暴風，豪雨，豪雪，洪水，高潮，地震，津波，噴火その他の異常な自然現象により生ずる被害をいう。」（同法2条1号）としている。

　災害の中でも特に「自然災害」に限定した規定を設けていることが分かる。

③ 災害弔慰金法（災害弔慰金の支給等に関する法律）

　災害弔慰金法は，「災害により死亡した者の遺族に対して支給する災害弔慰金，災害により精神又は身体に著しい障害を受けた者に対して支給する災害障害見舞金及び災害により被害を受けた世帯の世帯主に対して貸し付ける災害援護資金について規定するもの」（災害弔慰金法1条）として定められているが，この法律で災害は，「暴風，豪雨，豪雪，洪水，高潮，地震，津波その他の異常な自然現象により被害が生ずることをいう。」（災害弔慰金法2条）として，ここでも自然災害に限定した規定といえる。

④ 災害の定義のまとめ

　こうした規定は，公共土木施設災害復旧事業費国庫負担法において，「こ

---

(4)　災害救助法の適用については，自然災害のみならず，火災，船舶衝突，炭鉱爆発等の人為的事故についてもなされており（防災行政研究会（編）『逐条解説 災害対策基本法〔第三次改訂版〕』（ぎょうせい，2016年）71頁），災害対策基本法に列挙される自然災害を前提とはしていないと考えるべきであろう。

の法律において「災害」とは，暴風，こう水，高潮，地震その他の異常な天然現象に因り生ずる災害をいう。」（同法2条1項）との定めにも存在するが，ここまで見てきたように，「災害」を自然災害（自然現象に起因する被害）に限定しているものが多くある。

　一方で，災害対策基本法において，政令で定める事項としての人為的な事故が含まれることを示したように，人為的な原因による被害を生じるものを災害に含むものも存在する。

　石油コンビナート等災害防止法では，災害を「火事，爆発，石油等の漏洩若しくは流出その他の事故又は地震，津波その他の異常な自然現象により生ずる被害をいう。」（同法2条3号）と位置づけており，公立学校施設災害復旧費国庫負担法では，災害を「暴風，こう水，高潮，地震，大火その他の異常な現象により生ずる災害をいう。」（同法2条3項）として，「大火」という人為的原因に生じる可能性があるものを含めている。

　こうした規定の違いは，その法律の趣旨目的やその法令の性質との関係から，差異が生じているものと考えられる[5]。

　一般的には，法律上（行政活動の根拠として），自然災害（自然現象）を対象として捉えられるというべきであるが，災害対策基本法は，災害関係法令を包括した基本法であるという性格から，自然現象のみならず，大規模な火事，爆発その他その及ぼす被害の程度においてこれらに類する政令で定める原因による生ずる被害を含めていると解される。

Ⅱ　災害対策基本法の概説

　災害対策基本法は，「国土並びに国民の生命，身体及び財産を災害から保護するため，防災に関し，基本理念を定め，国，地方公共団体及びその他の公共機関を通じて必要な体制を確立し，責任の所在を明確にするとともに，防災計画の作成，災害予防，災害応急対策，災害復旧及び防災に関する財政金融措置その他必要な災害対策の基本を定めることにより，総合的かつ計画的な防災行政の整備及び推進を図り，もつて社会の秩序の維持と公共の福祉の確保に資すること」（同法1条）を目的としている。

(5)　生田長人『防災法』（信山社，2013年）5頁。

　すなわち，国や地方公共団体等の責務，権限，防災計画等についての規定を設け，これによって国民の生命，身体，財産を災害から保護し，安定的な社会を維持しようとするわけである。このため，災害対策基本法には，災害に関する国や地方公共団体等の責務や権限について様々な規定がなされている。

　行政の権限等に関する各論部分については，各章で触れるが，ここでは，災害対策基本法の基本的な内容について，その構造とともに概説する。

　災害対策基本法の章構成は，次のようになっている。

第1章　総則 第2章　防災に関する組織 第3章　防災計画 第4章　災害予防 第5章　災害応急対策 第6章　災害復旧 第7章　被災者の援護を図るための措置 第8章　財政金融措置 第9章　災害緊急事態 第10章　雑則 第11章　罰則

　ここで，1章から3章までは，災害対策の総論に当たるもので，理念や国等の責務，防災計画等についての定めが置かれている。

　4章以下は，災害対策の各論にあたるもので，4章の災害予防，5章の災害応急対策，6章の災害復旧の各章に，防災対策の内容に関する重要な諸規定が置かれている。この区別は，2　災害行政法において示した災害行政の分類（災害予防行政，災害救助・応急対策行政，災害復旧・復興行政）にそれぞれ対応するものといえる。

　7章は，2013年の法改正によって追加されたものであるが，現状は，罹災証明書の的確な発行に関する規定が置かれているにとどまっている。

　そして，8章は災害対策に要する費用に関する規定，9章は5章の特例ともいうべき位置づけとして，災害時の緊急措置の定めを置いている。

1 基 本 理 念

2013 年の改正前災害対策基本法では，基本理念に関する規定は設けられていなかった。この理念規程の欠如によって，災害予防の分野において，災害発生リスクに対応した多重的・総合的な予防措置が講じられてこなかったことが指摘されている。これは，災害予防の分野においては，縦割りの形で予防対策の責任を負っている各部局が，それぞれ独自の判断で，発生頻度の相対的に高い災害に対応する措置を講じることになるため，全体としては，発生頻度が低い災害に対する措置が講じられにくく，万が一そうした災害が生じた場合には，大きな被害をもたらすおそれがあった[6]。

結果として東日本大震災における大きな被害をもたらしたとも指摘されるが[7]，2013 年の災害対策基本法改正によって基本理念に関する規定が設けられた（災害対策基本法 2 条の 2）。

この基本理念に関しては，その表現がわかりにくいともいわれるが[8]，それでもなお，減災の考え方や自助，共助，公助等の考え方を明記し，従前とはことなり，大規模災害への対策等を行ううえで，これを基に行政が行われることには一定の意義があろう。

2 国等の責務

災害に関して国が果たすべき責務については，各法令において規定されていることがあるが，災害対策基本法上は，国の責務につき①国土や国民の生命，財産等の保護のために万全の措置を講じるという防災に関する責務を有すること，②災害予防，災害応急対策および災害復旧に関する基本計画の作成をし，地方公共団体等の業務の総合調整や経費負担の適正化を図ること，③各省庁が災害対策にあたって，相互協力を行うこと，④各省庁の長が地方公共団体に対して，防災計画の作成やその実施が円滑に行われるように勧告等を行うことを規定している（災害対策基本法 3 条）[9]。

---

(6)　生田長人『防災法』（信山社，2013 年）14 頁。

(7)　生田長人『防災法』（信山社，2013 年）14 頁。

(8)　生田長人『防災法』（信山社，2013 年）16 頁以下。

(9)　災害対策基本法上の国の責務以外にも各法令の中で災害に関する次のような国の責務を規定している。たとえば，「今後の国のあるべき姿を示し，東日本大震災からの復興施策に関する基本方針を定め，これに基づく復興に必要な措置を法定し，この措置を講じる責務」（東日本大震災復興基本法 3 条），（大規模災害等から国民の生

　災害対策基本法上，地方公共団体の責務については，都道府県，市町村の
別に規定されており，都道府県は，市町村を包括する広域の地方公共団体で
あることから，広域にわたる事務や市町村の連絡調整を担うこととされてお
り（地方自治法 2 条 5 項），このような都道府県の性格を鑑み，都道府県地域
防災計画等の作成やその実施とともに市町村の事務，業務を助け，総合調整
を行うこととされる（災害対策基本法 4 条 1 項）。さらには，都道府県の機関
の相互協力義務を規定している（同条 2 項）。

　市町村は，住民に最も身近な行政主体として位置づけられることから，基
礎的な地方公共団体として住民との関係において，災害時の避難の呼びか
け・誘導，避難所開設や避難支援，復旧・復興の主体となる団体であって，
これを前提として市町村地域防災計画等の作成やその実施をすることとされ
る（災害対策基本法 5 条 1 項）。また市町村長は，このような市町村の責務を
遂行するために，消防機関（消防団を含む），水防団等の整備，公共的活動を
する団体や自主防災組織等の充実，住民の自発的な防災活動促進を図ること
とされている（同条 2 項）。このほか，地方公共団体相互の協力について規
定されている（災害対策基本法 5 条の 2）。

　地方公共団体は，「住民の福祉の増進を図ることを基本として，地域にお
ける行政を自主的かつ総合的に実施する役割」を担うものであり（地方自治
法 1 条の 2 第 1 項），そのような趣旨からも，防災に関する責務は，都道府県
および市町村の最も重要かつ根本的な責務の 1 つであるとされる[10]。

　命，財産等を保護し，国民経済等に及ぼす影響を最小限とする基本理念に則り）「国
　土強靱化に関する施策を総合的かつ計画的に策定し，実施する責務」（強くしなやか
　な国民生活の実現を図るための防災・減災等に資する国土強靱化基本法 3 条）などが
　ある。
　　さらに，国および地方公共団体の責務として，（自主防災組織，消防団，水防団等
　との連携の重要性を認識し）「地域防災力の充実強化を図る責務」（消防団を中核とし
　た地域防災力の充実強化に関する法律 4 条），「大規模災害等において市街地の緊急か
　つ健全な復興を図るため，土地区画整理事業，市街地開発事業，道路等の整備，住宅
　供給等の必要な措置を講じ，これらの事業を実施する者への助言等を行うよう努める
　責務」（被災市街地復興特別措置法 3 条）などがある。
(10)　防災行政研究会（編）『逐条解説 災害対策基本法〔第三次改訂版〕』（ぎょうせ
　　い，2016 年）89 頁。

3　防災計画

　災害対策基本法では，防災会議の設置とともに防災計画の作成が求められている。防災会議は，国における中央防災会議（災害対策基本法11条），各都道府県の地域防災会議（同法14条）とともに各市町村の地域防災会議（同法16条）が設置されることとされている。

　そして，この防災会議が防災計画を作成することとされるが，災害対策基本法では，中央防災会議が作成する「防災基本計画」，指定行政機関，指定公共機関が作成する「防災業務計画」，地方公共団体が作成する「地域防災計画」を規定している。

　ここで，指定行政機関とは，災害対策基本法2条3号に基づき，国の行政機関のうち，防災行政上重要な役割を有するものとして内閣総理大臣が指定している機関のことをいい，内閣府をはじめ，警察庁，消防庁，気象庁，防衛省，原子力規制委員会といった災害対応に関連する省庁が指定されている。

　また，指定公共機関とは，災害対策基本法2条5号に基づき，公共的機関及び公益的事業を営む法人のうち，防災行政上重要な役割を有するものとして内閣総理大臣が指定している機関のことをいい，日本赤十字社やNHK，日本銀行，国立病院機構，電気・ガス・通信事業者のほか，運輸業や小売業の事業者も含まれている。

　防災基本計画は，わが国の災害対策の根幹をなすものであり，災害対策基本法34条に基づき中央防災会議が作成する防災分野の最上位計画として，防災体制の確立，防災事業の促進，災害復興の迅速適切化，防災に関する科学技術および研究の振興，防災業務計画および地域防災計画において重点をおくべき事項について，基本的な方針を示すもので，この計画に基づき，地方公共団体は地域防災計画を作成することになる。

　そして，地域防災計画とは，災害対策基本法40条（都道府県）または，同42条（市町村）の規定に基づき，住民の生命，財産を災害から守るための対策を実施することを目的とし，災害に係わる事務または業務に関し，関係機関および他の地方公共団体の協力を得て，総合的かつ計画的な対策を定めた計画である。

　この地域防災計画では，避難所等として使用する避難施設や防災拠点施設についての規定や避難指示等の発令基準など，われわれが災害に遭遇した際

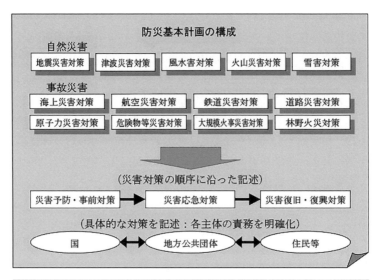

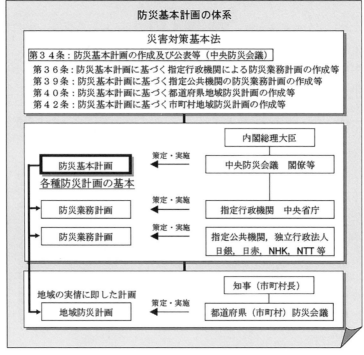

図 11-1　防災基本計画の概要

出典：内閣府ウェブサイトより

の避難行動に関連する事項についても定められていることもある。

　なお，2013年の災害対策基本法改正では，地域コミュニティにおける共助による防災活動の推進の観点から，市町村内の一定の地区の居住者（自治会や自主防災組織など）および事業者が行う自発的な防災活動に関する地区防災計画制度が新たに創設された。

Ⅲ　避難行動要支援者制度

1　避難行動要支援者名簿

　避難行動要支援者名簿という制度は，2013年の災害対策基本法改正によって新たに設けられたものであるが，その制度と同様の役割を担うものは，2013年の災害対策基本法改正前より存在していた。改正以前に存在したものとしては，2005年3月に策定された「災害時要援護者の避難支援ガイドライン」（以下，「要援護者ガイドライン」という）に基づくものや，各地方公共団体が要請を受けてモデル的に運用するもの，独自に取り組むものなど様々である。

(1)　2013年の災害対策基本法改正前

　災害時に支援を必要とする住民等に対する対応は，2005年3月に作成された要援護者ガイドラインに基づき各地方公共団体において2013年の災害対策基本法改正前から行われてきた。同法の改正による避難行動要支援者名簿の制度導入は，すべての市町村に対して名簿作成を義務づけ画一的な制度を構築し，その情報を活用する法的根拠を示したものといえる。

　2005年の要援護者ガイドラインは，2004年に発生した新潟県などでの豪雨や台風によっての被災状況が多数の高齢者等の死亡・行方不明というものであったことについて，防災部局と福祉関連部局等との連携不足，要援護者情報の共有・活用が限定的であること，要援護者の避難支援について具体化されていないなどの問題点があるとして，近隣住民等による要援護者の支援を含む，市町村による体制整備などを行うことを前提に定められた。

　今日においては，高齢化が進み，特に大規模災害時には，消防組織（消防団含む）や自主防災組織等だけでは，避難時の支援を必要とする者すべてへの対応が困難となっていることから，自治会等をはじめとする近隣住民などが避難支援をできる体制を整える必要があるということができる。

(2)　避難行動要支援者名簿に関する規定の新設

　2013 年に改正された災害対策基本法は，避難行動要支援者名簿の作成を市町村に対して義務づけた。

　ここで導入された「避難行動支援者名簿」の制度は，東日本大震災において，「犠牲者の過半数を 65 歳以上の高齢者が占め，また，障害者の犠牲者の割合についても，健常者のそれと比較して 2 倍程度と推計」[11]されるとされ，そのような被災の傾向が過去の大規模な震災・風水害等においても共通してみられること等から，災害時に自力避難等に支障がある者についての避難支援を強化する制度の構築のために，名簿整備により平常時から災害時に避難支援を要するものを確認し，名簿を用い関係機関等との連携を図ることとして導入された。

　2013 年の災害対策基本法改正によって，同法 49 条の 10 から 13 において避難行動要支援者名簿に関する規定が設けられた。

　災害対策基本法 49 条の 10 は 1 項において，各市町村における避難行動要支援者名簿の作成を義務づけ，2 項において避難行動要支援者名簿における記載・記録事項として，要支援者の「①氏名，②生年月日，③性別，④住所又は居所，⑤電話番号その他の連絡先，⑥避難支援等を必要とする事由，⑦前各号に掲げるもののほか，避難支援等の実施に関し市町村長が必要と認める事項」を規定する。また，3 項において避難行動要支援者名簿作成にあたって必要な情報[12]については市町村内部において目的外利用をできること，4 項において市町村長が避難行動要支援者名簿作成にあたって必要な情報について都道府県知事その他に対して提供を求めることができるとしている。

　災害対策基本法 49 条の 11 は 1 項において，避難支援等のために避難行動要支援者名簿の情報の本来の目的以外での内部利用が可能であること，2 項において災害に備えるために，原則本人の同意を得て平時から避難行動要支

---

(11)　平成 25 年 6 月 21 日府政防第 559 号，消防災第 246 号，社援総発 0621 第 1 号通知「災害対策基本法等の一部を改正する法律改正後の災害対策基本法等の運用について」1 頁。

(12)　ここでの内部利用情報としては，障害等に関する福祉部局が有する情報等が含まれるが，名簿作成に関してどのような情報が必要とされるかは，各地方公共団体が判断し内部利用できることとされている。

援者名簿の情報を外部（消防，警察，民生委員や自主防災組織など）に提供することができるとしている（ただし，後述するように条例に特別の定めがある場合には，本人の同意を要しない）。また，3項において災害が発生した際や災害発生のおそれのある場合などの緊急時においては，本人の同意なく避難行動要支援者名簿を外部提供することができるとしている。

　災害対策基本法49条の12は，避難行動要支援者名簿の情報が個人情報であることから，外部への提供等における配慮義務を規定し，49条の13は，名簿情報の提供を受けた者の秘密保持義務を規定している（ただし，この秘密保持義務についての罰則は設けられていない）。

2　要支援者の範囲と支援のあり方

(1)　災害対策基本法と指針で示される要支援者の範囲

　避難行動要支援者名簿の対象となる要支援者とは，要配慮者のうち，災害が発生し，又は災害が発生するおそれがある場合に自ら避難することが困難であり，その円滑かつ迅速な避難の確保を図るために特に支援を要する者のことであるとされている（災害対策基本法49条の10第1項）。ここで，要配慮者とは，「高齢者，障害者，乳幼児その他の特に配慮を要する者」（同法8条2項15号）を指し，これと同旨のものとして要援護者がある。

　要援護者の定義にあるような，外国人や妊婦などは，高齢者，障害者等以外の者として少なくとも要配慮者に含まれるといえる。また，後述するが，旅行者等その土地の災害へのそなえの状況や避難に関しての情報を持ち合わせていない者についても，ここでの要配慮者と位置づけられると考えてよいだろう。

　要支援者は，この要配慮者のうちで災害時の自力避難が困難な者が該当するとされ，「要配慮者の避難能力の有無は，主として，①警戒や避難勧告・指示等の災害関係情報の取得能力，②避難そのものの必要性や避難方法等についての判断能力，③避難行動を取る上で必要な身体能力に着目して判断することが想定されること。また，要件の設定に当たっては，要介護状態区分，障害支援区分等の要件に加え，地域において真に重点的・優先的支援が必要と認める者が支援対象から漏れないようにするため，きめ細かく要件を設けること。」[13]が指針として定められている。

(2)　地方公共団体が定める要支援者の範囲

要支援者の範囲については，具体的には各市町村の判断により要件を定めることとされており，たとえば大阪市では，対象者を市内居住で，次のいずれかに該当する方として，「①介護保険の要介護認定で，要介護 3 以上，②要介護 2 以下で認知症高齢者の日常生活自立度 II 以上，③重度障がい（身体障がい 1・2 級，知的障がい A，精神障がい 1 級），④視覚障がい・聴覚障がい 3・4 級，⑤音声・言語機能障がい 3 級，⑥肢体不自由（下肢・体幹機能障がい）3 級，⑦人工呼吸器装着者等，医療機器等への依存が高い難病患者」を掲げている[14]。

また，大阪府八尾市では，「(1) 介護保険法における要介護認定 3 から 5 の認定を受けている者，(2) 身体障がい者手帳 1 級若しくは 2 級の交付を受けている者，(3) 療育手帳 A の交付を受けている者，(4) 精神障がい保健福祉手帳 1 級の交付を受けている者，(5) 日常生活における介助を要する難病患者（おおむね 1 日中人工呼吸器を装着している者，気管切開をしている者等），(6) 前各号に掲げる者のほか災害において避難支援が必要と認められる者」を掲げている[15]。

(3)　要支援者の範囲外の者への支援のあり方

手帳等の交付を受けている障害者や療養費に関する公的支援を受けている者については，行政内部における情報共有によって，把握することが容易であり，また高齢者や乳幼児などの年齢による区別についても行政の把握が容易である。こうしたことから，形式的要件として，高齢者や障害者を対象とすることには合理性がある。他方で，手帳等の交付を受けるなどしていない難病や持病を患っている者などを行政が捕捉することは，本人が積極的に支援を求めるように声を上げない限り困難なことであり，そうした者への支援のあり方を検討する余地がある。

---

(13)　内閣府「避難行動要支援者の避難行動支援に関する取組指針（令和 3 年 5 月）」39 頁。

(14)　大阪市ウェブサイトより（https://www.city.osaka.lg.jp/kikikanrishitsu/page/0000069302.html，2023 年 11 月 1 日最終閲覧）。

(15)　八尾市「災害時要配慮者支援指針（令和 2 年 3 月）」4 頁。

3　2021年災害対策基本法改正に基づく個別避難計画のあり方

(1)　個別避難計画導入の趣旨

2021年の災害対策基本法改正によって個別避難計画の規定が設けられた（49条の14以下）。

2013年の災害対策基本法改正により，避難行動要支援者名簿の作成が義務づけられ，各市町村が避難行動要支援者名簿を活用した避難支援等を検討してきたところであるものの，避難行動要支援者名簿の作成が広がってきている近時の災害においても高齢者の犠牲者が多い傾向に変化はない。

こうした状況を踏まえ，「多くの高齢者が被害に遭い，障害のある人の避難が適切に行われなかった状況を踏まえ，災害時の避難支援等を実効性のあるものとするためには個別計画の策定が有効である。」などとして，要支援者たる高齢者や障害者の個別計画についての制度的な位置づけが求められ，2021年の災害対策基本法改正における規定に繋がったものである。

(2)　個別避難計画に関する規定の新設

2021年の災害対策基本法改正においては，避難行動要支援者名簿に関連して，個別避難計画に関する規定が設けられた。

ここでは，市町村長が，要支援者ごとに避難支援等を実施するための計画としての「個別避難計画」を作成することの努力義務を定め（災害対策基本法49条の14第1項），この個別避難計画には，避難行動要支援者名簿に記載する情報のほか，「避難支援等実施者（避難支援等関係者のうち当該個別避難計画に係る避難行動要支援者について避難支援等を実施する者をいう。次条第2項において同じ。）の氏名又は名称，住所又は居所及び電話番号その他の連絡先」（同法49条の14第3項1号）として，要支援者の支援に協力・実際に避難を手伝う者の連絡先等，「避難施設その他の避難場所及び避難路その他の避難経路に関する事項」（同2号）などについて記載・記録が求められる。

また，災害対策基本法49条の14第4項において個別避難計画作成にあたって必要な情報については市町村内部において目的外利用をできること，同5項において，市町村長が個別避難計画作成にあたって必要な情報について都道府県知事その他に対して提供を求めることができるとしている。

そして，個人避難計画情報の利用や提供に関しては，市町村長が内部利用できること（災害対策基本法49条の15第1項），市町村長は，地域防災計画の定めるところにより避難支援等関係者（民生委員や消防，警察，社会福祉協

議会などのほか，自主防災組織や自治会などが含まれる場合もある。）に対して，個別避難計画情報の提供をすること（同 2 項），現に災害が発生している場合等で要支援者の生命・身体を災害から保護する必要があると認められる場合には，個別避難情報を要支援者の同意なしに外部提供できること（同 3 項）などが定められている。

　さらには，個別避難計画情報には，要支援者等のセンシティブ情報も含まれていることからも，市町村長が漏洩防止の措置を講じること（災害対策基本法 49 条の 16）や，個別避難計画情報の提供を受けた者（民生委員や消防，警察，自治会関係者など）の守秘義務を課している（同法 49 条の 17）。

(3)　個別避難計画の課題

　個別避難計画には，要支援者に関する情報（避難行動要支援者名簿に登録されている情報と基本的には同じもの）のほか，要支援者の支援に協力・実際に避難を手伝う者の連絡先等も登録されることとなる。こうしたことから，個別避難計画に登録される個人情報は，要支援者に関するものだけではないため，個人情報を個別避難計画に登録するにあたって「同意」を得るべき者の数が，避難行動要支援者名簿に比して多くなることとなる。

　改正災害対策基本法にも，「ただし，個別避難計画を作成することについて当該避難行動要支援者の同意が得られない場合は，この限りでない。」（49条の 14 第 1 項但書）と記されているように，個別避難計画の整備に要支援者と避難支援の関係者の同意を必要とすることを前提とした場合，個別避難計画の整備には，時間を要することとなろう。要支援者の避難支援を行う者が，自らの個人情報が個別避難計画に登録され，外部提供されることに同意するよう，避難行動要支援者名簿とともに，提供先の情報管理の徹底や保管，活用のあり方について十分な環境整備を行うとともに，これについて当事者に十分説明をしていかなければならない。

　他方で，個別避難計画の提供を受け，それを活用しようとする自治会等については，先にも述べたように，2017 年の個人情報保護法改正によって，個人情報管理の徹底等が求められ，負担が増している中で，個別避難計画についても同様に個人情報保護との関係で，情報管理体制の整備を整えていかなければならないこととなる。こうしたことが，要支援者の支援をする側の負担にならないような制度設計を考え，担い手を確保していくことも必要になる。

Ⅳ　避難所等に関する法制度

　災害が発生した場合には，地方公共団体などから避難情報が出され，例えば，避難指示（旧来の避難勧告を含む）や緊急安全確保といった避難情報が出されることがあり，またテレビなどを通じて，大雨や地震・津波などの情報を得ることもある。

　こうした場合には，災害の種類に応じて安全な場所へ避難すること（立退き避難）が推奨さ，その中には，地域の公民館や小学校などのほか，知り合いの家や職場，宿泊施設など時と場合によって避難先は異なることがある。また，避難をする時間がない場合や避難をするのが危険な夜間の時間帯には，今いる場所に留まる避難（待避）の方法もある。

　従来は，避難の基本は立退き避難とされてはいたものの，今日においては，「安全の確保」のために自宅等に留まる避難（待避）が求められることもある。

1　避 難 場 所

　災害対策基本法では，災害の危険が切迫した場合における居住者等の安全な避難先を確保する観点から，市町村長は，災害の危険が及ばない施設または場所を，洪水，津波等の災害の種類ごとに，指定緊急避難場所として指定することとされている。

　災害が発生し，または発生するおそれがある場合における円滑かつ迅速な避難のための立退きの確保を図るため，小中学校や公園などが指定緊急避難場所として指定されていることがある。

　この指定緊急避難場所は，「居住者等が災害から命を守るために緊急的に避難する施設または場所」と位置づけられており，避難後の「滞在」を念頭に置いていないことに注意が必要である。もちろん，「滞在」を念頭に置いている「避難所」と「避難場所」が同じ施設等に指定されていることもあるが，あくまでも身の安全を確保するために「緊急に避難する場所」として位置づけられるものである。津波からの安全確保のために高台にある公園や広場に避難する場合のその公園や広場などが例としてあるが，指定緊急避難場所は，2011年の東日本大震災を契機として，法律上に規定がなされた。

　東日本大震災では，大津波からの避難にあたって，（津波の避難には適して

いるわけではない）地域の避難所（災害後の滞在を目的としているため，必ずしも津波等に対して安全とはいえないこともある）に住民が避難し，犠牲になるという事例が存在した。こうしたことを踏まえて，従来の災害時の避難所と身の安全を確保するために長期に滞在することを想定するものではない（一時的な）避難場所を分けて位置づけることとして，「災害から身の安全を確保するための避難」と「災害のおそれのある時や災害時に滞在することを必要とする避難」を分けることによって，住民の安全確保をより確実なものとすることとされている。

指定緊急避難場所では，「災害の種類ごとに」避難場所として適しているかどうかも示されることとなっているため，洪水には適した避難場所ではあるものの，津波には適さない避難場所ということもあり，住民が近隣の避難場所がどのような場合であれば避難しても良い場所であるかを理解していなければ，適切な避難行動がとれないこととなる。

2　避難所・自主避難所

災害対策基本法では，災害が発生した場合の避難する住民等が「避難のための滞在に必要な施設」として指定避難所を指定することとしている。

指定避難所と指定緊急避難場所は相互に兼ねることができるとされているが（災害対策基本法49条の8），指定緊急避難場所は「災害の種類ごと」に指定される性質のものであるため，「指定避難所」として用いられることには問題がなくとも，災害から逃れるための指定緊急避難場所としては差し支えるという場合がある。

指定緊急避難場所と指定避難所の最も大きな違いは，指定緊急避難場所が災害から身を守るために避難をすることに対して，指定避難所は，（基本的には）災害後に自宅の損壊などのために家に戻ることが困難な場合などに「滞在」する場所であることにある。

指定避難所は，あらかじめ地域防災計画で指定する学校などの公共施設等だけではなく，災害発生後に被災者が避難して実質的に避難所としての機能を果たす場合もある。たとえば，災害発生後に民間施設を住民に避難所として開放することなどが想定されるが，そうした場合には，災害救助法上の救助の対象として，避難所としての機能を維持するための費用や食料等の物資の供給が行われることになる。

	指定緊急避難場所	指定避難所
定義	災害の危険から緊急的に逃れるための施設または場所	災害により家に戻れなくなった住民などが一定期間滞在する施設
避難対象者	自宅などの滞在場所に災害の危険性があり避難する者	災害により家屋の損壊などによって家に戻れなくなった者
開設の期間	短期間（一時的）	長期間（原則，災害発生の日から7日以内：ただし大規模災害時等は期間の延長あり）

　そうした施設は，「自主避難所」として，災害時に用いられていることもある．自主避難所は，避難指示等の避難情報発令後に設置される指定避難所とは異なり，災害発生（のおそれの）前から，住民が自主的に避難するための施設として開設されるものである．

　自主避難所は，公共施設が自主避難所として位置づけられている場合もあるが（開設は地方公共団体ではなく，地域の自治会や自主防災組織などが行うことがほとんどである），地域内の寺院などが自主避難場所となっている場合もある．

3　福祉避難所

　福祉避難所は，指定避難所の中でも特に，高齢者や障碍者等の特別の配慮を必要とする者等が滞在することに適するような施設をあらかじめ福祉避難所として指定することで，配慮を必要とする人の受入れ準備等が行われることとなる．

　指定福祉避難所については，指定避難所の中でも段差解消や障碍者用トイレの整備などのバリアフリー化がなされているなどの基準を満たしている施設が指定されることや，高齢者福祉施設等が指定されることもあるが，そうした避難所だけでは数として不足することから，公的宿泊施設をはじめとする民間のホテル・旅館などとの間で協定を結び，借り上げをする等の措置がとられることもある．そうした施設についても，広い意味での福祉避難所として扱われることとなる．

　2021年の災害対策基本法の改正，それに伴う「福祉避難所の確保・運営

ガイドライン」の改訂では，従来，まずは「避難所」へ避難をし，ここで避難者の情報を集約した後に配慮が必要な者を「福祉避難所」へ移送するとされてきた運用について，配慮が必要な者について「直接福祉避難所へ避難をする」ことが可能とされた。

4　津波避難ビル・津波避難施設

　津波避難ビルについては，地域にある避難施設以外の建物で，住民が津波からの避難をする場合に，指定の避難場所（指定緊急避難場所）だけでは，そうした避難場所へ避難する時間的余裕がないことがあることから，各地方公共団体が民間の施設管理者等と協議を行い，津波の浸水想定区域内のビル等を指定する事例がある。

　津波避難ビルについての取組みは，東日本大震災以前からあったものの，東日本大震災以降，津波避難ビルに指定される建物が大幅に増えている。民間の建物等を協力によって指定する津波避難ビルだけではなく，津波避難タワーといわれる避難のための施設を新たに海岸付近に建設する例もあり，津波避難タワーは，津波避難ビルのように既存の建物で，津波に耐えうる強度・高さをもつものを指定するのではなく，高台や避難できる建物のない沿岸地域などに設置されている津波避難を目的とする工作物である。

　津波避難ビルや津波避難タワーといった構造物は，あくまでも避難する暇がない（時間的余裕がない）場合に，津波浸水想定区域内の建物などに避難をする際の避難先であり，もしも「想定外」の大きな津波が発生した場合には，既存の津波避難ビルなどでは避難場所として不十分なことが起こる可能性もある。こうしたことから，基本的には，「海岸線からより遠く・より高く・より安全な場所」への避難が求められることになり，津波避難ビル等の建物・工作物だけではなく，津波からの避難経路の整備も進められている。

Ⅴ　災害救助，被災者生活再建

1　災害救助法
(1)　災害救助の意味

　災害からの救助は，災害に遭った被災者や災害の危険を避けるために災害から逃れる者に対して，その安全を確保し，生きるために必要な物資，サー

ビス等を供与することによって，これらの者の保護を図るために行われるものである(16)。

そして，災害救助法に基づいて行われる救助は，国の責任において行われる災害時の「応急的，一時的救助」であって，災害時において憲法 25 条の国民の基本的生存の保障を具体化したものと解されており，災害時におけるセーフティーネットとしての役割を担っているものといえる。

こうしたことから，ここでの救助は，災害直後の個人の力ではどうすることもできない状況下における必要最小限の緊急的支援という性質を帯びることとなる(17)。

(2)　災害救助法の趣旨

災害救助法は，被災者に対する支援の基本ともいうべき法律として，1947年に制定された。旧来の罹災救助基金法では不十分な災害時の救助に関して，1946 年の南海地震の経験を経て整備されたものである。1999 年の地方分権一括法の制定によって，災害救助法に関する事務は，従前の機関委任事務から法定受託事務になっている。

災害救助法は，災害時に必要な応急的救助についての規定を設けているものであって，災害救助にかかる基本法ともいうべきものではあるが，災害全般にかかる基本法である災害対策基本法においても災害発生時の応急対策としての応急救助についての規定が存在している。

災害対策基本法上の応急対策や救助に関する第一義的な責務は，市町村が有しており，ここでの救助の実施主体は，市町村とされるが，災害救助法上の救助の実施主体は，都道府県であって，必要に応じて市町村長に委任が可能とされている（同法 13 条 1 項）。

(3)　災害救助法に基づく救助の対象

災害救助法には適用の基準が存在する。災害救助法 2 条において，これについての定めが設けられているが，災害救助法 2 条 1 項において，適用基準の政令への委任がなされてきた。

2021 年の災害対策基本法改正にともなう災害救助法の改正では，2 条 2 項などが追加され，ここでは，災害救助法の適用に関して，従来の適用基準の

---

(16)　生田長人『防災法』（信山社，2013 年）155 頁。
(17)　生田長人『防災法』（信山社，2013 年）155 頁。

みによらず，災害発生のおそれがある場合（災害対策基本法に基づき国の災害対策本部が設置された場合）には，災害救助法が適用できることとなった。これによって，台風などの事前に警戒・対応をすべき災害に対して，災害救助法に基づく救助を実施することができることとなった。

⑷　1次的救助と2次的救助

　災害救助法上の救助には，1次的救助と2次的救助とがあり，「避難所への収容，炊き出し等」をはじめとして，被災者の生存等に関するものは「1次的救助」といわれ，すべての被災者に平等に救助が実施される。他方で，「応急仮設住宅の供与」と「災害にかかった住宅の応急修理」は「2次的救助」といわれ，自分の資力では住居を確保できない被災者のみを対象とするものとされる。

　応急仮設住宅の供与や住宅の応急修理については，災害救助法制定時には規定されておらず，1953年の法改正によって追加されて規定である。2次的救助がその内容から，他の応急救助とは性格が異なり，災害発生中や災害直後の緊急的救助ではなく，生活復旧の段階における救助であるとされるのも，法制定時は本来の救助とされていない事項ということがあるともいえる。

2　被災者生活再建支援法

　被災者生活再建支援法は，自然災害によりその生活基盤に著しい被害を受けた者に対し，その生活の再建を支援し，もって住民の生活の安定と被災地の速やかな復興を進めるため，都道府県が拠出した基金から被災者生活再建支援金の支給を行う措置を定めるものである。

　阪神淡路大震災の被災地における，被災者の生活再建のための公的支援を求める声を受けて，1998年に誕生した。

　住宅等の被害の程度によって支援の額は異なるが，住宅が全壊し，新たに建設する場合には，最大で300万円の支援を受けることができる。

　しかし，この金額によって住宅再建が可能でないことは，明らかであり，あくまでも再建の「支援」をするという性質のものとなっている。

　なお，被災者生活再建支援法に基づく支援金の申請窓口は，市町村となっており，申請にあたっては，罹災証明書，住民票，契約書（住宅の購入，賃借等）等が必要となる。また，申請期間は，基礎支援金が災害発生日から13

月以内，加算支援金が災害発生日から 37 月以内となっている。

3　災害弔慰金法

災害弔慰金の支給等に関する法律（以下，「災害弔慰金法」という）は，自然災害により家を失いあるいは精神または身体に重度の障害を受けた個人的被害に対する直接の救済制度がなかったことから，個人的被害に対して救済救護の措置を講じることを目的に，1973 年に制定された。

制定当初の内容は，災害弔慰金の支給や災害援護資金の貸付けであったが，その後，災害障害見舞金の支給の追加がなされている。

(1)　災害弔慰金

災害弔慰金の支給は，自然災害によって死亡した者の遺族に対して弔慰金が支給されるもので，災害によって死亡した者が受給遺族の主たる生計維持者であった場合には，500 万円，その他の者が死亡した場合には，250 万円が支給される（非課税：災害弔慰金法 6 条）。

(2)　災害障害見舞金

災害見舞金の支給は，災害によって重度の障害を受けた者に対してなされるものである。ここでの支給対象となる障害は，両眼の失明や胸腹部臓器の機能に著しい障害を残し，常に介護を要する状態，両上肢をひじ関節以上で失ったものなどである。重度の障害を受けた者が生計を主として維持していた場合には 250 万円，その他の者が重度の障害を受けた場合には 125 万円が支給される（非課税：災害弔慰金法 6 条を準用，同法 9 条）。

(3)　災害援護資金

災害援護資金の貸付けは，災害により負傷または住居，家財に被害を受けた者を対象として，被害の種類・程度等に応じて災害援護資金の貸付けを行うものである。この場合には，その被害の種類・程度に応じて最大 350 万円の貸付けを受けることができ，据え置き期間（通常は 3 年）の間は無利子で援護資金の貸付けを受けることができる。

なお，この制度を受けることができる者に関しては，所得制限が設けられており，すべての者が受けることのできる制度ではない。

参考文献
村中洋介『災害行政法』（信山社，2022 年）

第 11 章　災害行政法

村中洋介『そのときど〜する？災害避難支援』（信山社，2023 年）
山崎栄一＝岡本正＝板倉陽一郎『個別避難計画作成とチェックの 8Step　〜災害対策で
　　押さえておきたい個人情報の活用と保護のポイント〜』（ぎょうせい，2023 年）

事 項 索 引

事 項 索 引

判 例 索 引

筆者紹介

村中　洋介（むらなか　ようすけ）

近畿大学准教授，博士（法学）
首都大学東京（東京都立大学）助教，電力中央研究所主任研究員，静岡文化芸術大学専任講師を経て現職

主要著作

『条例制定の公法論』（信山社，2019年），『災害行政法』（信山社，2022年），『たばこは悪者か？——ど～する受動喫煙対策』（信山社，2019年），『災害と法』シリーズ（信山社，2019～2022年【水害編】【地震・津波編】【風害編】【土砂災害編】【火山災害編】），『そのときど～する？災害避難支援』（信山社，2023年），『嫌いにならない法学入門〔第2版〕』（共著，信山社，2023年），『新・基本行政法』（共著，有信堂，2016年）
〈論文〉「災害時の行政の情報発信の法的位置づけ」復興（日本災害復興学会）37号（2024年），「原子力発電所の安全確保」環境法研究17号（2023年），「災害法制と感染症」公法研究84号（2023年），「住民訴訟認容判決後の権利放棄の可否」行政法研究51号（2023年），「御嶽山国賠訴訟」行政法研究48号（2023年），「ふるさと納税を理由とする特別交付税減額の可否」地方財務2022年8月号（2022年），「避難指示の法的位置づけ」自治実務セミナー713号（2021年），「ゲーム条例の憲法適合性」静岡文化芸術大学研究紀要21号（2021年）

〈プライマリー シリーズ〉

Primary 行 政 法

2024（令和6）年3月30日　第1版第1刷発行
3471-8：P336　￥3200E 012-080-020

著　者　村　中　洋　介
発行者　今井貴・稲葉文子
発行所　株式会社　信山社
〒113-0033 東京都文京区本郷6-2-9-102
Tel 03-3818-1019　Fax 03-3818-0344
info@shinzansha.co.jp
笠間才木支店 〒309-1611 茨城県笠間市笠間515-3
Tel 0296-71-9081　Fax 0296-71-9082
笠間来栖支店 〒309-1625 茨城県笠間市来栖2345-1
Tel 0296-71-0215　Fax 0296-72-5410
出版契約2024-3471-8-01011　Printed in Japan